CÓMO FUNCIONA LA PSICOLOGÍA

CÓMO FUNCIONA LA PSICOLOGÍA

GUÍA VISUAL DE PSICOLOGÍA PRÁCTICA

Consultora editorial Jo Hemmings

DK | Penguin Random House

Edición sénior	Kathryn Hennessy
Edición de arte sénior	Gadi Farfour
Edición	Anna Chiefetz, Jemima Dunne, Anna Fischel, Joanna Micklem, Victoria Pyke, Zoë Rutland
Diseño	Phil Gamble, Vanessa Hamilton, Renata Latipova
Edición ejecutiva	Gareth Jones
Edición ejecutiva de arte sénior	Lee Griffiths
Dirección editorial	Liz Wheeler
Dirección general editorial	Jonathan Metcalf
Dirección de arte	Karen Self
Diseño de cubierta sénior	Mark Cavanagh
Edición de cubierta	Clare Gell
Dirección de desarrollo de diseño de cubierta	Sophia MTT
Preproducción	Gillian Reid
Producción sénior	Mandy Inness
Servicios editoriales	Tinta Simpàtica
Traducción	Ana Riera Aragay

Publicado originalmente en Gran Bretaña en 2018
por Dorling Kindersley Ltd, 80 Strand, Londres, WC2R 0RL
Parte de Penguin Random House

Copyright © 2018 Dorling Kindersley Ltd
© Traducción española: 2019 Dorling Kindersley Ltd

Título original: *How Psychology Works*
Primera edición: 2019

ISBN: 978-1-4654-8287-7

Impreso en China

www.dkespañol.com

CONTENIDOS

¿QUÉ ES LA PSICOLOGÍA?

TRASTORNOS PSICOLÓGICOS

TERAPIAS CURATIVAS

LA PSICOLOGÍA EN EL MUNDO REAL

COLABORADORES

Jo Hemmings (consultora editorial) es psicóloga del comportamiento, que ha estudiado en las universidades de Warwick y Londres. Es autora de varios libros de éxito sobre las relaciones, escribe regularmente en diarios y revistas de difusión nacional y aparece con frecuencia en la televisión y la radio. Dirige una consulta en Londres, y es la consultora en psicología del programa *Good Morning Britain*, de la ITV, en el Reino Unido.

Catherine Collin es psicóloga clínica y directora de Outlook SW Ltd (IAPT), así como profesora asociada en Psicología clínica en la Universidad de Plymouth. Catherine se dedica a los cuidados básicos en salud mental y la terapia cognitiva del comportamiento.

Joannah Ginsburg Ganz es psicoterapeuta clínica y periodista; ha trabajado en los ámbitos público y privado durante más de 25 años. Ha participado de manera regular en varias publicaciones sobre psicología.

Merrin Lazyan es productora de radio, escritora, editora y cantante clásica que estudió psicología en la Universidad de Harvard. Ha trabajado en varios libros de ficción y no ficción sobre una gran variedad de temas.

Alexandra Black es autora *freelance* y ha escrito sobre distintos temas, desde historia hasta negocios. Su carrera como escritora la llevó primero a Japón y más tarde trabajó en una editorial australiana, antes de trasladarse a Cambridge, Reino Unido.

Prólogo

La psicología se sitúa en la intersección de distintas disciplinas, entre ellas la biología, la filosofía, la sociología, la medicina, la antropología y la inteligencia artificial, y siempre ha fascinado a los seres humanos. ¿Cómo interpretan los psicólogos el comportamiento humano para comprender por qué hacemos lo que hacemos? ¿Por qué existen tantas ramas y enfoques, y cómo trabajan en la práctica? ¿Es un arte, una ciencia o ambas cosas?

Las teorías aparecen y desaparecen, se realizan nuevos estudios, experimentos e investigaciones, pero la esencia de la psicología sigue siendo la misma: explicar el comportamiento del individuo a partir del funcionamiento de la mente. En estos tiempos difíciles e inciertos, las personas cada vez recurren más a la psicología y los psicólogos para entender por qué los influyentes y poderosos se comportan como lo hacen, y las repercusiones que ello puede tener sobre nosotros. Pero la psicología no solo tiene una gran relevancia para los políticos, las celebridades y los grandes empresarios, sino también para la gente más cercana, ya que puede decirnos mucho sobre nuestra propia familia, nuestros amigos, nuestras parejas y nuestros compañeros de trabajo. Y también nos ayuda a comprender nuestra propia mente, haciendo que seamos más conscientes de nuestros pensamientos y comportamientos.

Además de ofrecernos una información básica de las distintas teorías, trastornos y terapias que forman parte de este campo de estudio en constante evolución, la psicología desempeña un importante papel en nuestra vida diaria, ya sea en el terreno educativo, en el lugar de trabajo, en el deporte o en nuestras relaciones íntimas y personales, incluso en nuestra forma de gastar el dinero o de votar.

Cómo funciona la psicología considera todos los aspectos, desde las distintas teorías a las posibles terapias, desde cuestiones personales hasta sus aplicaciones prácticas, todo ello presentado de un modo sencillo, accesible y atractivo. ¡Ojalá hubiera existido cuando estudiaba psicología!

Jo Hemmings, consultora editorial

¿QUÉ ES LA PSICOLOGÍA?

La psicología, el estudio científico de la mente humana y del comportamiento del individuo, tiene distintos enfoques, pero todos buscan las claves para desentrañar los pensamientos, los recuerdos y las emociones de los seres humanos.

La evolución de la psicología

La mayoría de los avances son relativamente recientes, de hace unos ciento cincuenta años, pero sus orígenes se remontan a los filósofos de la antigua Grecia y Persia. Desde entonces son muchas las estrategias y campos de estudio que se han desarrollado, lo que proporciona a los psicólogos un conjunto de herramientas aplicables al mundo real. A medida que la sociedad cambia, surgen nuevas aplicaciones para satisfacer las necesidades de la gente.

LA PSICOLOGÍA COMO DISCIPLINA FORMAL

1808 Franz Gall escribe sobre frenología (la idea de que se pueden predecir los rasgos de la personalidad a partir de la forma del cráneo y sus protuberancias)

1879 Wilhelm Wundt funda un laboratorio en Leipzig, Alemania, dedicado a investigar sobre la psicológica. Esto marca el comienzo formal de la psicología experimental

***c.* 1550** a.C. El papiro Ebers (tratado médico egipcio) menciona la depresión

1698 John Locke afirma que al nacer, la mente humana es una *tabula rasa* (un lienzo en blanco) en *Ensayo sobre el entendimiento humano*

1629-1633 René Descartes esboza su teoría dualista mente-cuerpo (pp. 24-5) en el *Tratado del mundo*

FILÓSOFOS DE LA ANTIGUA GRECIA

470-370 a.C. Demócrito distingue entre el intelecto y el conocimiento que se obtiene a través de los sentidos; Hipócrates introduce el principio de la medicina científica

Década de 1620 Francis Bacon escribe sobre temas psicológicos, entre ellos la naturaleza del conocimiento y la memoria

Mediados de la década de 1880 Wundt forma a Hugo Münsterberg y James McKeen Cattell, que inician la psicología industrial/organizacional (pp. 176-87)

1590 Rudolph Goclenius usa por primera vez el término «psicología»

387 a.C. Platón sugiere que el cerebro es la base de los procesos mentales

350 a.C. Aristóteles escribe sobre el alma en *De Anima*, e introduce la idea de la mente como una *tabula rasa* (lienzo en blanco)

FILÓSOFOS EUROPEOS

1890-1920 Con la aparición de la psicología educativa (pp. 166-75) se introducen nuevos métodos de enseñanza en las escuelas

***c.* 300-30** a.C. Zenón enseña el estoicismo, que inspirará la TCC (terapia cognitiva-conductual) en la década de 1960

1025 *El canon de la medicina* de Avicena describe muchas afecciones, entre ellas las alucinaciones, las manías, el insomnio y la demencia

705 d.C. Se construye en Bagdad el primer hospital para enfermos mentales (seguido de otro en El Cairo en 800 y otro en Damasco en 1270)

***c.* 900** Ahmed ibn Sahl al-Balkhi escribe sobre las enfermedades mentales; Rhazes practica la primera psicoterapia de la que se tiene constancia

850 Ali ibn Sahl Rabban al-Tabari desarrolla el concepto de psiquiatría clínica

1896 Se inicia la psicología clínica con la primera clínica psicológica en la Universidad de Pensilvania

ERUDITOS DEL MUNDO ISLÁMICO ANTIGUO

Década de 1920 Carl Diem funda un laboratorio de psicología deportiva (pp. 236-245) en Berlín

A partir de 1920 Pruebas psicométricas para medir la inteligencia marcan el inicio de la psicología de las diferencias individuales (pp. 146-53)

1920 Jean Piaget publica *La representación del mundo en el niño*, que motiva el estudio de la cognición en los niños

1916 Lewis Terman aplica la psicología en el ámbito policial, y se sientan las bases de la psicología forense (pp. 194-203)

1913 John B. Watson publica *Psicología vista por un conductista*, donde esboza los principios del conductismo (pp. 16-7)

CONDUCTUAL

1913 Carl Jung rompe con su colega Freud y desarrolla sus propias teorías (p. 120) sobre la mente inconsciente

1909 Aparece la psicología evolutiva (pp. 146-53) impulsada por la importancia que Freud daba a las experiencias de la infancia

1900 Sigmund Freud presenta su teoría del psicoanálisis en *La interpretación de los sueños* (pp. 14-5)

PSICOANALÍTICA

Década de 1920 El psicólogo conductual John B. Watson empieza a trabajar en el sector publicitario y desarrolla la disciplina de la psicología del consumidor (pp. 224-35)

Principios de la década de 1930 La psicóloga social Marie Jahoda publica el primer estudio sobre psicología comunitaria (pp. 214-23)

BIOLÓGICA

1935 Kurt Koffka publica *Principios de la psicología Gestalt* (p. 18 y p. 133)

A partir de 1935 La psicología biológica (pp. 22-3) se establece como disciplina

1938 Se usa por primera vez la TEC (terapia electroconvulsiva) (pp. 142-3)

1939 Durante la Segunda Guerra Mundial se desarrolla la psicología FHI (pp. 188-93)

NEUROPSICOLOGÍA

Década de 1950 Se desarrollan los primeros medicamentos psicoactivos; la psicofarmacología se convierte en tratamiento para las enfermedades mentales (pp. 142-3)

Década de 1950 En sus estudios sobre la epilepsia, el neurocientífico Wilder G. Penfield relaciona la actividad química del cerebro con los fenómenos psicológicos (pp. 22-3)

1952 Se publica el primer *Manual diagnóstico y estadístico de los trastornos mentales*

2000 Congreso Internacional de Psicología de Estocolmo. El diplomático Jan Eliasson analiza el papel de la psicología en la resolución de conflictos

2000 La secuenciación del genoma humano abre un nuevo campo de investigación sobre la mente y el cuerpo

1990 Jerome Bruner publica *Acts of Meaning: Four Lectures on Mind and Culture*, inspirándose en la filosofía, la lingüística y la antropología (psicología cultural, pp. 214-5)

1976 Richard Dawkins publica *El gen egoísta: las bases biológicas de nuestra conducta*, y populariza la psicología evolutiva (p. 22)

Década de 1980 La psicología de la salud (pp. 112-5) se convierte en una rama reconocida de la profesión

1965 Se celebra la Conferencia de Swampscott sobre psicología de la salud mental comunitaria

1971 Un TAC (tomografía computarizada) ofrece la primera imagen de un cerebro vivo

Década de 1960 Debido a la agitación política surge el interés por la psicología comunitaria (pp. 214-23)

Principios de la década de 1960 Surge la terapia sistémica (familiar) (pp. 138-41) como campo de estudio

1956 George A. Miller aplica la psicología cognitiva (pp. 20-1) en *El mágico número siete, más o menos dos*

Década de 1960 Aaron T. Beck es pionero en la práctica de la TCC (p. 125)

COGNITIVA

1954 Abraham Maslow publica *Motivación y personalidad*, aclamando el humanismo (pp. 18-9) como tercera fuerza de la psicología

HUMANISTA

1954 Gordon Allport identifica las fases del prejuicio social, una faceta de la psicología política (pp. 204-13)

Teoría del psicoanálisis

Según el psicoanálisis, los conflictos inconscientes de la mente determinan el desarrollo de la personalidad y dictan la conducta.

¿En qué consiste?

El psicoanálisis, creado por el neurólogo austriaco Sigmund Freud a principios del siglo xx, sugiere que la personalidad y la conducta son el resultado de los conflictos de la mente. El individuo no siempre es consciente de esa disonancia porque se produce a nivel inconsciente. Freud decía que el conflicto surgía entre las tres partes en que se divide la mente: el ello, el superyó y el yo (abajo, derecha).

Freud creía que la personalidad se desarrolla en cinco etapas desde el nacimiento, que denominaba psicosexuales porque en ellas intervenían tanto la sexualidad como los procesos mentales. En cada etapa, la mente se centra en un aspecto de la sexualidad, como por ejemplo el placer de chuparse el dedo en el bebé. Freud pensaba que las etapas psicosexuales desencadenaban una

Modelo topográfico

Freud distinguía tres niveles de conciencia. La mente consciente constituye tan solo una pequeña parte del conjunto. A pesar de ignorar por completo los pensamientos de la mente inconsciente, esta última influye igualmente en el comportamiento.

Sueños

Los sueños se consideran un medio para acceder a los pensamientos inconscientes a los que no solemos tener acceso porque son demasiado inquietantes para la mente consciente.

Mente consciente

Comprende las ideas y emociones de las que somos conscientes.

Mente preconsciente

Almacena información, como los recuerdos de la infancia, a la que puede accederse a través del psicoanálisis.

El psicoanálisis

En esta terapia (p. 119), el paciente le habla al psicoanalista sobre sus recuerdos y sueños de la infancia con el fin de desbloquear la mente inconsciente y ver cómo controla o provoca comportamientos inapropiados.

Mente inconsciente

Oculta la mayoría de los impulsos, deseos y pensamientos de la persona.

lucha entre biología y expectativas sociales, y que la mente debe resolver dicho conflicto para que la persona pueda seguir su desarrollo mental.

Evaluación

El modelo de Freud ha ayudado a comprender en gran medida el papel del subconsciente (psicoanálisis, p. 119), pero ha suscitado controversia, ya que considera que la sexualidad es el impulsor de la personalidad. Muchos opinan que es demasiado subjetivo y simplista como para explicar la compleja naturaleza de la mente y la conducta.

MECANISMO DE DEFENSA

¿En qué consiste?

Freud afirmaba que usamos mecanismos inconscientes para afrontar las emociones desagradables, como la angustia. Estos mecanismos nos ayudan a lidiar con recuerdos o impulsos que nos estresan o son poco agradables, y nos ayudan a creer que todo va bien.

¿Qué ocurre?

El yo usa esos mecanismos para ayudarnos a lograr un acuerdo mental ante los conflictos internos. Entre los mecanismos más frecuentes que distorsionan el sentido de la realidad están la negación, la represión, el desplazamiento, la regresión, la proyección y la intelectualización.

¿Cómo funciona?

La negación es un mecanismo de defensa que suele usarse para justificar un hábito que nos hace sentir mal, como fumar. Decimos que somos «fumadores sociales» para no admitir que somos adictos a los cigarrillos.

Modelo estructural

La mente consciente es solo la punta del iceberg, una pequeña parte del conjunto oculto. El psicoanálisis se basa en la idea de que la mente inconsciente se estructura en tres partes: el ello, el yo y el superyó, que «hablan» entre ellos para tratar de resolver los impulsos y los sentimientos encontrados.

Consciente

Superyó
Quiere hacer lo correcto. Es la conciencia moral que asume el papel de un padre estricto.

Yo
Es la voz de la razón, que negocia con el ello y el superyó.

Ello
Busca la gratificación inmediata, es infantil, impulsivo y cuesta razonar con él.

Inconsciente

✓ DEBES SABER

❯ **Complejo de inferioridad**
Cuando alguien tiene tan poca autoestima que no funciona con normalidad. La idea se debe al neofreudiano Alfred Adler.

❯ **Principio del placer** Lo que impulsa al ello, el deseo de obtener placer y evitar el dolor.

❯ **Neofreudianos** Teóricos que se basan en el psicoanálisis de Freud, como Carl Jung, Erik Erikson y Alfred Adler.

Enfoque conductista

La psicología conductual analiza y trata a las personas partiendo de la idea de que estas aprenden a comportarse interactuando con el mundo y que la influencia del subconsciente es irrelevante.

¿En qué consiste?

La psicología conductista se centra en el comportamiento humano que podemos percibir, dejando de lado el pensamiento y la emoción. Se basa en tres premisas. Primero, las personas aprenden a comportarse observando el mundo que les rodea y no a partir de factores innatos o hereditarios. Segundo, dado que la psicología es una ciencia, sus teorías deben respaldarse con datos verificables de la observación y los experimentos controlados. Tercero, cualquier conducta es consecuencia de un estímulo, que provoca una respuesta determinada. En cuanto el psicólogo conductista identifica la asociación estímulo-respuesta de la persona, puede predecirla, lo que se conoce como condicionamiento clásico (abajo). En la terapia (pp. 122-9), se usa dicha información para ayudar al paciente a cambiar su comportamiento.

Evaluación

La fortaleza del conductismo –que puede comprobarse científicamente– es también su punto débil. Muchos de los experimentos conductistas se realizaron con ratas o perros, y sobre todo los humanistas (pp. 18-9) rechazan la hipótesis de que el ser humano actuaría del mismo modo que los animales de laboratorio.

La psicología conductista tampoco tiene demasiado en cuenta el libre albedrío o bien ciertos factores biológicos como la testosterona u otras hormonas, por lo que reduce la experiencia humana a una serie de comportamientos condicionados.

Temas del conductismo

John Watson desarrolló la psicología conductual en 1913. Su teoría estaba en armonía con la corriente dominante de principios del siglo xx, según la cual la ciencia debía estar avalada por datos. El enfoque conductista se impuso durante varias décadas. Psicólogos posteriores han interpretado dicha teoría de un modo más flexible, pero los datos objetivos siguen siendo una pieza clave en la investigación.

CONDICIONAMIENTO CLÁSICO

Pavlov observó que sus perros salivaban al ver la comida y decidió hacer sonar una campana cuando les iba a dar de comer. Al poco bastaba con que oyeran la campana, que asociaban con la comida, para que salivaran.

Estímulo neutro

Respuesta no condicionada

Estímulo condicionado

Respuesta condicionada

Estímulo no condicionado

CONDUCTISMO METODOLÓGICO

EXTERNO

La teoría de Watson se conoce como conductismo metodológico porque se centra en métodos científicos: para él la psicología era una ciencia, y su objetivo era predecir y controlar el comportamiento.

❯ Es la teoría más extrema dentro del conductismo porque descarta cualquier influencia del ADN o del estado mental de la persona.

❯ Asume que, cuando nacemos, nuestra mente es un lienzo en blanco y que aprendemos todas nuestras conductas observando a la gente y el mundo que nos rodea (condicionamiento clásico, izquierda). Por ejemplo, un bebé sonríe a su madre cuando esta le sonríe; o llora si su madre levanta la voz.

CONDICIONAMIENTO OPERANTE

Este método para inducir un cambio de comportamiento, en este caso adiestrar a un perro, implica acciones positivas o negativas por parte del dueño para reforzar o castigar el comportamiento del animal.

❯ **Refuerzo positivo** Dar una recompensa potencia el buen comportamiento. Si un perro recibe un premio por sentarse cuando se lo ordenan, aprende que si repite ese comportamiento obtendrá otro premio.

❯ **Castigo positivo** El amo hace algo desagradable para desincentivar el mal comportamiento. Cuando el perro tira de la correa, el collar le aprieta la garganta de un modo desagradable.

❯ **Refuerzo negativo** El dueño elimina algo malo para alentar el buen comportamiento. La correa se afloja si el perro camina cerca de su amo. Aprende a seguir de cerca al dueño sin tirar de la correa y así evita la sensación de asfixia.

❯ **Castigo negativo** Para que el perro deje las conductas no deseadas, podemos quitarle algo que le gusta. Por ejemplo, el dueño le da la espalda para privarle de su atención si le salta encima. El perro aprende a no hacerlo.

CONDUCTISMO RADICAL

En la década de 1930 B. F. Skinner desarrolló un conductismo radical, que tenía en cuenta la influencia de la biología en el comportamiento:

❯ Al igual que Watson, Skinner creía que en psicología el enfoque más válido era aquel que se basara en la observación científica del comportamiento humano y sus factores desencadenantes. Skinner llevó el condicionamiento clásico un paso más allá con la idea del refuerzo: el comportamiento que se refuerza con una recompensa es más probable que se repita (condicionamiento operante, arriba).

EXTERNO

BIOLOGÍA

CONDUCTISMO PSICOLÓGICO

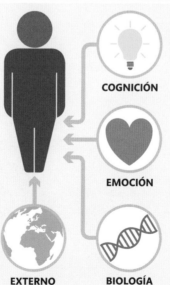

COGNICIÓN

EMOCIÓN

EXTERNO

BIOLOGÍA

El conductismo psicológico, ideado por Arthur W. Staats, se impuso durante cuatro décadas. Sigue vigente en la psicología actual, sobre todo en el ámbito educativo:

❯ La personalidad se forma a partir de los comportamientos aprendidos, la genética, su estado emocional, la forma en que su cerebro procesa la información y el mundo que le rodea.

❯ Staats estudió cómo influye en el desarrollo del niño la forma en que los padres lo educan.

❯ Demostró que los niños con un adiestramiento cognitivo y lingüístico precoz mostraban un mayor dominio del lenguaje y sacaban mejores resultados en los test de inteligencia.

Humanismo

A diferencia de otros enfoques psicológicos, el humanismo da vital importancia al punto de vista del individuo, alentando la pregunta «¿Cómo me veo?» en vez de «¿Cómo me ven los demás?».

¿En qué consiste?

Mientras que la psicología conductual observa las acciones externas y el psicoanálisis explora el subconsciente, el humanismo es holístico, es decir, se centra en cómo la persona percibe su comportamiento y cómo interpreta los hechos. Se centra en la visión subjetiva que una persona tiene de sí misma y en quién le gustaría ser.

El humanismo, impulsado por Carl Rogers y Abraham Maslow en los años cincuenta, ofrece un modo alternativo de profundizar en la naturaleza humana. Asume que el crecimiento personal y el sentirse realizado son objetivos básicos en la vida, y que el bienestar emocional y mental es el resultado de lograr dichos objetivos. El principio del libre albedrío, que ejercemos al tomar decisiones, también es clave.

«La vida plena es un proceso, no un estado».

Carl Rogers, psicólogo humanista estadounidense

Evaluación

Rogers y otros psicólogos humanistas propusieron una serie de métodos de investigación completamente nuevos, como los cuestionarios abiertos en los que no había una respuesta «correcta», las entrevistas informales y el uso de diarios para anotar sentimientos y pensamientos.

Argumentaban que la única forma de conocer realmente a alguien era hablando con dicha persona. El humanismo es la teoría que respalda la terapia centrada en la persona (p. 132), una de las más comunes para la depresión. El enfoque humanístico se usa asimismo en el ámbito educativo para animar a los niños a ejercitar el libre albedrío y a decidir por sí mismos, y para investigar y comprender la motivación.

El humanismo, sin embargo, ignora otros aspectos del individuo, como su biología, el subconsciente y la influencia de las hormonas. Sus detractores dicen también que no es un enfoque científico, ya que la meta de la realización personal no puede medirse de forma precisa.

PSICOLOGÍA DE LA GESTALT

Influida por el humanismo, la psicología de la gestalt analiza de forma detallada la forma en que la mente coge fragmentos de información y los integra en un todo coherente. Subraya la importancia de la percepción, o sea las leyes que determinan nuestra forma de percibir el mundo.

Parte de su análisis consiste en mostrar a los pacientes una serie de imágenes para ver qué perciben. La más conocida es el jarrón de Rubin, que ilustra la ley de la «figura» y el «fondo»: la mente trata de distinguir la figura (las palabras, por ejemplo) del fondo (una hoja blanca), y al hacerlo, decide cuál es su prioridad y en qué centrarse.

ILUSIÓN ÓPTICA DEL VASO DE RUBIN ofrece al observador la posibilidad de escoger entre ver dos caras de perfil o un jarrón blanco.

Realización personal

Carl Rogers identificó tres aspectos de la personalidad que determinan el estado psicológico de la persona: autoestima, imagen personal y yo ideal. Si los sentimientos, el comportamiento y la experiencia de la persona coinciden con la imagen que tiene de sí misma y reflejan la persona que le gustaría ser (yo ideal), está satisfecha. Pero si hay un desajuste (una incongruencia), se siente insatisfecha.

¿INDIVIDUO O GRUPO?

El humanismo se basa en las ideas occidentales de la identidad y el éxito personal, o individualismo. Por el contrario, el colectivismo subordina la persona al grupo.

Individualismo

❯ La identidad se define a partir de cualidades personales: extrovertido, amable o generoso

❯ Las metas personales están sobre las del grupo

Colectivismo

❯ La identidad se define por el grupo al que se pertenece

❯ Familia y lugar de trabajo son los grupos principales

❯ Las metas del grupo están sobre las del individuo

AUTOACTUALIZACIÓN

AUTOACTUALIZACIÓN

YO

Cuando la idea de quiénes somos encaja con la de quiénes queremos ser, logramos la autoactualización. Esto satisface nuestra necesidad de alcanzar y expresar todo nuestro potencial.

CADA VEZ MÁS CONGRUENTE

IMAGEN PERSONAL   YO IDEAL

Cuanto más coinciden la imagen personal y el yo ideal, más autoestima tiene una persona y más positivo es el estado de ánimo que adopta.

INCONGRUENTE

IMAGEN PERSONAL   YO IDEAL

Si la imagen que tiene de sí misma (imagen personal) y la idea de cómo le gustaría ser (yo ideal) no coinciden, la persona se siente infeliz y su autoestima es baja.

Psicología cognitiva

El enfoque cognitivo, rama de la psicología que considera que la mente es como un ordenador complejo, analiza la forma en que las personas procesamos la información y cómo influye eso en nuestro comportamiento y emociones.

¿En qué consiste?

Cuando los ordenadores llegaron a las oficinas a finales de los años cincuenta, empezó a compararse su forma de procesar la información con la forma en que lo hacía el cerebro humano. Los psicólogos consideraron que del mismo modo que un ordenador recibe datos, los codifica para almacenarlos y luego los recupera, nuestro cerebro recibe la información, la transforma para que tenga sentido, la guarda y la recupera cuando le hace falta. Esta analogía constituye el fundamento de la psicología cognitiva.

Las teorías en las que se basa la psicología cognitiva pueden aplicarse a todos los ámbitos de la vida. Por ejemplo, al modo en que el cerebro recibe y procesa la información sensorial para emitir un juicio (como detectar que la leche se ha agriado por el olor); a cómo razona con lógica para tomar una decisión (si es mejor comprar una camisa cara, porque durará más que una barata) o cómo aprende a tocar un instrumento. En todos estos casos, el cerebro debe establecer nuevas conexiones y almacenar recuerdos nuevos.

Evaluación

La psicología cognitiva hace hincapié en los procesos internos, pero intenta ser estrictamente científica, por lo que se basa en experimentos de laboratorio para respaldar cualquier teoría. Lo que ocurre en un experimento controlado, sin embargo, no siempre es aplicable a situaciones de la vida real.

PROCESAMIENTO
(acto mental-mediación)

Tras recibir la información a través de los sentidos, el cerebro debe organizarla para poder analizarla y decidir qué hacer con ella. La psicología cognitiva llama a este proceso mediación, porque ocurre («media») entre los estímulos ambientales y la respuesta del cerebro ante dichos estímulos. En el caso de la avería del coche, el cerebro podría analizar el olor a goma quemada y conectarlo con un recuerdo anterior en el que olió algo parecido.

Procesamiento de información

A partir de los resultados obtenidos en experimentos controlados, los psicólogos han creado modelos teóricos de cómo aborda la mente la información. Según dichos modelos, el cerebro maneja la información del mismo modo que un ordenador maneja los datos: primero la introduce, a continuación la transforma y finalmente la recupera.

INPUT (del entorno)

Los órganos sensoriales de una persona detectan estímulos procedentes del mundo exterior y envían mensajes al cerebro en forma de impulsos eléctricos que contienen información. Por ejemplo, si el coche de una persona se avería, su cerebro se fija en los signos de advertencia, como algún ruido extraño del motor, alguna señal visual como el humo o el olor a goma quemada.

Asimismo, la hipótesis de que la mente funciona como un ordenador no tiene en cuenta que una persona puede cansarse o emocionarse. Sus detractores critican que trata a los seres humanos como máquinas, al reducir cualquier comportamiento a un proceso cognitivo, como aprender las cosas de memoria, y que ignora el papel de la biología y la genética.

Pero la psicología cognitiva se ha mostrado útil para tratar la pérdida de memoria y los trastornos de atención selectiva. También ayuda a entender el desarrollo del niño y permite a los educadores planificar contenidos apropiados para cada edad y decidir cuáles son las mejores herramientas para transmitírselos. En el sistema judicial, se suele recurrir a psicólogos cognitivos para evaluar el relato de los testigos y determinar si sus recuerdos son fiables.

OUTPUT
(comportamientos y emociones)

Una vez que el cerebro ha recopilado información suficiente, puede decidir qué respuesta dar, ya sea conductual o emocional. En el ejemplo del coche, el cerebro evoca recuerdos de averías anteriores y cualquier información relevante sobre mecánica que tenga almacenada, luego repasa una lista mental con las posibles causas y soluciones. Recuerda que el olor a goma quemada en otra ocasión se debió a que la correa del ventilador se había roto. La persona aparca, apaga el motor y abre el capó para ver si se trata de eso.

«Los datos sueltos en la mente son como webs no conectadas: podrían perfectamente no existir».

Steven Pinker, psicólogo cognitivo canadiense

SESGO COGNITIVO

Si la mente comete un error de razonamiento, el resultado será un juicio o reacción distorsionados, es decir, un sesgo cognitivo. Puede deberse a la memoria (por ejemplo, un recuerdo deficiente) o a la falta de atención, normalmente porque el cerebro intenta un atajo mental a causa de la presión. Los sesgos no siempre son malos, algunos son el resultado natural de tener que tomar una decisión rápida por cuestión de supervivencia.

Ejemplos de sesgo

> **Anclaje** Dar demasiada importancia a la primera información que oímos.

> **Falacia de la frecuencia base** Abandonar la hipótesis inicial a causa de una nueva información.

> **Efecto arrastre** Ignorar lo que uno cree para coincidir con lo que otras personas piensan o hacen.

> **Falacia del jugador** Creer erróneamente que si algo sucede con más frecuencia ahora, sucederá con menos frecuencia en el futuro, por ejemplo, si la rueda de la ruleta cae a menudo en el negro, pensar que no tardará en caer en el rojo.

> **Descuento hiperbólico** Preferir una recompensa menor ya, en vez de esperar pacientemente otra mayor más adelante.

> **Negligencia de la probabilidad** Ignorar la probabilidad real, por ejemplo, no viajar en avión por miedo a que se estrelle, pero viajar en coche pese a que según la estadística es mucho más peligroso.

> **Sesgo del statu quo** Tomar decisiones para que una situación se mantenga o cambie lo menos posible, en lugar de arriesgarse a cambiar.

Psicología biológica

Este enfoque, que se basa en la premisa de que los factores físicos como los genes determinan el comportamiento, explica por qué los gemelos muestran un comportamiento paralelo incluso si se crían en familias distintas.

¿En qué consiste?

La psicología biológica parte de la idea de que los pensamientos, sentimientos y conductas de una persona se deben a su biología, que incluye tanto la genética como los impulsos químicos y eléctricos que van desde el cerebro hasta el sistema nervioso. Dicha hipótesis implica que el cianotipo que se establece en el útero, es decir, el ADN y la estructura psicológica de una persona, dictan su personalidad y su comportamiento a lo largo de toda su vida.

Algunas de estas ideas se basan en estudios realizados con gemelos que muestran que, aunque se los separe al nacer y se críen en familias distintas, de adultos muestran un comportamiento sorprendentemente parecido. Los biopsicólogos aducen que la única explicación es que la genética influye tanto que, en comparación, sus padres, sus amigos, sus experiencias vitales y su entorno apenas tienen repercusión.

Un ejemplo práctico de psicología biológica sería el comportamiento del adolescente. Escáneres realizados a adolescentes han demostrado que sus cerebros procesan la información de modo distinto a los adultos. Estas diferencias permiten dar explicación biológica al hecho de que los adolescentes sean impulsivos o presenten a veces falta de criterio.

Evaluación

Muchas de las ideas de la psicología biológica destacan la naturaleza sobre la crianza. Como consecuencia, los detractores consideran que el enfoque es demasiado simplista, pues da excesiva importancia a la influencia de la biología y a los atributos físicos innatos. En cambio, considera que los hechos y las personas influyen poco en el individuo. De todos modos, son pocos los que discuten el carácter científico y riguroso del enfoque, que da importancia al ensayo sistemático y la validación de las ideas. Y gracias a los biopsicólogos se han producido importantes avances médicos: a partir de los estudios en neurología y los escáneres cerebrales se ha mejorado el tratamiento de pacientes con problemas físicos y mentales, entre ellos los que sufren Parkinson, esquizofrenia, depresión y drogodependencia.

PSICOLOGÍA EVOLUTIVA

Este campo analiza por qué la conducta y la personalidad de algunas personas se desarrolla de un modo y la de otras, de otro; cómo se adapta el lenguaje, la memoria, la conciencia y otros sistemas biológicos complejos para arreglárselas mejor en un determinado entorno. Entre las ideas clave están:

❭ **La selección natural** Tiene origen en las hipótesis de Darwin, según las cuales las especies con el tiempo se adaptan o desarrollan mecanismos que favorecen su supervivencia.

❭ **Las adaptaciones psicológicas** Estudia los mecanismos de adquisición del lenguaje, para diferenciar a los familiares de los que no lo son, para detectar engaños y para escoger una pareja a partir de criterios sexuales o de inteligencia.

❭ **Las diferencias individuales** Trata de explicar las diferencias entre las personas, por ejemplo, porque hay personas que tienen más éxito material que otras.

❭ **El procesamiento de la información** Sugiere que el funcionamiento del cerebro y el comportamiento han sido moldeados por información recibida del entorno y, por tanto, son el resultado de situaciones o presiones que se dan una y otra vez.

Distintos enfoques

A los biopsicólogos les interesa saber cómo determinan el comportamiento el cuerpo y los procesos biológicos. Algunos se centran en el amplio campo que trata sobre cómo explica el comportamiento la fisiología, mientras que otros se concentran en áreas específicas, tales como sus posibles aplicaciones en la medicina o los experimentos orientados a determinar si la genética del individuo dicta su conducta.

«En el último término todo el campo de la psicología podría reducirse a la electroquímica biológica».

Sigmund Freud, neurólogo austriaco

Fisiológico
Este enfoque se basa en la hipótesis de que la biología determina el comportamiento. Trata de saber en qué parte del cerebro se originan ciertos comportamientos, cómo funcionan las hormonas y el sistema nervioso, y por qué los cambios en esos sistemas modifican la conducta.

Médico
Esta rama explica y trata los trastornos mentales como una enfermedad física. Se cree que los trastornos tienen una base biológica, por ejemplo un desequilibrio químico en el cuerpo o una lesión en el cerebro, y no una causa relacionada con factores ambientales.

Genético
Explica el comportamiento con patrones determinados en el ADN de cada persona. Los estudios con gemelos (sobre todo los que se separan al nacer y se crían con familias distintas) se han utilizado para mostrar que rasgos como el coeficiente intelectual son hereditarios.

Cómo funciona el cerebro

Los estudios cerebrales han proporcionado valiosos conocimientos sobre la correlación que existe entre la actividad cerebral y el comportamiento humano, y han revelado el complejo proceso encargado de dar vida al propio cerebro.

Conectar el cerebro al comportamiento

Con la aparición de la neurociencia en el siglo xx, comprender la biología del cerebro y cómo funciona se convirtió en algo esencial. Los estudios de este campo confirmaron que el cerebro está muy relacionado con el comportamiento humano, lo que provocó la creación de disciplinas especializadas, como la neuropsicología. Esta rama relativamente nueva combina la psicología cognitiva (estudio del comportamiento y los procesos mentales) y la psicología cerebral, y analiza la relación entre los procesos psicológicos específicos y la estructura física del cerebro. Investigar el cerebro desde este punto de vista resucita el viejo dilema de si la mente y el cuerpo pueden separarse.

La relación entre el cerebro y la mente se debate desde la antigua Grecia, cuando el pensamiento predominante calificaba las dos entidades como distintas. Esta teoría, que René Descartes reiteró en el siglo xvii con su concepto del dualismo (derecha), dominó los estudios sobre el cerebro hasta bien entrado el siglo xx.

La investigación neurológica moderna y los avances tecnológicos han permitido vincular ciertos comportamientos a zonas específicas del cerebro, y estudiar las conexiones entre las distintas regiones, mejorando el conocimiento que tenemos del cerebro y de su influencia sobre el comportamiento, la función cognitiva y la enfermedad.

La mente controla el cerebro

El dualismo sostiene que la mente no física y el cerebro físico son dos entidades distintas, pero que pueden interactuar. Considera que la mente controla el cerebro físico, pero que a veces permite al cerebro influir en la mente racional, por ejemplo, en un momento de enfado o pasión.

ESPECIALIZACIÓN DE LOS HEMISFERIOS CEREBRALES

CORTEZA CEREBRAL
Las fibras nerviosas se cruzan en la base del cerebro, de manera que cada hemisferio controla el lado opuesto del cuerpo.

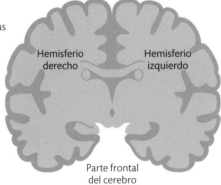

Hemisferio derecho

Hemisferio izquierdo

Parte frontal del cerebro

Hemisferio izquierdo

❭ Controla y coordina el lado derecho del cuerpo.

❭ Es el lado analítico del cerebro.

❭ Es responsable de lo relacionado con el razonamiento, la lógica, la toma de decisiones, el habla y el lenguaje.

Hemisferio derecho

❭ Controla los músculos del lado izquierdo del cuerpo.

❭ Es el lado creativo del cerebro.

❭ Se encarga de las percepciones sensoriales, tales como la conciencia visual y auditiva, las habilidades creativas y artísticas, y la percepción espacial.

El cerebro controla la mente

Para el monismo todos los seres vivos son materiales y por tanto la «mente» es simplemente una función física del cerebro. Todos los procesos mentales, incluso los pensamientos y las emociones, tienen correlación con procesos físicos concretos del cerebro. Así lo indican los casos de daños cerebrales: la mente cambia cuando el cerebro físico cambia.

«Pienso, luego existo».

René Descartes,
filósofo francés

Dualismo mente-cuerpo

Los humanos se muestran reacios a reducir la conciencia a algo meramente biológico. Pero las pruebas científicas demuestran que nuestros pensamientos se generan a partir de las descargas físicas de las neuronas. Dos escuelas de pensamiento, el monismo y el dualismo, analizan si la mente es parte del cuerpo o el cuerpo parte de la mente.

Estudios sobre el cerebro

La idea de vincular un comportamiento con una zona del cerebro surgió a partir de los estudios realizados en el siglo XIX a personas con daños cerebrales, pues gracias a ellos los cambios de conducta pudieron relacionarse directamente con el lugar de la lesión. Un trabajador que sufrió una lesión en el lóbulo frontal, experimentó cambios de carácter, lo que indicó que la formación de la personalidad tenía lugar en esa zona. Las funciones lingüísticas del área de Broca y el área de Wernicke (p. 27) deben su nombre a los cirujanos que estudiaron el cerebro de pacientes con problemas lingüísticos. Cada uno tenía malformaciones en una zona, lo que indicó dónde se generaba el lenguaje hablado (área de Broca) y la comprensión del lenguaje (área de Wernicke).

Sin embargo, se ha demostrado que las regiones están interconectadas, lo que sugiere que ciertas funciones pueden estar vinculadas a más de una zona. El trabajo en los hemisferios cerebrales que Roger Sperry hizo en los años sesenta fue fundamental. Estudió a pacientes cuyos hemisferios se habían separado quirúrgicamente y descubrió que cada lado tenía habilidades cognitivas especializadas (izquierda).

El estudio cerebral, no obstante, tiene limitaciones: muestra solo que hay cierta correlación entre la actividad cerebral y el comportamiento. Una intervención quirúrgica o una lesión en una parte del cerebro puede afectar a otras áreas. Y las pruebas realizadas a pacientes con el cerebro dañado no ofrecen control experimental, ya que solo se tiene en cuenta lo que ocurre tras la lesión.

Mapear el cerebro

El cerebro humano, uno de los sistemas más complejos que existen en la naturaleza, controla y regula nuestros comportamientos y nuestros procesos mentales, tanto los conscientes como los inconscientes. Puede mapearse a partir de sus distintas funciones neurológicas, cada una de las cuales se produce en un área específica.

La organización del procesamiento mental queda ligeramente reflejada en la estructura física del cerebro: los procesos cognitivos elevados tienen lugar en las áreas superiores, mientras que las funciones más básicas se producen más abajo. La región más grande y elevada (la corteza cerebral) se ocupa de las funciones cognitivas más elevadas, incluidos el pensamiento abstracto y el razonamiento. Lo que distingue a un humano del resto de los mamíferos es precisamente la capacidad de su corteza cerebral. Las áreas límbicas centrales (abajo) controlan el comportamiento instintivo y emocional, mientras que las situadas más abajo mantienen las funciones vitales del organismo, como respirar.

Divisiones funcionales

La corteza cerebral (o cerebro) se divide en dos hemisferios separados pero conectados, el izquierdo y el derecho. Cada uno controla un aspecto cognitivo distinto (pp. 24-5). Estos se dividen a su vez en cuatro lóbulos (cuatro en cada hemisferio), cada uno asociado a una función: el frontal, con el proceso cognitivo elevado y la actuación motora; el temporal, con la memoria; el occipital, con la visión; y el parietal, con las habilidades sensoriales.

Las técnicas que permiten obtener imágenes del cerebro, como la IRM (imagen por resonancia magnética), miden la actividad en las distintas áreas del cerebro, pero para los psicólogos su valor es limitado. Los que analizan los resultados de las IRM deben tener en cuenta, por ejemplo, la «inferencia inversa»: que una parte concreta del cerebro esté activa durante un proceso cognitivo no significa necesariamente que esté activa a causa de dicho proceso. La zona activa puede estar supervisando otra área, que es la que controla el proceso.

Ubicar cada función

Los psicólogos y neurólogos pueden mapear la función neurológica estimulando pequeñas zonas del cerebro. Mediante técnicas de escáner, como el IRM o el TAC, estudian y registran la sensación y los movimientos que dicha estimulación provoca.

El sistema límbico

Este complejo grupo de estructuras procesa las respuestas emocionales y la formación de recuerdos.

Hipotálamo

Implicado en la regulación de la temperatura y el agua del cuerpo, y en las respuestas conductuales.

Tálamo

Procesa y envía datos a las áreas cerebrales superiores.

Bulbo olfativo

Transmite mensajes sobre el olor a las áreas límbicas centrales para su proceso.

Amígdala

Procesa las emociones; influye en el aprendizaje y la memoria.

Hipocampo

Transforma la memoria a corto plazo en memoria a largo plazo.

LÓBULO FRONTAL

Área de Broca
Área del hemisferio izquierdo; vital para la articulación del lenguaje.

LÓBULO PARIETAL

Área de Wernicke
Desempeña un papel clave en la comprensión del lenguaje hablado.

LÓBULO TEMPORAL

LÓBULO OCCIPITAL

Cerebelo
Está implicado en el equilibrio y la postura; coordina la información sensorial con la respuesta de los músculos.

Tronco cerebral
Es el principal centro de control de las funciones clave del cuerpo, como tragar o respirar.

Corteza motora
Es el área primaria de la corteza cerebral implicada en la función motora. Controla los movimientos musculares voluntarios, incluidas la planificación y la ejecución.

Corteza sensorial
La información recopilada por los cinco sentidos es procesada e interpretada aquí. Los receptores sensoriales de todo el cuerpo envían señales nerviosas a esta corteza.

Corteza visual primaria
Los estímulos visuales se procesan en esta corteza, que reconoce el color, el movimiento y la forma. Luego esta envía señales a las otras cortezas visuales para que los procesen.

Corteza prefrontal dorsolateral
Esta área se asocia con distintos procesos mentales elevados, entre ellos «funciones ejecutivas»: los procesos implicados en la autorregulación o el control mental.

COF (corteza orbital frontal)
La COF forma parte de la corteza prefrontal y conecta con el área límbica y sensorial; tiene un papel en la faceta emocional y de recompensa de la toma de decisiones.

Corteza motora suplementaria
Es una de las cortezas motoras secundarias y ayuda a planificar y coordinar los movimientos complejos. Envía información a la corteza motora primaria.

Unión temporoparietal
Esta área, que está entre el lóbulo temporal y el parietal, procesa las señales procedentes del área límbica y sensorial, y se ha vinculado con la comprensión del «yo».

El cerebro en marcha

El cerebro humano tiene unos 86 000 millones de células nerviosas especializadas (neuronas) que «emiten» impulsos químicos y eléctricos que hacen posible la comunicación entre ellas y el resto del cuerpo. Las neuronas son los componentes básicos del cerebro, y se conectan entre sí formando complejas redes tanto en el cerebro como en el sistema nervioso central.

Las neuronas están separadas por una intersección estrecha llamada sinapsis. Para transmitir una señal, la neurona primero debe liberar unas sustancias bioquímicas, llamadas neurotransmisores, que llenan la sinapsis y activan la célula vecina. Entonces el impulso puede circular por la sinapsis gracias a un proceso conocido como transmisión sináptica. Así, el cerebro envía mensajes al cuerpo para activar los músculos y los órganos sensoriales pueden mandar mensajes al cerebro.

Formación de las vías

Gracias a su estructura única, una neurona puede comunicarse con hasta 10 000 células nerviosas más, creando una compleja red neuronal que permite que la información viaje a gran velocidad. Los estudios sobre transmisión sináptica indican que las vías dentro de esta vasta red se vinculan a funciones mentales específicas. Cada nuevo pensamiento o acción crea una nueva conexión cerebral, que se fortalece si se usa de forma reiterada, por lo que es más probable que las células se comuniquen por dichas vías en el futuro. El cerebro ha «aprendido» las conexiones neuronales asociadas a esta actividad o función mental.

86 000
millones de neuronas forman el cerebro

Los neurotransmisores

En una sinapsis se liberan muchos tipos distintos de neurotransmisores, que pueden tener un efecto «excitador» o «inhibidor» sobre la célula. Cada tipo está asociado a una función específica del cerebro, como regular el estado de ánimo o el apetito. Las hormonas tienen un efecto parecido, pero se transmiten a través de la sangre, en vez de por la conexión sináptica.

ACETILCOLINA

Acetilcolina

Sus efectos son sobre todo excitantes y activan los músculos esqueléticos; también se asocia a la memoria, el aprendizaje y el sueño.

GLUTAMATO

Glutamato

El neurotransmisor más común; tiene efecto excitante y se asocia con la memoria y el aprendizaje.

Adrenalina

Se libera en situaciones de estrés; crea un pico de energía que aumenta el ritmo cardíaco, la presión sanguínea y el flujo sanguíneo hacia los músculos más grandes.

Noradrenalina

Se parece a la adrenalina, es excitante y se asocia sobre todo con el mecanismo de defensa lucha-o-huye; también se relaciona con la resistencia al estrés.

GABA

Neurotransmisor inhibidor; ralentiza los impulsos de las neuronas y es calmante.

Serotonina

Tiene un efecto inhibidor y se asocia con la mejora del estado de ánimo y la calma. Regula el apetito, la temperatura y el movimiento muscular.

Dopamina

Puede tener efecto inhibidor o excitante; su papel es clave en el comportamiento ante las recompensas y se asocia al estado de ánimo.

Endorfinas

Las libera la glándula pituitaria y tienen efecto inhibidor en la transmisión de los síntomas de dolor; se asocian con el alivio del dolor y los sentimientos de placer.

EFECTOS QUÍMICOS Y SOLAPAMIENTOS

Estos tres neurotransmisores desempeñan papeles distintos pero relacionados.

❯ Todos influyen en el estado de ánimo.

❯ La noradrenalina y la dopamina se liberan en situaciones de estrés.

❯ La serotonina modera la respuesta de las neuronas ante los efectos excitadores de la dopamina y la noradrenalina.

NORADRENALINA — Moviliza el cuerpo ante el estrés

SEROTONINA — Bienestar emocional

ESTADO DE ÁNIMO

DOPAMINA — Movimiento muscular fluido; motivación

La memoria

Toda experiencia genera un recuerdo; que dure o no dependerá de la frecuencia con la que lo revisitemos. Las complejas conexiones neuronales hacen posible la creación de recuerdos, que pueden afianzarse o desvanecerse.

¿Qué es la memoria?

Los recuerdos se crean cuando un grupo de neuronas se conecta de cierta manera en respuesta a una experiencia. Dichas conexiones neuronales pueden reconectarse luego para reconstruir la experiencia como un recuerdo. Los recuerdos se clasifican en cinco categorías (derecha). Se almacenan en la memoria a corto plazo (o funcional) y se desvanecen si la experiencia no tiene importancia o valor emocional; si lo tiene, se codifica (abajo) en la memoria a largo plazo. Al recordar algo, las neuronas que lo codificaron se reactivan. Eso fortalece sus conexiones y, si se hace de forma reiterada, el recuerdo se afianza. Los elementos que componen un recuerdo (sonidos, olores...) residen en distintas áreas del cerebro, y para recuperar el recuerdo, deben activarse todas ellas. En el proceso, el recuerdo puede mezclarse accidentalmente con información nueva, que se fusiona con el original (confabulación).

Endel Tulving decía que el recuerdo implica dos procesos: almacenar la información en la memoria a largo plazo y recuperarla. El vínculo entre ambos hace que recordar las circunstancias en las que un recuerdo se almacenó sirva de detonante para recordar el recuerdo.

Los recuerdos

Fijar (codificar) un recuerdo depende de muchos factores. Y una vez codificado, puede tardar dos años en quedar firmemente establecido.

0,2 SEGUNDOS

1. Atención

Centrar la atención en un hecho ayuda a afianzar el recuerdo: el tálamo activa más las neuronas, mientras que el lóbulo frontal inhibe las distracciones.

0,25 SEGUNDOS

2a. Emoción

Las emociones fuertes aumentan la atención, incrementando las posibilidades de que las codifiquemos como recuerdo. Las respuestas emocionales a los estímulos se procesan en la amígdala.

0,2 - 0,5 SEGUNDOS

2b. Sensación

Los estímulos sensoriales forman parte de la mayoría de las experiencias y, si son muy intensos, es más posible que pasen a ser un recuerdo. Las cortezas sensoriales mandan señales al hipocampo.

TIPOS DE MEMORIA

❯ **Memoria episódica** Recuerda acontecimientos o experiencias pasadas, normalmente estrechamente ligadas a información sensorial y emocional.

❯ **Memoria semántica** Retiene información fáctica, como el nombre de una capital.

❯ **Memoria operativa** Almacena temporalmente la información; puede retener entre cinco y siete cosas a la vez; conocida también como memoria a corto plazo.

❯ **Memoria procedimental (cuerpo)** Usa acciones aprendidas que no requieren un recuerdo consciente, como montar en bicicleta.

❯ **Memoria implícita** Recupera recuerdos inconscientes que influyen en el comportamiento, como retroceder ante un extraño que nos recuerda a alguien desagradable.

CASO: LOS SUBMARINISTAS DE BADDELEY

Estudios realizados por psicólogos demuestran que para recuperar los recuerdos los humanos usan asociaciones memorísticas. El psicólogo británico Alan Baddeley dirigió un experimento en el que pidió a un grupo de submarinistas que se aprendieran una lista de palabras, unas en tierra firme y otras bajo el agua. Luego le pidió que las repitieran y a la mayoría les resultó más fácil recordarlas en el medio físico donde las habían memorizado. El experimento indicó que el propio contexto podía proporcionar una pista. Asimismo, cuando alguien va a buscar un objeto a otra habitación y cuando llega no puede recordar qué había ido a buscar, si vuelve a la habitación de origen suele acordarse.

«La memoria es la custodia y el guardián de todas las cosas».

Cicerón, político romano

0,5 SEGUNDOS – 10 MINUTOS

3. Memoria funcional

La memoria a corto plazo guarda información, que se mantiene activa gracias a dos circuitos neuronales de las cortezas sensoriales y los lóbulos frontales.

10 MINUTOS - 2 AÑOS

4. En el hipocampo

La información importante se transfiere al hipocampo, donde se codifica. Luego puede volver a la zona del cerebro que la registró en origen como un recuerdo.

MÁS DE 2 AÑOS

5. Consolidación

Los patrones de descarga neuronal de una experiencia trazan bucles desde el hipocampo a la corteza: eso la fija con firmeza (es decir, la consolida) como recuerdo.

Las emociones

Las emociones que experimenta un individuo a diario dictan el tipo de persona que es. Pero lo que genera cada sentimiento son una serie de procesos biológicos que tienen lugar en el cerebro.

¿Qué es la emoción?

Las emociones tienen un gran impacto en las personas: rigen su comportamiento, dan sentido a su vida y son la base de lo que es ser humano. En realidad, las emociones son respuestas fisiológicas que desencadenan distintos estímulos: el significado psicológico que les damos es una creación humana. Las emociones se producen para favorecer la supervivencia y el éxito incitando ciertos comportamientos: así, por ejemplo, los sentimientos de afecto incitan el deseo de encontrar pareja, reproducirse y vivir en grupo; el miedo genera una respuesta fisiológica para evitar el peligro (pelea o escapa); la empatía, o comprender lo que sienten los demás, hace posible la cohesión social.

Procesar la emoción

El sistema límbico (p. 26), ubicado justo debajo de la corteza, genera las emociones, que se procesan a través de dos rutas: la consciente y la inconsciente (abajo). La amígdala «proyecta» el contenido emocional de todos los estímulos e indica a otras áreas del cerebro que produzcan una respuesta emocional apropiada. La conexión

Rutas emocionales conscientes e inconscientes

Las personas experimentan sus respuestas emocionales a través de una ruta inconsciente, diseñada para que el cuerpo pueda actuar rápidamente (luchar o huir), o consciente, que permite una respuesta más reflexiva. La amígdala responde a las amenazas y puede detectar los estímulos antes de que seamos conscientes de ellos, provocando una reacción automática e inconsciente. A la vez, una transmisión más lenta de información sensorial llega hasta la corteza creando una ruta consciente secundaria para ese mismo estímulo, capaz de modificar la reacción inicial.

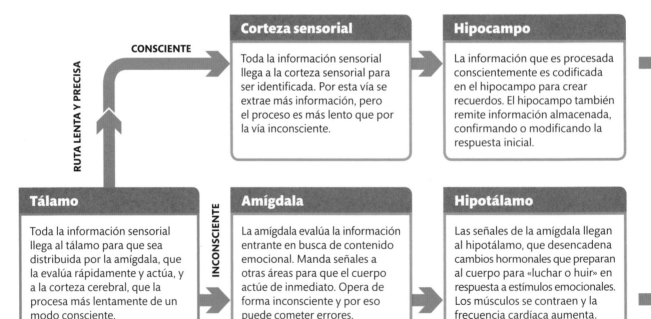

RUTA LENTA Y PRECISA

CONSCIENTE

Corteza sensorial

Toda la información sensorial llega a la corteza sensorial para ser identificada. Por esta vía se extrae más información, pero el proceso es más lento que por la vía inconsciente.

Hipocampo

La información que es procesada conscientemente es codificada en el hipocampo para crear recuerdos. El hipocampo también remite información almacenada, confirmando o modificando la respuesta inicial.

Tálamo

Toda la información sensorial llega al tálamo para que sea distribuida por la amígdala, que la evalúa rápidamente y actúa, y a la corteza cerebral, que la procesa más lentamente de un modo consciente.

INCONSCIENTE

Amígdala

La amígdala evalúa la información entrante en busca de contenido emocional. Manda señales a otras áreas para que el cuerpo actúe de inmediato. Opera de forma inconsciente y por eso puede cometer errores.

Hipotálamo

Las señales de la amígdala llegan al hipotálamo, que desencadena cambios hormonales que preparan al cuerpo para «luchar o huir» en respuesta a estímulos emocionales. Los músculos se contraen y la frecuencia cardíaca aumenta.

entre el sistema límbico y la corteza, hace posible que las emociones se procesen conscientemente y sean vistas como «sentimientos» útiles.

Cada emoción se activa a partir de un patrón específico de actividad cerebral: el odio, por ejemplo, estimula la amígdala (que está ligada con todas las emociones negativas) y áreas del cerebro asociadas con el disgusto, el rechazo, la acción y el cálculo. La emoción positiva reduce la actividad de la amígdala y de aquellas regiones corticales que se asocian con la ansiedad.

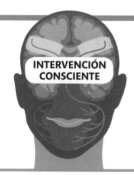

INTERVENCIÓN CONSCIENTE

EXPRESIONES FACIALES CONSCIENTES
La corteza motora nos permite controlar la expresión facial y por tanto ocultar o expresar una emoción auténtica.

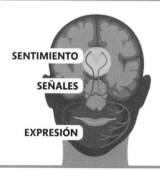

SENTIMIENTO

SEÑALES

EXPRESIÓN

EXPRESIONES FACIALES REFLEJAS
La reacción emocional provocada por la amígdala desencadena expresiones faciales espontáneas e incontroladas.

COMPORTAMIENTOS EMOTIVOS Y RESPUESTAS

Los patrones de conducta típicos en respuesta a la emoción han evolucionado para neutralizar las amenazas. En cambio, los estados de ánimo duran más, son menos intensos e implican comportamientos conscientes.

	POSIBLE ESTÍMULO	COMPORTAMIENTO
IRA	Comportamiento desafiante por parte de otra persona	Provoca una respuesta inconsciente y una emoción rápida; la reacción de «lucha» provoca una acción o una actitud dominante y amenazante
MIEDO	Amenaza por parte de una persona más fuerte o dominante	Provoca una respuesta inconsciente y una emoción rápida; la respuesta de «huida» evita la amenaza y una demostración de apaciguamiento indica falta de desafío ante una persona dominante
TRISTEZA	Pérdida de un ser querido	Domina la respuesta consciente; estado de ánimo más prolongado; un estado de ánimo retrospectivo y la pasividad evitan un reto adicional
DISGUSTO	Algo insano, como un alimento en mal estado	Provoca una respuesta inconsciente rápida; la aversión provoca un veloz alejamiento del entorno nocivo
SORPRESA	Hecho inesperado o nuevo	Provoca una respuesta inconsciente rápida; la atención se centra en el objeto inesperado para obtener información que guíe las siguientes acciones conscientes

CADA EMOCIÓN desencadena un patrón de actividad ligeramente distinto en el cerebro.

«**Cómo nos comportamos depende** del... **deseo, la emoción y el conocimiento**».

Platón, filósofo de la antigua Grecia

TRASTORNOS PSICOLÓGICOS

Los síntomas de un trastorno psicológico suelen ir acompañados de acciones, sentimientos y pensamientos circulares. Cuando los síntomas crean un patrón identificable, el médico puede diagnosticar y tratar al paciente.

Diagnóstico de los trastornos

En el diagnóstico médico de una enfermedad mental hay que emparejar un patrón individual de síntomas físicos y psicológicos con comportamientos asociados a uno o varios trastornos. Algunas enfermedades, como las dificultades de aprendizaje o los problemas neuropsicológicos, son fáciles de identificar. Los trastornos funcionales que afectan a la personalidad y la conducta resultan más difíciles, ya que implican numerosos factores biológicos, psicológicos y sociales.

¿Qué son los trastornos mentales?

Los trastornos mentales se caracterizan por la presencia de un estado de ánimo, una forma de pensar y unos comportamientos inusuales o fuera de lo normal que provocan en el individuo un sufrimiento o deterioro significativo, y le impide funcionar con normalidad. El deterioro que se produce como consecuencia de factores estresantes comunes, como la pérdida, no se considera un trastorno. Distintos factores sociales y culturales que influyen en el comportamiento también pueden descartar la presencia de problemas mentales.

TIPOS DE TRASTORNOS

- ❯ Trastornos emocionales (pp. 38-45)
- ❯ Trastornos de ansiedad (pp. 46-55)
- ❯ Trastornos obsesivo-compulsivos y relacionados (pp. 56-61)
- ❯ Trastornos por traumas y estrés (pp. 62-5)
- ❯ Trastornos del desarrollo neurológico (pp. 66-9)
- ❯ Trastornos psicóticos (pp. 70-5)
- ❯ Trastornos neurocognitivos (pp. 76-9)
- ❯ Trastornos de adicción y control de los impulsos (pp. 80-5)
- ❯ Trastornos disociativos (pp. 86-9)
- ❯ Trastornos alimentarios (pp. 90-5)
- ❯ Trastornos de comunicación (pp. 96-7)
- ❯ Trastornos del sueño (pp. 98-9)
- ❯ Trastornos motores (pp. 100-1)
- ❯ Trastornos de la personalidad (pp. 102-7)
- ❯ Otros (pp. 108-9)

Los trastornos pueden clasificarse en grupos de diagnóstico (arriba); los dos catálogos que se usan para identificarlos y organizarlos son la *Clasificación Internacional de Enfermedades (ICD-10)* de la OMS y el *Manual diagnóstico y estadístico de los trastornos mentales (DSM-5)* de la Asociación Americana de Psiquiatría.

1/4 de las personas sufrirá un trastorno mental o neurológico en algún momento de su vida

Evaluación de una enfermedad mental

Para hacer un diagnóstico clínico primero hay que realizar un cuidadoso proceso de evaluación que incluye la observación e interpretación de los comportamientos de la persona, el diálogo con ella y, si fuera pertinente, con la familia, los cuidadores y los especialistas. Ponerle nombre a la aflicción de una persona puede ayudar a esta –y a su entorno– a tener un mejor conocimiento de sus problemas y a gestionarlos mejor, pero también puede influir negativamente en su visión y contribuir a que se dé un caso de profecía autocumplida.

✓ Reconocimiento físico

Primero el médico descarta cualquier enfermedad o anomalía física que produzca un trastorno del habla, o alguna discapacidad intelectual. Pueden usarse técnicas de diagnóstico por la imagen para ver si hay una lesión cerebral o demencia, y un análisis de sangre puede revelar si hay alguna predisposición genética.

✓ Entrevista clínica

Si no hay ninguna enfermedad física, se envía a la persona a un especialista en salud mental. Este le pregunta sobre sus vivencias, su historial médico y sus experiencias recientes relacionadas con el problema. También intenta averiguar sus puntos débiles y fuertes, y cualquier factor de riesgo.

✓ Examen psicológico

Se evalúan los conocimientos, habilidades y personalidad con una serie de pruebas y/o tareas. Dichas pruebas pueden medir, por ejemplo, las conductas adaptativas, lo que la persona opina sobre sí misma o trastornos relacionados con rasgos de la personalidad.

✓ Evaluación del comportamiento

También se evalúa y observa el comportamiento de la persona, normalmente en el tipo de situación en la que surgen las dificultades, para comprender mejor los factores que precipitan y/o reafirman los síntomas. A veces se le pide que anote sus estados de ánimo o la frecuencia con que los experimenta.

Depresión

La depresión es un trastorno bastante común que puede diagnosticarse cuando una persona se siente decaída e inquieta y deja de disfrutar con sus actividades cotidianas durante más de dos semanas.

¿En qué consiste?

Entre sus síntomas se encuentran el desánimo continuado, la baja autoestima, los sentimientos de desesperación e impotencia, las ganas de llorar, los sentimientos de culpa e irritabilidad y la intolerancia con los demás.

Una persona deprimida está desmotivada y no siente interés por nada, le cuesta tomar decisiones y no es capaz de disfrutar de la vida. Como consecuencia, es posible que evite las actividades sociales con las que solía disfrutar, renunciando a las relaciones sociales, lo que puede provocar un círculo vicioso que le hace empeorar todavía más. A una persona deprimida le cuesta concentrarse y recordar las cosas. En casos extremos puede sentir el deseo de autolesionarse o incluso suicidarse.

Causas internas y externas

Pueden causarla una gran variedad de factores biológicos, sociales y ambientales. Sus causas externas engloban principalmente aquellas experiencias vitales que tienen un impacto muy negativo sobre la persona. Suelen ir acompañadas de causas internas.

CAUSAS EXTERNAS

El dinero, o su falta, y el estrés causado por los problemas económicos y las deudas.

El estrés cuando una persona no consigue asumir lo que se le exige.

Problemas de relación con los demás, que a la larga acaban provocando una depresión.

El trabajo, o su falta, influye en el estatus y la autoestima, nuestra percepción del futuro y nuestra capacidad de participar en la sociedad.

CAUSAS INTERNAS

Rasgos de personalidad, como el neurotismo o el pesimismo.
Experiencias de la infancia, especialmente si la persona se sintió desvalida en esa época.
Historial familiar, si un progenitor o hermano ha padecido depresión.
Problemas crónicos de salud: enfermedad cardíaca, renal o pulmonar, diabetes o asma.

El embarazo y el parto, y las exigencias de la maternidad para las madres primerizas.

El duelo tras la muerte de un familiar, un amigo o incluso una mascota.

La soledad como consecuencia de la enfermedad o la discapacidad, especialmente en las personas mayores.

El acoso entre niños o adultos, ya sea físico o verbal, personal o en línea.

El alcohol y las drogas, debido a las consecuencias fisiológicas, sociales y económicas de la adicción.

«... una depresión nos perjudica tanto... que nos es imposible incluso ver su fin».

Elizabeth Wurtzel, escritora estadounidense

Son muchos los factores internos y externos que pueden causar una depresión (izquierda), como las experiencias de la infancia y del resto de nuestra vida, enfermedades físicas o lesiones. Puede ser leve, moderada o aguda, y es muy común; según la Organización Mundial de la Salud, en el mundo la sufren más de 350 millones de personas.

¿Cómo se diagnostica?

El médico hace un diagnóstico a partir de los síntomas del paciente. Trata de descubrir desde cuándo tiene dichos síntomas y puede proponer un análisis de sangre para descartar cualquier otra enfermedad que pueda causarlos. El tratamiento dependerá de la gravedad de la depresión, pero la mejor opción es someterse a psicoterapia. Los antidepresivos pueden ayudar al paciente a hacer frente al día a día. En los casos leves o moderados, el ejercicio físico también resulta útil. En casos severos, a veces hace falta ingresar al paciente o recetarle medicamentos para tratar los síntomas psicóticos (pp. 70-5).

✚ TRATAMIENTO

› **Las terapias cognitivas y conductuales**, como la activación conductual, la terapia cognitivo-conductual (p. 125), la centrada en la compasión, la de aceptación y compromiso (p. 126), y las terapias cognitivas (p. 124).

› **La psicoterapia psicodinámica** (pp. 118-21) y de orientación.

› **Antidepresivos** (pp. 142-3) solos o además de la terapia.

EL SENTIMIENTO DE SOLEDAD surge a causa de la depresión y hace que nos sintamos completamente solos, desamparados y aislados.

Trastorno bipolar

Este trastorno se caracteriza por cambios extremos –altibajos (manía/depresión)– en los niveles de actividad y energía de una persona, razón por la que en un origen se llamó depresión maníaca.

¿En qué consiste?

Existen cuatro tipos de trastorno bipolar: bipolar de tipo 1, que es una manía aguda que dura más de una semana (y puede que la persona deba ser hospitalizada); bipolar de tipo 2, que oscila entre una manía menos aguda y un estado de decaimiento; ciclotimia, que presenta episodios hipomaníacos y depresivos más prolongados que pueden durar hasta dos años; y un trastorno bipolar sin especificar, que es una mezcla de los tres tipos anteriores. Cuando se produce el cambio de estado de ánimo, la persona puede sufrir cambios de personalidad extremos, lo que afecta a su entorno.

Se cree que la causa principal del trastorno bipolar es un desequilibrio de las sustancias químicas que intervienen en el funcionamiento del cerebro: los neurotransmisores, que incluyen la noradrenalina, la serotonina y la dopamina (pp. 28-9). La genética también es importante: el trastorno bipolar suele ser

Patrones de depresión y manía

El trastorno bipolar pasa por distintas fases. La magnitud y duración de las fluctuaciones, la forma en que se manifiestan los estados de ánimo y cómo influyen en la personalidad pueden variar enormemente.

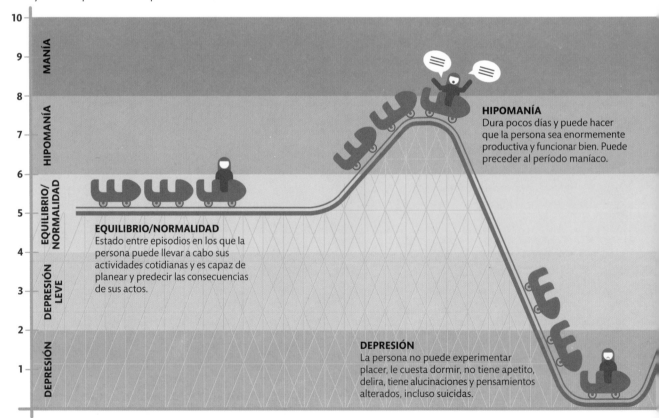

HIPOMANÍA
Dura pocos días y puede hacer que la persona sea enormemente productiva y funcionar bien. Puede preceder al período maníaco.

EQUILIBRIO/NORMALIDAD
Estado entre episodios en los que la persona puede llevar a cabo sus actividades cotidianas y es capaz de planear y predecir las consecuencias de sus actos.

DEPRESIÓN
La persona no puede experimentar placer, le cuesta dormir, no tiene apetito, delira, tiene alucinaciones y pensamientos alterados, incluso suicidas.

hereditario y puede desarrollarse a cualquier edad. Se cree que un 2 % de las personas tendrán un episodio; algunos solo tienen un par en su vida, y otros tienen muchos. Los episodios pueden desencadenarse por el estrés, la enfermedad o las adversidades, como los problemas de pareja, de dinero o de trabajo.

¿Cómo se diagnostica?

El psiquiatra o psicólogo clínico pregunta a la persona por los síntomas y por cuándo empezaron. También se analizan las señales que han llevado a un episodio y se intenta descartar otras dolencias que puedan causar los cambios de humor. Suele tratarse al paciente con medicamentos y técnicas para mejorar el estilo de vida.

✚ TRATAMIENTO

❯ **Terapia cognitiva conductual** (p. 125).

❯ **Llevar un estilo de vida** que incluya el ejercicio regular, mejorar la dieta y una buena rutina de sueño, para regular el estado de ánimo; y usar un diario y métodos de concienciación, que pueden ayudar al individuo a reconocer los signos que preceden a un cambio de humor.

❯ **Estabilizadores del ánimo** (pp. 142-3) tomados durante un período largo pueden reducir los cambios de humor; la dosis suele ajustarse durante los episodios de hipomanía, manía y depresión.

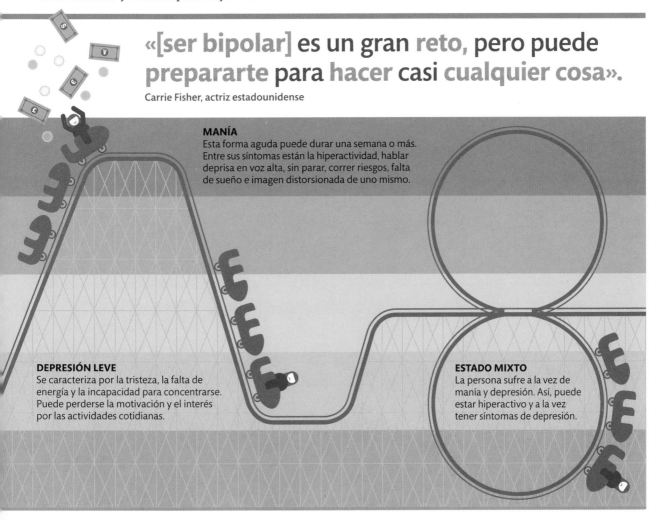

«[ser bipolar] es un gran reto, pero puede prepararte para hacer casi cualquier cosa».

Carrie Fisher, actriz estadounidense

MANÍA
Esta forma aguda puede durar una semana o más. Entre sus síntomas están la hiperactividad, hablar deprisa en voz alta, sin parar, correr riesgos, falta de sueño e imagen distorsionada de uno mismo.

DEPRESIÓN LEVE
Se caracteriza por la tristeza, la falta de energía y la incapacidad para concentrarse. Puede perderse la motivación y el interés por las actividades cotidianas.

ESTADO MIXTO
La persona sufre a la vez de manía y depresión. Así, puede estar hiperactivo y a la vez tener síntomas de depresión.

Enfermedad mental perinatal

Puede desencadenarse en cualquier momento durante el embarazo y hasta un año después del alumbramiento. Es una combinación de DPP (depresión posparto), o depresión posnatal, y psicosis posparto.

¿En qué consiste?

Tener ganas de llorar o estar irritable tras dar a luz es algo muy habitual que se conoce como depresión posparto, pero esos sentimientos duran solo un par de semanas. La enfermedad mental perinatal dura mucho más. Se trata de una depresión entre moderada y severa que pueden experimentar las madres primerizas (y a veces también los padres) en cualquier momento durante el primer año de vida del bebé. Sus síntomas incluyen decaimiento o cambios de humor, falta de energía, problemas para establecer un vínculo con el bebé y miedos. La afectada puede llorar con facilidad y sentirse exhausta, pero tener problemas para dormir. También tiene sentimientos de vergüenza y miedo a fracasar como

madre. En casos agudos, puede haber ataques de pánico, autolesiones o pensamientos suicidas. La mayoría de las pacientes se recuperan del todo. Si no se trata, puede durar varios meses o incluso más tiempo.

Puede aparecer de repente o poco a poco, y suelen causarla los cambios hormonales, el cansancio y el nuevo estilo de vida. No está claro por qué la desarrollan algunas personas y otras no, pero entre los factores de riesgo parecen estar haber tenido una experiencia difícil de niño, la baja autoestima, la falta de apoyo y una vida estresante.

¿Cómo se diagnostica?

El médico o la matrona valoran los síntomas con un cuestionario eficaz y fiable como la escala posnatal de Edimburgo, que mide los niveles de

El 85 % de las **primerizas** sufren **depresión posparto**

actividad y de ánimo durante los últimos siete días. También se usan otras escalas para valorar el funcionamiento y el bienestar mental.

Para interpretar los resultados de estos cuestionarios hace falta buen ojo clínico, ya que es posible que los nuevos padres se muestren menos activos simplemente porque tienen más responsabilidades.

PSICOSIS POSPARTO

La psicosis posparto (o puerperal), una afección extremadamente seria, afecta a 1-2 mujeres de cada 1000 que dan a luz. Suele manifestarse las semanas siguientes al parto, pero puede empezar hasta seis meses después. Los síntomas suelen aparecer rápidamente e incluyen confusión, ánimo exaltado, pensamientos atropellados, desorientación, paranoia, alucinaciones, delirios y alteraciones del sueño. La afectada puede tener pensamientos obsesivos sobre el bebé, intentar autolesionarse o causar daños al pequeño. Hay que tratarla de inmediato debido a los pensamientos potencialmente letales y a los comportamientos asociados al trastorno. El tratamiento consiste en la hospitalización (por regla general en una unidad con intensa supervisión), medicación (antidepresivos y antipsicóticos), y psicoterapia.

✚ TRATAMIENTO

❭ **Terapia cognitiva y conductual** (pp. 122-9) en grupo, individual o guiada; orientación personal.

❭ **Mejora del estilo de vida**, por ejemplo, hablando con la pareja, amigos y familiares; descansando; haciendo ejercicio físico de forma regular, y comiendo saludable y ordenadamente.

❭ **Antidepresivos** (pp. 142-3) solos o combinados con psicoterapia.

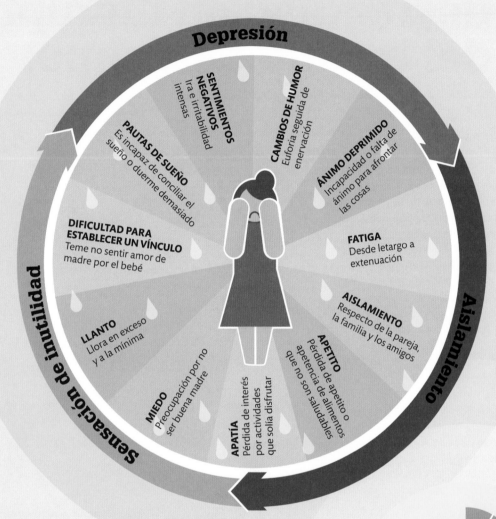

Depresión

SENTIMIENTOS NEGATIVOS
Ira e irritabilidad intensas

CAMBIOS DE HUMOR
Euforia seguida de enervación

ÁNIMO DEPRIMIDO
Incapacidad o falta de ánimo para afrontar las cosas

PAUTAS DE SUEÑO
Es incapaz de conciliar el sueño o duerme demasiado

DIFICULTAD PARA ESTABLECER UN VÍNCULO
Teme no sentir amor de madre por el bebé

FATIGA
Desde letargo a extenuación

AISLAMIENTO
Respecto de la pareja, la familia y los amigos

LLANTO
Llora en exceso y a la mínima

APETITO
Pérdida de apetito o apetencia de alimentos que no son saludables

MIEDO
Preocupación por no ser buena madre

APATÍA
Pérdida de interés por actividades que solía disfrutar

Sensación de inutilidad

Aislamiento

Síntomas

Los síntomas de la depresión posparto se parecen a los de la ansiedad y la depresión general. Los síntomas pueden impedir a la paciente llevar a cabo las rutinas y actividades del día a día, y pueden influir en su relación con el bebé, la pareja, la familia y los amigos.

DMDD (trastorno de desregulación disruptivo del estado de ánimo)

Trastorno infantil caracterizado por ira e irritabilidad constantes y rabietas fuertes y periódicas.

¿En qué consiste?

El DMDD es un trastorno que se ha identificado recientemente y que afecta a niños y niñas con un historial de irritabilidad crónica y serios episodios de mal genio. El pequeño se muestra triste, malhumorado y/o enfadado prácticamente todos los días. Las rabietas son claramente desproporcionadas, se repiten varias veces a la semana y en más de un lugar (en casa, en el colegio o con los amigos). Las relaciones tensas entre progenitores e hijos, o entre un niño y su profesor, no se consideran DMDD.

¿Cómo se diagnostica?

Para diagnosticarlo, los síntomas deben ser evidentes y sistemáticos durante más de un año, y dificultar el buen funcionamiento del niño en casa y en el colegio. Una de las causas puede ser que el niño malinterpreta las expresiones de los demás; en ese caso se le puede enseñar a reconocer las expresiones faciales. Los niños diagnosticados suelen tener menos de 10 años (no tienen menos de 6 ni mas de 18). Entre un 1 y un 3 % de los menores de 10 años muestran síntomas.

Comportamiento disruptivo

Los pequeños que padecen DMDD suelen tener fuertes rabietas, que no se corresponden con su etapa de desarrollo, tres o más veces a la semana como mínimo en dos escenarios distintos.

DESTRUYE cosas y/o las lanza por la habitación

ABUSA DE LOS GRITOS a profesores, compañeros o padres

ENFADADO E IRRITABLE casi todo el tiempo

Los niños con DMDD antiguamente eran diagnosticados con un trastorno bipolar pediátrico, pero no presentan la manía episódica o hipomanía propia de dicho trastorno. De adultos no tienen por qué desarrollar un trastorno bipolar, pero son más propensos a la depresión y la ansiedad.

➕ TRATAMIENTO

➤ **Psicoterapia** (pp. 118-41) familiar, para analizar las emociones y aprender técnicas para controlar el estado de ánimo.

➤ **Mejora del estilo de vida** para establecer mejor comunicación y reducir los factores que desencadenan las rabietas.

➤ **Antidepresivos** (pp. 142-3) o antipsicóticos para apoyar la psicoterapia.

2013 Año en que el DMDD fue reconocido

El SAD (trastorno afectivo estacional)

El SAD es una forma de depresión estacional asociada a los cambios en los niveles de luz que suele manifestarse en otoño, cuando los días se acortan. También se conoce como depresión invernal.

¿En qué consiste?

La naturaleza y gravedad del SAD varía de una persona a otra; puede tener un gran impacto en el día a día. Normalmente, los síntomas van y vienen con las estaciones y empiezan siempre en la misma época del año, que suele ser en otoño. Los síntomas son decaimiento, pérdida de interés por actividades cotidianas, irritabilidad, sentimiento de culpa e inutilidad. Los afectados tienen poca energía, están somnolientos, duermen más de lo normal por la noche y les cuesta levantarse por la mañana. Lo padecen 1 de cada 3 personas.

Como es estacional, a veces cuesta diagnosticarlo. El psicólogo analiza el estado de ánimo, el estilo de vida, la alimentación, el comportamiento estacional, los cambios en la forma de pensar y el historial médico del paciente.

TRATAMIENTO

> **Psicoterapias**, tales como la terapia cognitiva conductual (p. 125) y el asesoramiento.
> **Mejora del estilo de vida** gracias a una mayor exposición a la luz solar: sentarse junto a una ventana en casa, usar bombillas que imitan la luz del sol y realizar actividades al aire libre a diario.

Efecto y causa estacional

La cantidad de luz solar afecta a una parte del cerebro llamada hipotálamo y modifica la producción de dos sustancias químicas: la melatonina (que controla el sueño) y la serotonina (que modifica el estado de ánimo).

La secreción de melatonina por parte de la glándula pineal se activa con la oscuridad y se inhibe con la luz; el hipotálamo se encarga de controlarla.

Primavera / Verano / Otoño / Invierno

Patrón invernal

> **La melatonina aumenta**, así que la persona se siente cansada y quiere dormir.
> **La serotonina disminuye** y la persona se siente decaída.
> **El deseo de quedarse en la cama** y dormir puede limitar el contacto social.
> **El antojo de hidratos de carbono** puede causar sobreingesta y aumento de peso.
> **La fatiga constante** puede afectar el trabajo y la vida familiar.

Patrón estival

> **La melatonina disminuye** y la persona tiene más energía.
> **La serotonina aumenta** y mejora el estado de ánimo.
> **El sueño es reparador**, pero no excesivo, y la persona tiene más energía.
> **La alimentación mejora** porque los antojos desaparecen.
> **Gracias a la mayor energía**, la actividad aumenta y también los contactos sociales.

Trastorno de pánico

Los ataques de pánico son una reacción exagerada ante el miedo o la excitación. Las personas con este trastorno experimentan estos ataques de forma periódica sin razón aparente.

¿En qué consiste?

Ante el miedo, es normal que el cuerpo produzca adrenalina para prepararlo para «luchar o huir». Cuando alguien tiene un ataque de pánico, son pensamientos o imágenes normales las que activan el centro de pelea o escapa del cerebro, así que la adrenalina corre por el cuerpo y provoca síntomas como el sudor, el aumento de la frecuencia cardíaca y la hiperventilación. Los ataques duran unos 20 minutos y pueden ser muy desagradables.

El individuo puede confundir los síntomas y sentir que está teniendo un ataque al corazón o incluso muriéndose. El miedo activa aún más el centro de amenazas del cerebro, lo que produce más adrenalina, que a su vez empeora los síntomas.

Las personas que tienen ataques de pánico recurrentes pueden tener tanto miedo a tener el siguiente que viven en un estado constante de «miedo al miedo». Los ataques pueden desencadenarse, por ejemplo, por miedo a las multitudes o a los espacios cerrados, pero a menudo se activan por sensaciones internas que no tienen nada que ver con el exterior. Como consecuencia, las tareas cotidianas se les hacen difíciles y el contacto social les abruma. Quienes sufren el trastorno suelen evitar ciertos lugares o actividades, de modo que el problema persiste porque la persona no puede «desconfirmar» el miedo.

¿Cuáles son las causas?

1 de cada 10 personas tiene ataques de pánico ocasionales; el trastorno de pánico es menos habitual. Experiencias duras, como la muerte, pueden desencadenarlo. Las personas que tienen un familiar cercano con este trastorno son más propensas. Factores ambientales, como un nivel alto de dióxido de carbono, también pueden causar un ataque. Algunas enfermedades, como una tiroides hiperactiva, pueden producir síntomas parecidos a los del trastorno de pánico, así que el médico deberá descartarlas antes.

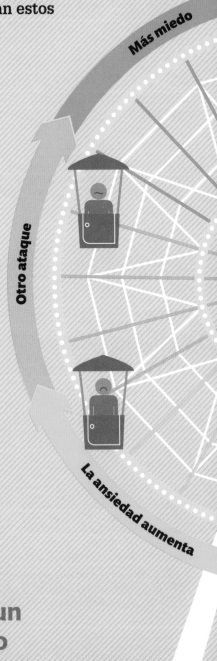

Más miedo

Otro ataque

La ansiedad aumenta

⊕ TRATAMIENTO

› **Terapia cognitiva conductual** (p. 125): identificar desencadenantes, prevenir la evitación y aprender a rebatir los efectos del miedo.

› **Grupos de apoyo** para conocer a otros y conseguir asesoramiento.

› **Inhibidores selectivos de la serotonina** (ISRS) (pp. 142-3).

Un **2**% de las personas padecen un trastorno de pánico

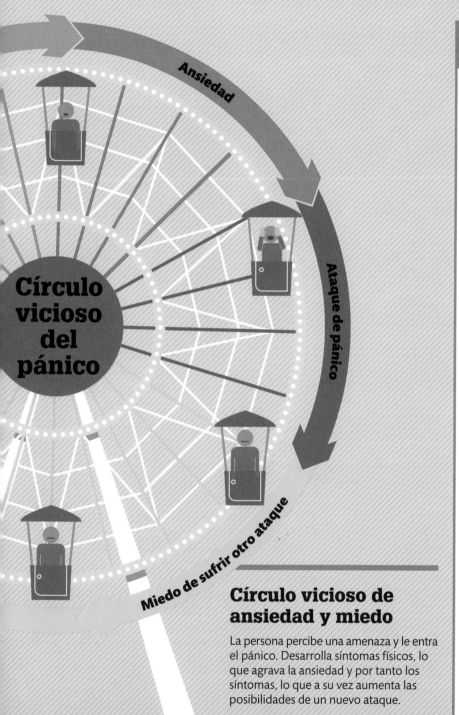

Ansiedad

Círculo vicioso del pánico

Ataque de pánico

Miedo de sufrir otro ataque

Círculo vicioso de ansiedad y miedo

La persona percibe una amenaza y le entra el pánico. Desarrolla síntomas físicos, lo que agrava la ansiedad y por tanto los síntomas, lo que a su vez aumenta las posibilidades de un nuevo ataque.

SÍNTOMAS DE UN ATAQUE DE PÁNICO

Los síntomas son consecuencia de la acción del sistema nervioso autónomo, el que no está bajo control consciente (pp. 32-3).

Aumento de la frecuencia cardíaca

La adrenalina hace que el corazón lata más rápido, para suministrar más oxígeno. Eso puede provocar dolor en el pecho.

Sensación de mareo

La respiración es más rápida, lo que provoca hiperventilación y sensación de mareo.

Sudoración y palidez

El sudor aumenta para enfriar el cuerpo. La persona puede ponerse pálida debido a que la sangre es desviada hacia donde es más necesaria.

Sensación de ahogo

Al acelerarse la respiración sentimos ahogo: aumenta el oxígeno pero no exhalamos suficiente dióxido de carbono.

Pupilas dilatadas

La pupila (la parte negra del ojo) se dilata para que entre más luz, para ver mejor y poder escapar.

Digestión lenta

Como la digestión no es crucial para «escapar», se ralentiza. Los esfínteres se relajan, lo que provoca náuseas.

Boca seca

Sensación de sequedad bucal porque los fluidos se concentran en las partes del cuerpo donde son más necesarios.

Fobias específicas

Una fobia es un tipo de trastorno de ansiedad. Las fobias específicas se manifiestan cuando la persona anticipa el contacto con, o se ve expuesta a, el objeto, situación o hecho que teme.

¿En qué consisten?

A diferencia de las complejas (como la agorafobia y la claustrofobia, pp. 50-1), las fobias específicas simples son el trastorno psicológico más común. Son mucho más que un simple miedo y aparecen cuando una persona desarrolla una sensación de peligro exagerada sobre una situación u objeto determinado. El miedo puede ser completamente absurdo, pero el individuo es incapaz de vencerlo. La mera anticipación o la exposición real (incluso a una imagen) puede causarle una gran ansiedad o un ataque de pánico. Los síntomas son pulso acelerado, problemas al respirar y sensación de perder el control.

Las fobias surgen a causa de una combinación de factores genéticos, químicos, biológicos, psicológicos y ambientales. A menudo pueden atribuirse a una experiencia aterradora o estresante que la persona vio o vivió en su infancia. Un niño también puede «aprender» una fobia viendo a otros miembros de la familia que la tienen.

Las fobias específicas suelen desarrollarse durante la infancia o la adolescencia, y pueden volverse menos severas con la edad. Pueden ir asociadas a otros trastornos psicológicos como la depresión (pp. 38-9), el trastorno obsesivo-compulsivo (pp. 56-7) y el trastorno de estrés postraumático (p. 62).

¿Cómo se diagnostican?

La mayoría de los afectados son perfectamente conscientes de su fobia, por lo que no hace falta un diagnóstico formal y no precisan tratamiento: basta con que eviten lo que les da miedo para controlar el problema. Pero en algunos casos, evitar el objeto temido puede prolongar o empeorar la fobia y repercutir de forma muy negativa en determinados aspectos de la vida. El médico de familia puede enviar al paciente a un especialista en terapia conductual.

LAS FOBIAS ESPECÍFICAS pueden tratarse con una exposición guiada y gradual al objeto o situación temidos.

Un 8,7 % de los adultos estadounidenses tienen alguna fobia específica

⊕ TRATAMIENTO

❯ **Terapia cognitiva conductual** (p. 125) con pasos que nos permitan enfrentarnos con el objeto o la situación temida; técnicas para controlar la ansiedad para superar cada paso.

❯ **Mindfulness** para aumentar nuestro nivel de tolerancia ante la ansiedad y los pensamientos e imágenes que asociamos con la angustia.

❯ **Medicación contra la ansiedad** o antidepresivos (pp. 142-43), y terapia si la fobia influye en nuestra vida diaria negativamente.

Tipos de fobias específicas

Son muchos los objetos o situaciones que pueden desencadenar una fobia. Las fobias específicas, conocidas como simples, se dividen en cinco grupos: a la sangre, inyecciones o heridas, al entorno natural, a las situaciones, a los animales y «otros» tipos. A excepción del primer tipo, las fobias específicas son entre dos y tres veces más comunes en las mujeres que en los hombres.

SANGRE, INYECCIONES O HERIDAS

Grupo de fobias en el que la visión de la sangre o las agujas provoca una reacción vasovagal (acto reflejo que ralentiza el ritmo cardíaco y reduce el flujo sanguíneo hacia el cerebro) que puede ocasionar un desmayo. A diferencia de otras fobias, afecta por igual a hombres y mujeres.

AGUJAS

SANGRE

ENTORNO NATURAL

La persona siente un miedo irracional a los fenómenos naturales, que suele asociar con imágenes de efectos potencialmente catastróficos. Por ejemplo, las tormentas, las aguas profundas, los gérmenes y el miedo a las alturas, como al estar al borde de un precipicio.

AGUA

RELÁMPAGOS

ALTURAS

SITUACIONAL

Fobia a encontrarse en una situación determinada, desde ir al dentista hasta subir en un ascensor viejo, pasando por volar, conducir por un puente o un túnel, o subirse a un coche.

VOLAR

PUENTES

ANIMALES

Este grupo de fobias incluye a insectos, serpientes, ratones, gatos, perros y pájaros, entre otros. Puede deberse a una predisposición genética para sobrevivir ante animales que fueron una amenaza para nuestros antepasados.

SERPIENTES

ARAÑAS

RATAS

OTRAS FOBIAS

Miles de personas sufren alguna fobia, entre ellas el miedo a vomitar; a un color determinado, por ejemplo cualquier cosa amarilla o roja (incluidos los alimentos); al número 13; a ver un ombligo o los dedos del pie; a ruidos fuertes repentinos; a personas disfrazadas, como los payasos; a los árboles; a tocar flores cortadas...

ÁRBOLES

PAYASOS

Agorafobia

Trastorno de ansiedad que se caracteriza por el miedo de quedar atrapado en una situación de la que no es fácil escapar ni ser rescatado si las cosas se tuercen.

¿En qué consiste?

La agorafobia es una fobia compleja que no se limita, como muchos creen, a tener miedo a espacios abiertos. El individuo teme quedar atrapado y evita todo lo que desencadena el miedo a no poder escapar. Como consecuencia puede tener miedo a viajar en transporte público, a estar en un espacio cerrado o en una aglomeración, a ir de compras o al médico, o a salir de casa. El ataque de pánico ocasionado por dicha experiencia va acompañado de pensamientos negativos; así, la persona puede pensar que además de quedar atrapada va a hacer el ridículo, porque perderá el control en público. Los síntomas, o el miedo a ellos, son disruptivos y generan comportamientos de evitación que dificultan llevar una vida normal.

La agorafobia puede desarrollarse cuando un individuo sufre un ataque de pánico y luego le preocupa en exceso que se repita. Una tercera parte de las personas que sufren ataques de pánico desarrollan agorafobia. Tal vez se debe a factores biológicos y psicológicos, como ver o vivir una experiencia traumática, una enfermedad mental o una relación desgraciada.

El tratamiento puede ayudar: alrededor de una tercera parte se cura y un 50 % ve cómo mejoran los síntomas. El médico descarta primero otros trastornos con síntomas parecidos.

SÍNTOMAS

FÍSICOS
Ritmo cardíaco y respiración acelerados, dolor en el pecho, mareo, temblores, náuseas y problemas para respirar.

CONDUCTUALES
Planificación excesiva para evitar aglomeraciones, colas y el transporte público; no salir para nada o solo con alguien de confianza.

COGNITIVOS
Miedo a que los demás se burlen de nosotros, pensamientos catastróficos sobre quedar atrapados o sufrir algún daño, o sobre perder el control.

«Nada reduce tanto la ansiedad como la acción».

Walter Inglis Anderson, naturalista, escritor y pintor estadounidense

⊕ TRATAMIENTO

› **Psicoterapia intensiva,** como la terapia cognitiva conductual (p. 125) para explorar los pensamientos que sustentan la fobia.

› **Grupos de autoayuda** para trabajar sobre la exposición a la situación temida; enseñar a controlar el ataque de pánico respirando más lenta y profundamente.

› **Mejora del estilo de vida,** como hacer ejercicio físico y tomar alimentos saludables.

Tipos de síntomas

Los síntomas de la agorafobia se dividen en tres grupos: los físicos que experimenta la persona en la situación temida; las pautas de comportamiento asociadas al miedo; y los síntomas cognitivos, es decir, los pensamientos y sentimientos al anticipar el miedo. La suma de todos ellos hace que a la persona le cueste funcionar con normalidad en el día a día.

Claustrofobia

La claustrofobia, el miedo irracional a quedar atrapado en un espacio cerrado o la anticipación de dicha situación, es una fobia compleja que puede provocar ansiedad extrema y ataques de pánico.

¿En qué consiste?

Las personas con claustrofobia, al estar encerradas, experimentan síntomas parecidos a los de la agorafobia (página izquierda). El miedo causa pensamientos negativos, como el de quedarse sin oxígeno o que si se tiene un ataque al corazón no se podrá salir de allí. Muchos temen desmayarse o perder el control.

La claustrofobia puede provocarla el condicionamiento (pp. 16-7) tras una situación estresante que ocurrió en un espacio pequeño. A veces se remonta a la infancia, por ejemplo, si al individuo lo encerraron en una estancia pequeña, o lo acosaron o maltrataron. También puede desencadenarla una experiencia desagradable en alguna etapa de la vida, como un vuelo con turbulencias o quedar atrapado en un ascensor. La persona teme volver a quedarse encerrado y también lo que se imagina que podría ocurrir en un espacio pequeño. Así pues, planifica sus actividades cotidianas para reducir las posibilidades de «quedar atrapado».

A veces la claustrofobia se observa en otros familiares, lo que sugiere una vulnerabilidad genética al trastorno y/o una respuesta asociada aprendida.

✚ TRATAMIENTO

❯ **Terapia cognitiva conductual** (p. 125) para reconsiderar los pensamientos negativos con la exposición gradual a la situación temida, para ver que lo que más se teme no va a suceder.

❯ **Control de la ansiedad** para lidiar con la ansiedad y el pánico mediante técnicas de respiración, relajación muscular y visualización de resultados positivos.

❯ **Medicación antiansiedad** o antidepresivos (pp. 142-3), que se recetan en casos extremos.

EL MIEDO A LOS ESPACIOS CERRADOS es normal si el peligro es real, pero en la claustrofobia es un miedo irracional que no tiene motivo.

TAG (trastorno de ansiedad generalizada)

Quienes sufren este trastorno experimentan una constante preocupación incontrolada (incluso cuando no hay ningún peligro), hasta tal punto que ello influye negativamente en su funcionamiento y actividad del día a día.

¿En qué consiste?

Un individuo con TAG se preocupa en exceso por una gran variedad de cuestiones y situaciones. Entre sus síntomas ante la «amenaza» están las palpitaciones, los temblores, la sudoración, la irritabilidad, el desasosiego y el dolor de cabeza. También puede provocar insomnio y problemas de concentración, para tomar decisiones o para lidiar con la incertidumbre.

La persona puede obsesionarse con el perfeccionismo o el control de los acontecimientos. Los síntomas físicos y psicológicos pueden tener un efecto perjudicial sobre las relaciones sociales, el trabajo y las actividades del día a día, llevando a la pérdida de confianza y al aislamiento. Las preocupaciones pueden girar en torno a la familia o a las cuestiones sociales, el trabajo, la salud, el colegio o algún acontecimiento específico. Una persona con TAG experimenta ansiedad la mayoría de los días, y en cuanto soluciona un problema, surge otro. Exagera la probabilidad de que ocurra algo malo y siempre se pone en lo peor. Es posible que considere que preocuparse es útil y que diga cosas como: «Si me preocupo es menos probable que ocurra algo». Si evita de forma habitual o durante mucho tiempo las situaciones o lugares que teme, el trastorno se agrava, porque el individuo no puede comprobar que sus miedos son infundados y sigue preocupándose.

Miedos sociales

Preocupaciones económicas o de salud

Anticipación de peligros y desastres

Perfeccionismo

Las mujeres son un **60** % más propensas a desarrollar un TAG que los hombres

Equilibrar las preocupaciones

La ansiedad se convierte en un problema cuando la persona se ve abrumada por las preocupaciones la mayor parte de los días durante un período de seis o más meses.

➕ TRATAMIENTO

> **Terapia cognitiva-conductual** (p. 125) para identificar los desencadenantes, pensamientos negativos, evitaciones habituales y comportamientos inocuos.

> **Terapia conductual** (p. 124) para identificar objetivos conductuales con pasos alcanzables.

> **Terapia de grupo** que potencie la autoafirmación y la autoestima para contrarrestar convicciones negativas y miedos infundados.

Trastorno de ansiedad social

Quienes sufren este trastorno experimentan un miedo atroz a ser juzgados o a hacer algo embarazoso en una situación social. Este trastorno puede provocar una timidez que les incapacite.

¿En qué consiste?

Las personas con trastorno de ansiedad social (o fobia social) tienen un exceso de nervios o miedo ante las situaciones sociales. Puede que solo se pongan nerviosas en ciertas circunstancias, por ejemplo, si tienen que hablar o actuar en público, o en cualquier situación social.

Suelen ser extremadamente tímidos y les preocupa que los demás les juzguen de forma negativa. Se obcecan con incidentes sociales del pasado. La ansiedad social hace que la persona lo planifique y lo ensaye todo de antemano, lo que puede llevarle a comportarse de un modo raro. El individuo se dedica a reunir pruebas que respalden sus miedos, ya que las situaciones difíciles surgen como consecuencia de su ansiedad o de tanto prepararse.

Este trastorno conduce al aislamiento y la depresión, y puede afectar muy seriamente las relaciones sociales. También puede tener un impacto negativo en el rendimiento escolar o laboral.

✚ TRATAMIENTO

❯ **Terapia cognitiva-conductual** (p. 125) para reconocer y cambiar los comportamientos y los pensamientos negativos.

❯ **Terapia de grupo** para compartir los problemas y practicar comportamientos sociales.

❯ **Autoayuda**, como autoafirmarse, practicar antes de los actos sociales y usar grabaciones en vídeo para refutar los supuestos negativos.

SÍNTOMAS ANTES DE LA INTERACCIÓN SOCIAL
El individuo puede prepararse y ensayar con demasiado tiempo de antelación, planificando los temas de conversación o cómo presentarse de un modo determinado.

DURANTE LA INTERACCIÓN
Aparecen síntomas físicos como temblores, respiración y corazón acelerados, sudor o rubor. En casos extremos, la persona puede tener un ataque de pánico.

TRAS LA INTERACCIÓN
La persona hace una valoración detallada y autocrítica de la situación social, diseccionando las conversaciones y el lenguaje corporal, y dándole a todo un sesgo negativo.

Trastorno de ansiedad por separación

Este trastorno puede desarrollarse en niños cuyo miedo natural a separarse de sus padres, su cuidador principal o su casa persiste más allá de los 2 años.

¿En qué consiste?

La ansiedad ante la separación es una reacción de adaptación normal que ayuda a los bebés y los niños pequeños mientras aprenden a manejarse con el entorno. Pero puede convertirse en un problema si persiste más de cuatro semanas e interfiere en el comportamiento apropiado para su edad.

El niño se angustia cuando debe separarse de su cuidador principal y teme que le pase algo malo. Algunas situaciones, como la escuela o los actos sociales, también pueden ser un factor desencadenante. Los niños que lo padecen pueden sufrir ataques de pánico, alteraciones del sueño, *mamitis* y llanto inconsolable. Pueden quejarse de problemas físicos como dolor de tripa, de cabeza o de encontrarse mal sin ninguna razón aparente. Los niños mayores pueden anticipar los sentimientos de pánico y esforzarse por desplazarse de forma independiente.

Es el trastorno más común en niños menores de 12 años. También puede afectar a niños más grandes e incluso a adultos. Puede desarrollarse tras un factor estresante importante, como la pérdida de un ser querido o de una mascota, mudarse de casa, cambiar de colegio o el divorcio de los progenitores.

Es fácil de tratar con terapias conductuales que incluyan la planificación de las separaciones en momentos del día en que la persona se sienta menos vulnerable.

Quedarse solo

El temor a perder a su principal cuidador es muy común y el niño puede revivir sus miedos en forma de pesadillas. Puede negarse a dormir solo o padecer insomnio.

MIEDOS VÍVIDOS
El niño se inquieta en exceso al separarse de su cuidador principal, incluso si este está en la habitación de al lado.

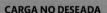

CARGA NO DESEADA
La ansiedad puede manifestarse en forma de dolor físico, ya que el niño intenta convertir su pánico a la separación en algo tangible.

⊕ TRATAMIENTO

> **Terapia cognitiva-conductual** (p. 125) para controlar la ansiedad; **técnicas de autoafirmación en niños más mayores y adultos**.

> **Apoyo y formación parental** para fomentar períodos de separación breves que poco a poco irán alargándose.

> **Medicación antiansiedad** (pp. 142-3) y antidepresivos en individuos mayores junto con intervenciones ambientales y psicológicas.

Mutismo selectivo

Existe un trastorno de ansiedad en el que la persona afectada es incapaz de hablar en determinadas situaciones sociales, pero el resto del tiempo habla sin problemas. Suele detectarse entre los 3 y los 8 años.

¿En qué consiste?

El mutismo selectivo se asocia con la ansiedad. Normalmente, los niños hablan sin problemas cuando están cómodos, pero son incapaces de hacerlo en ciertas situaciones, en las que no participan, se quedan callados o adoptan una expresión hierática. No se trata en todo caso de una decisión que el niño tome de manera consciente.

El mutismo puede aparecer por una experiencia estresante, por un trastorno del habla o un problema auditivo, que hace que las situaciones sociales en las que interviene la comunicación sean especialmente estresantes. Sea cual sea la causa, las actividades del día a día son un problema, como también lo son las relaciones dentro de la familia, de la guardería o del colegio. Tratar el trastorno puede evitar que se prolongue hasta la edad adulta; cuanto antes sea diagnosticado el niño, más fácil será tratarlo.

Si los síntomas persisten más de un mes, debemos llevar al niño a su médico, para que le mande a terapia del habla y del lenguaje. El especialista investigará si hay antecedentes de trastornos de ansiedad, algún factor estresante o un problema auditivo. El tratamiento dependerá del tiempo que haga que el niño tiene el trastorno, de si tiene problemas de aprendizaje o ansiedades y de los recursos disponibles.

⊕ TRATAMIENTO

❯ **Terapia cognitiva-conductual** (p. 125); uso de refuerzo positivo y negativo para desarrollar sus habilidades del habla y del lenguaje; exposición gradual a situaciones específicas para reducir la ansiedad, quitando presión al niño para que hable.

❯ **La psicoeducación** (p. 113) puede proporcionar información y apoyo a los padres y cuidadores; aliviar la ansiedad en general, y disminuir las posibilidades de que el trastorno persista.

«Es un niño sufriendo en silencio».

Dra. Elisa Shipon-Blum, presidenta del Selective Mutism Anxiety Research and Treatment Center of America

Estado de temor

Los niños con mutismo selectivo se quedan literalmente «paralizados» cuando se espera que hablen, y apenas establecen, o no establecen, contacto visual. El trastorno es más común en niños que están aprendiendo una segunda lengua.

TOC (trastorno obsesivo-compulsivo)

Trastorno debilitador relacionado con la ansiedad que se caracteriza por la aparición de pensamientos intrusivos y no deseados a menudo seguidos por compulsiones, impulsos o deseos repetitivos.

¿En qué consiste?

Se caracteriza por pensamientos que reflejan un sentido exagerado de la responsabilidad de mantener a los demás a salvo y la sobrevaloración de la amenaza percibida que representa un pensamiento intrusivo. El TOC es cíclico (abajo) y suele empezar con un pensamiento obsesivo, lo que eleva la ansiedad. Comprobar que todo está bien y realizar los consiguientes rituales pueden dar cierto alivio, pero el pensamiento angustioso regresa.

Las compulsiones y pensamientos obsesivos se prolongan y el afectado puede esforzarse para poder funcionar en el día a día o llevar una vida social y familiar alterada. El desencadenante del trastorno puede ser un evento por

OBSESIONES (PENSAMIENTOS)

Miedo a causar daño

Prestan una excesiva atención a los pensamientos acerca de acciones que pueden causar daño.

Pensamientos intrusivos

Pensamientos obsesivos, repetitivos e incluso inquietantes acerca de causar daño.

Miedo a la contaminación

Piensan que algo está sucio o infectado de gérmenes y les causará una enfermedad o la muerte a ellos o a otra persona.

Miedo relacionado con el orden o la simetría

Piensan que ocurrirá algo malo si no hacen las cosas siguiendo un orden específico.

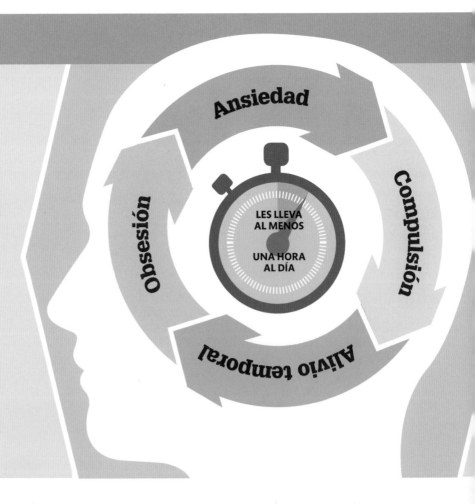

Ansiedad

Compulsión

Obsesión

Alivio temporal

LES LLEVA AL MENOS UNA HORA AL DÍA

el que se siente muy responsable. El historial familiar y los rasgos de la personalidad desempeñan un papel importante. Para diagnosticar el TOC hay que examinar los pensamientos, los sentimientos y las pautas de comportamiento, pero a veces es difícil porque se parece a otros trastornos de ansiedad.

En el caso del TOC puro, la persona tiene pensamientos intrusivos e inquietantes sobre hacer daño a las personas, pero sus compulsiones no son observables, sino que tienen lugar dentro de su mente.

«De media una persona tiene unos 4000 pensamientos al día, y no todos ellos son útiles o racionales».

David Adam, autor británico

➕ TRATAMIENTO

> **Terapia cognitiva-conductual** (p. 125) que incluya exposición a los factores desencadenantes y aprender a controlar las respuestas.

> **Medicación antiansiedad** y/o antidepresivos (pp.142–3) para aliviar los síntomas de depresión y ansiedad.

> **Tratamiento especializado a domicilio** además de la terapia y la medicación en casos muy severos.

COMPULSIONES (COMPORTAMIENTOS)

Rituales

Llevan a cabo rituales, como contar o dar golpecitos, para evitar daños y conseguir alivio ante el ciclo de miedo.

Verificación constante

Revisan electrodomésticos, luces, grifos, cerraduras o ventanas (para contrarrestar el miedo a sufrir daños a causa de un incendio), las rutas (por miedo a haber atropellado a alguien) o la gente (por miedo a molestar a alguien).

Rectificación de pensamientos

Tratan de neutralizar pensamientos para prevenir desastres.

Reafirmación

Preguntan continuamente a los demás para confirmar que todo está bien.

LLEVAR A CABO RITUALES y comprobar constantemente que todo está en orden y controlado es la característica principal del TOC.

Trastorno acaparador

Este trastorno, también conocido como trastorno acaparador-compulsivo, se caracteriza por la adquisición desmesurada, y/o la incapacidad o la reticencia para desechar grandes cantidades de objetos.

¿En qué consiste?

La persona que padece un trastorno acaparador no es capaz de tirar nada por miedo a necesitarlo más adelante o a que le pase algo malo a otras personas. La persona guarda objetos que tienen valor sentimental porque piensa que si se deshace de ellos no podrá satisfacer sus necesidades emocionales. Sigue acumulando cosas incluso cuando apenas queda sitio. Puede ser difícil de tratar, ya que la persona no lo ve como un problema y reducir el caos le causa tal malestar que evita hacerlo.

Es posible también que la persona afectada sea consciente del problema pero le dé demasiada vergüenza como para buscar ayuda o consejo.

Puede empezar como una forma de lidiar con un acontecimiento estresante. Puede ser parte de otro trastorno, como el TOC (pp. 56-7), la depresión (pp. 38-9) o los trastornos psicóticos (pp. 70-5). El médico pregunta al paciente sobre lo que siente al adquirir objetos y sobre por qué piensa que puede causar daños si se deshace de las cosas.

➕ TRATAMIENTO

❯ **Terapia cognitiva-conductual** (p. 125) para analizar y debilitar los pensamientos que sustentan el trastorno acaparador y permitir que surjan alternativas flexibles o adaptables.

❯ **Mejora del estilo de vida** en casa para conseguir reducir el caos por razones de salud y seguridad.

❯ **Antidepresivos** (pp. 142-3) para disminuir la ansiedad y la depresión asociadas.

La necesidad de acaparar

Los afectados por el trastorno dejan que el correo basura, las facturas y las pilas de papeles se acumulen. El desorden puede ser un riesgo para la salud y la seguridad, y hace difícil moverse, lo que es angustioso para el individuo e influye negativamente tanto en su calidad de vida como en la de su familia. Eso puede llevar al aislamiento y deteriorar o dificultar las relaciones con los demás.

TDC (trastorno dismórfico-corporal)

Las personas con este trastorno tienen una percepción distorsionada de su aspecto. Dedican una cantidad excesiva de tiempo a preocuparse por su aspecto y por cómo las ven los demás.

¿En qué consiste?

El TDC es un trastorno de ansiedad que puede tener un gran impacto en la vida diaria. Los afectados se preocupan obsesivamente por su aspecto. Suelen centrarse en un elemento específico de su cuerpo, por ejemplo, consideran que una cicatriz apenas visible es un gran defecto o que su nariz es rara, y están convencidos de que los demás lo ven del mismo modo. Pueden dedicar mucho tiempo a disimular un supuesto defecto, a buscar un tratamiento médico para la parte del cuerpo que consideran defectuosa o a hacer régimen y ejercicio físico.

Puede darse a cualquier edad y afecta por igual a hombres y mujeres. Es más común en aquellas personas que tienen un historial de depresión (pp. 38-9) o con trastorno de ansiedad social (p. 53), y a menudo se da junto a un TOC (trastorno obsesivo-compulsivo, pp. 56-7) o un TAG (trastorno de ansiedad generalizada, p. 52). Puede deberse a la química del cerebro o a la genética, y las experiencias pasadas pueden activar su desarrollo. El médico pregunta al paciente por sus síntomas y cómo le afectan, y puede derivarlo a un especialista en salud mental para que lo trate.

Romper el círculo vicioso

El tratamiento del TDC puede ser altamente exitoso y se centra en romper el círculo vicioso de pensamientos, sentimientos y comportamientos que lo sustentan. La duración del tratamiento depende de la gravedad del trastorno.

⊕ TRATAMIENTO

❯ **Terapia cognitiva-conductual** (p. 125) para identificar la valoración negativa de la parte del cuerpo rechazada y debilitar las creencias que la provocan.

❯ **Antidepresivos y medicación antiansiedad** (pp. 142-3) además de la terapia.

ACTIVACIÓN
El círculo vicioso puede empezar al ver su reflejo, al malinterpretar el lenguaje corporal o al oír un comentario de pasada.

ESFUERZOS POR CAMBIAR DE ASPECTO
Prevalecen los comportamientos seguros o la evitación social. La persona puede aplicarse demasiado maquillaje o usar ropa que oculte lo que ve como un defecto; recurre a la cirugía estética; hace régimen y ejercicio físico excesivos para cambiar el aspecto de su cuerpo, y evita las situaciones sociales, así que cada vez se siente más aislada.

Imagen negativa sobre uno mismo

PENSAMIENTOS AUTOMÁTICOS
Dominio de los pensamientos negativos, por ejemplo: «Soy imperfecto, la gente imperfecta es despreciable, así que soy despreciable».

ÁNIMO BAJO
La amenaza social constante que perciben les lleva a la ansiedad crónica y la depresión.

Necesidad de rascarse o tirarse del pelo

Estos trastornos de control de impulsos en los que la persona tiene unas ganas irresistibles y recurrentes de rascarse la piel o tirarse del pelo se conocen también respectivamente como excoriación y tricotilomanía.

¿En qué consisten?

El objetivo de quienes se rascan o se tiran del pelo es tener una piel o un pelo perfectos, pero consiguen justo lo contrario. En ambos casos pueden causarse daños físicos.

Una persona con tricotilomanía puede arrancarse pelo del cuero cabelludo y de otras partes como las cejas, las pestañas y las piernas (y a veces de sus mascotas), provocando una pérdida de pelo claramente visible. Puede incluso tragarse el pelo, lo que provoca vómitos, dolor estomacal y hemorragias, que pueden causar anemia. Rascarse compulsivamente la piel puede provocar lesiones,

heridas y abrasiones, que pueden infectarse. Ambos trastornos pueden asociarse con un TOC (pp. 56-7).

Suelen empezar como reacción ante una situación de estrés o maltrato, o una experiencia traumática. Puede ser una conducta aprendida de otros miembros de la familia con hábitos parecidos o que se desarrolla por casualidad y acaba asociada con el alivio del estrés, lo que lo refuerza mucho. Las mujeres son más propensas a sufrirlos; los síntomas suelen empezar entre los 11 y los 13 años.

Pueden causar problemas o trastornos significativos en la vida diaria. Los afectados pueden no

realizar sus actividades cotidianas o no ir a trabajar, tener problemas para concentrarse, aislarse socialmente y sufrir dificultades económicas.

⊕ TRATAMIENTO

❯ **Terapias conductuales** para controlar el estrés. Técnicas para invertir hábitos, que combinan la concienciación con conductas alternativas, y control de estímulos con el uso de una actividad distinta mientras las ganas desaparecen.

❯ **Antidepresivos** (pp. 142-3) junto a la terapia.

Comportamiento repetitivo

Los hábitos ligados a estos trastornos suelen empezar como una reacción al estrés o la ansiedad, pero se vuelven adictivos: cuanto más se tira del pelo o se rasca la persona, más ganas tiene de hacerlo, a pesar de sus efectos negativos.

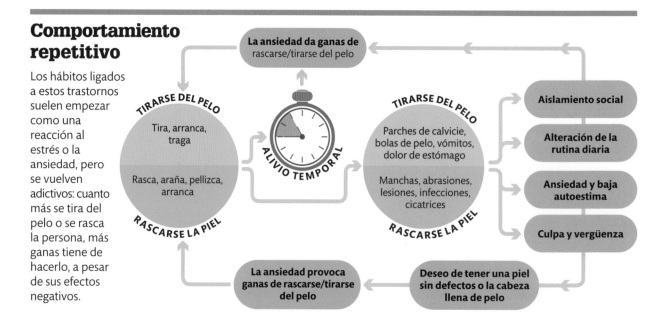

La ansiedad da ganas de rascarse/tirarse del pelo

TIRARSE DEL PELO — Tira, arranca, traga

RASCARSE LA PIEL — Rasca, araña, pellizca, arranca

ALIVIO TEMPORAL

TIRARSE DEL PELO — Parches de calvicie, bolas de pelo, vómitos, dolor de estómago

RASCARSE LA PIEL — Manchas, abrasiones, lesiones, infecciones, cicatrices

Aislamiento social

Alteración de la rutina diaria

Ansiedad y baja autoestima

Culpa y vergüenza

Deseo de tener una piel sin defectos o la cabeza llena de pelo

La ansiedad provoca ganas de rascarse/tirarse del pelo

Ansiedad por enfermedad

Este trastorno, que antiguamente se conocía como hipocondría, se caracteriza por el miedo excesivo a contraer una enfermedad grave, aunque los exámenes médicos muestren que el paciente no tiene nada.

¿En qué consiste?

La hipocondría se refiere a dos trastornos: trastorno de ansiedad por enfermedad, cuando no hay síntomas o es moderada, o trastorno somatomorfo (pp. 108-9), cuando hay síntomas físicos importantes que causan estrés emocional. Quienes padecen trastorno de ansiedad por enfermedad se preocupan excesivamente por su salud. Algunos tienen sensaciones exageradas relacionadas con una enfermedad existente (alrededor de un 20 % tienen problemas cardíacos, respiratorios, gastrointestinales o neurológicos). Otros tienen síntomas inexplicables. Se autoconvencen de que dichos síntomas se deben a una grave enfermedad que a los médicos se les pasó por alto.

Se trata de un trastorno crónico cuya gravedad varía; puede empeorar con la edad o el estrés. Puede desencadenarlo algún acontecimiento importante. Las personas con ansiedad o depresión son más proclives al trastorno. El tratamiento se centra en controlar la prevención, en técnicas para recuperar la confianza (abajo) y en aumentar el nivel de tolerancia ante la incertidumbre.

TRATAMIENTO

> **Terapias conductuales,** como entrenar la atención para no estar todo el rato pendiente del cuerpo y ayudar a corregir las opiniones.

> **Antidepresivos** (pp. 142-3) junto con terapia.

Revisión continua

La desconfianza en el médico reafirma la ansiedad de la persona, llevándole a obsesionarse aún más con la parte del cuerpo o enfermedad, lo que causa pánico y síntomas físicos. El exceso de prudencia y las palabras tranquilizadoras de los demás pueden generar un alivio pasajero.

CÍRCULO VICIOSO DE ANSIEDAD POR ENFERMEDAD

SENSACIÓN DE DOLOR

MALINTERPRETA LOS SÍNTOMAS

¡Cáncer de estómago!

INVESTIGA LA ENFERMEDAD

REVISA EL CUERPO CON FRECUENCIA

FORMAS DE EVITARLO

... DEL MÉDICO

BUSCA CONFIRMACIÓN CONSTANTE... ... DE LA FAMILIA

ALIVIO PASAJERO

TEPT (trastorno de estrés postraumático)

Trastorno de ansiedad grave que puede desarrollarse en cualquier momento después de experimentar o presenciar un acontecimiento terrorífico o una amenaza para la vida, pero sobre el que no se tiene ningún control o muy poco.

¿En qué consiste?

El TEPT se manifiesta en personas que han participado en guerras o algún incidente grave, han sufrido malos tratos prolongados o vivido la muerte o enfermedad de un familiar. El acontecimiento activa la respuesta de lucha o huida en el cerebro y el cuerpo, y pone a la persona en alerta para enfrentarse a las consecuencias del trauma y protegerse de su posible repetición. El afectado siente que la amenaza sigue presente, así que la reacción reforzada se mantiene, lo que causa una serie de síntomas desagradables, entre ellos ataques de pánico, recuerdos involuntarios, pesadillas, anulación e insensibilidad emocional, ira, nerviosismo, insomnio y problemas de concentración. Estos síntomas suelen desarrollarse en el primer mes (aunque pueden no manifestarse durante meses o años) y duran más de tres meses. Puede acabar provocando otros problemas de salud mental y es habitual el abuso de drogas y alcohol.

Hay que observar atentamente para ver si los síntomas remiten en menos de tres meses, ya que si se trata antes de tiempo se puede exacerbar.

TRATAMIENTO

> **Terapia centrada en el trauma** como terapia cognitiva-conductual (p. 125) o desensibilización y reprocesamiento por movimientos oculares (p. 136) para reducir la sensación de amenaza trabajando con el recuerdo del acontecimiento.

> **Terapia centrada en la compasión** para protegerse de pensamientos e imágenes basados en la vergüenza. Terapia de grupo en caso de grupos vulnerables, como los veteranos de guerra.

Cambios

El TEPT es una reacción de supervivencia. Los síntomas aparecen para intentar sobrevivir a posibles futuras experiencias traumáticas, e incluyen niveles altos de las hormonas del estrés y otros cambios en el cerebro.

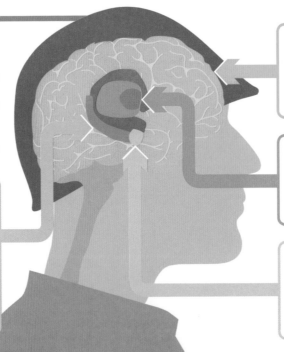

CORTEZA PREFRONTAL
Los traumas afectan al funcionamiento de la corteza prefrontal y alteran la conducta, la personalidad y algunas funciones cognitivas, como la planificación y la toma de decisiones.

HIPOTÁLAMO
En el TEPT, el hipotálamo manda señales a las glándulas suprarrenales (en los riñones) para que segreguen adrenalina en el flujo sanguíneo, aumentando así las posibilidades de sobrevivir.

AMÍGDALA
El TEPT potencia el funcionamiento de la amígdala, y activa la reacción de lucha o huida y aumenta la percepción sensorial.

HIPOCAMPO
El TEPT aumenta las hormonas del estrés, que reducen la actividad del hipocampo y hacen que sea menos eficaz. Tanto el cuerpo como la mente se mantienen muy alerta porque su capacidad de tomar decisiones ha disminuido.

RAE (reacción aguda al estrés)

La RAE, o reacción aguda al estrés, puede manifestarse enseguida tras un factor estresante excepcional, físico o mental, como una pérdida, un accidente de tráfico o una agresión, pero no suele durar demasiado.

¿En qué consiste?

Los síntomas de la RAE son la ansiedad y el comportamiento disociativo, que aparecen tras un acontecimiento traumático o inesperado. La persona puede sentirse desconectada de sí misma, tener problemas para controlar las emociones, sufrir cambios de humor, estar deprimida y ansiosa, y tener ataques de pánico. Le suele costar conciliar el sueño y concentrarse, tiene *flashbacks* y sueños recurrentes, y trata de evitar situaciones que le recuerdan dicho acontecimiento. A veces se dan síntomas fisiológicos, como un ritmo cardíaco elevado, disnea, exceso de sudoración, dolor de cabeza o en el pecho y náuseas.

La RAE se considera aguda porque los síntomas se presentan de repente, pero no suelen durar: se manifiestan a las pocas horas de sufrir el *shock* y desaparecen en menos de un mes; si duran más puede convertirse en un TEPT (página opuesta).

La RAE puede solucionarse sin terapia. Hablar de ello con amigos o familiares puede ayudar a comprender lo ocurrido y a relativizarlo. Los afectados pueden probar con las psicoterapias.

El 80 % de quienes tienen RAE desarrollan un TEPT seis meses después

TRATAMIENTO

❯ **Psicoterapias** como la terapia cognitiva-conductual (p. 125) para identificar y reconsiderar pensamientos y comportamientos que potencian la ansiedad y la falta de ánimo.

❯ **Mejora del estilo de vida:** frases de apoyo y prácticas para aliviar el estrés, como el yoga o la meditación.

❯ **Betabloqueadores y antidepresivos** (pp. 142-3) para aliviar los síntomas, combinados con la psicoterapia.

MEDITAR CON REGULARIDAD puede mejorar la relación que los que sufren RAE tienen con las experiencias mentales desagradables y calmar la reacción de lucha o huida.

¿EN QUÉ SE DIFERENCIAN LA RAE Y EL TEPT?

La RAE y el TEPT se parecen, pero no duran lo mismo. En la RAE los síntomas se presentan el mismo mes que se produce el acontecimiento. En el caso del TEPT pueden desarrollarse o no durante el primer mes. No se diagnostica a menos que los síntomas sean evidentes durante más de tres meses. Los síntomas coinciden, pero en el caso de la RAE predominan los relacionados con sentimientos, como la disociación, la depresión y la ansiedad. En el TEPT, los síntomas tienen que ver con una reacción prolongada o persistente al mecanismo de lucha o huida (pp. 32-3). Las personas que han tenido un TEPT o problemas de salud mental en el pasado son más propensas a tener una RAE; y la RAE puede convertirse en un TEPT.

Trastorno de adaptación

Es un trastorno psicológico de corta duración o relacionado con el estrés que puede manifestarse tras un acontecimiento significativo. La reacción de la persona es más fuerte, o más prolongada, de lo que debería.

¿En qué consiste?

Cualquier situación estresante puede desencadenar ansiedad, problemas para conciliar el sueño, tristeza, tensión e incapacidad para concentrarse. Pero cuando una situación es especialmente dura, la reacción del afectado puede ser más intensa y persistir durante meses. En un niño, el trastorno puede manifestarse a causa de conflictos familiares, problemas en el colegio o una hospitalización. El niño puede volverse introvertido y/o problemático, y quejarse de una dolencia o dolor sin que haya una causa aparente.

El trastorno de adaptación no es un TEPT o una RAE (pp. 62-3), ya que el factor estresante no es tan grave. Suele resolverse en unos pocos meses, en cuanto la persona aprende a adaptarse a la situación o bien el factor estresante queda eliminado. No hay ninguna manera de saber con seguridad si una persona es más propensa a sufrir este trastorno. Depende de cómo reacciona ante la situación y de su historia personal.

✚ TRATAMIENTO

> **Psicoterapias como la terapia cognitiva-conductual** (p. 125), y/o terapias familiares o de grupo (pp. 138-41) para aprender a identificar y a responder ante los factores estresantes.

> **Antidepresivos** (pp. 142-3) para atenuar los síntomas de la depresión, la ansiedad y el insomnio, junto con la psicoterapia.

Causas y consecuencias

Algunas situaciones pueden causar problemas de adaptación. Por ejemplo, la muerte de un amigo o familiar, un divorcio, un cambio de casa, una enfermedad o accidente, preocupaciones económicas o simplemente el estrés laboral.

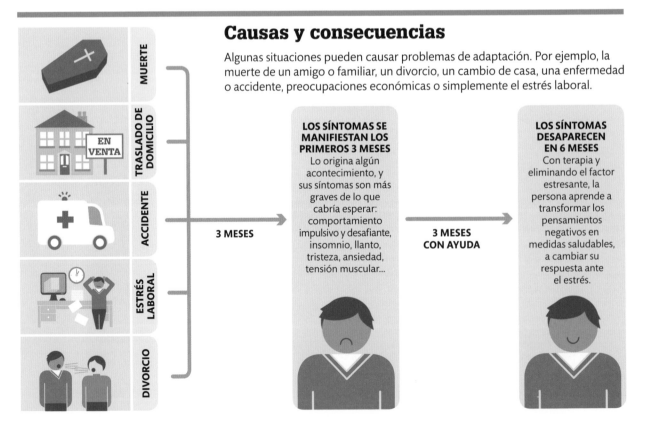

MUERTE

TRASLADO DE DOMICILIO

ACCIDENTE

ESTRÉS LABORAL

DIVORCIO

3 MESES

LOS SÍNTOMAS SE MANIFIESTAN LOS PRIMEROS 3 MESES
Lo origina algún acontecimiento, y sus síntomas son más graves de lo que cabría esperar: comportamiento impulsivo y desafiante, insomnio, llanto, tristeza, ansiedad, tensión muscular...

3 MESES CON AYUDA

LOS SÍNTOMAS DESAPARECEN EN 6 MESES
Con terapia y eliminando el factor estresante, la persona aprende a transformar los pensamientos negativos en medidas saludables, a cambiar su respuesta ante el estrés.

Trastorno reactivo del apego

Puede manifestarse en niños que no establecen un vínculo afectivo con un cuidador durante la infancia. Un trastorno reactivo del apego sin diagnosticar puede provocar un desarrollo personal deficiente de por vida.

¿En qué consiste?

Según la teoría del apego (pp. 154-7), desarrollar un vínculo emocional y físico fuerte con el principal cuidador es fundamental para que el niño se desarrolle adecuadamente. Sin ese vínculo, el niño puede sentirse cada vez más desconectado, retraído y angustiado, y los síntomas físicos del estrés se hacen evidentes.

Ignorar de forma continuada las necesidades físicas básicas de un niño, cambiar con frecuencia al cuidador y maltratarlo son factores que pueden impedirle establecer vínculos sociales y emocionales. Puede desarrollar formas de relacionarse socialmente claramente alteradas y ser incapaz de interactuar con los demás.

Las respuestas desinhibidas, como el desprecio de las normas sociales y el comportamiento impulsivo, solían incluirse entre los síntomas propios de este trastorno, pero actualmente se consideran propios del trastorno de compromiso social desinhibido.

Efecto duradero

Un entorno inicial neutral, negativo o incluso hostil puede tener impacto negativo a largo plazo e influir incluso de adulto. La capacidad de un individuo para establecer y conservar relaciones adecuadas más adelante queda muy comprometida. El trastorno reactivo del apego puede desarrollarse en la primera infancia y la vulnerabilidad que crea se asocia con un amplio espectro de trastornos que afectan tanto a niños como a adultos (abajo).

TRATAMIENTO

> **Terapias cognitivas y conductuales**, incluidas la terapia cognitiva-conductual (p. 125) para analizar las valoraciones habituales; terapia dialéctica conductual (p. 126) en caso de adultos gravemente afectados; terapia familiar (pp. 138-41) para fomentar una buena comunicación; control de la ira y refuerzo de comportamientos positivos.

Trastornos asociados

Un trastorno reactivo del apego no diagnosticado es un factor de riesgo para una serie de problemas psicológicos que se manifiestan en la infancia o la edad adulta y son detectados clínicamente.

ADULTO

NIÑO

DEPRESIÓN
Puede desarrollarse porque la persona con el trastorno reactivo de apego ve un desfase constante entre las expectativas y la realidad.

PROBLEMAS DE APRENDIZAJE
El aislamiento social crea un entorno hostil que hace que sea más probable que el individuo tenga trastornos del desarrollo.

BAJA AUTOESTIMA
Sin una interacción recíproca positiva en la infancia, puede que predominen la interacción neutra o negativa, lo que puede causar una baja autoestima.

RELACIONES
Si en la infancia no se desarrollan vínculos positivos, de adulto cuesta más establecer buenas relaciones.

PROBLEMAS SOCIALES
Si una persona se siente diferente a sus iguales, puede ser problemática y más proclive a la marginación y al acoso.

ABUSO DE SUSTANCIAS
Los individuos que han tenido una infancia desgraciada suelen buscar consuelo en las drogas.

Trastorno por déficit de atención e hiperactividad

El TDAH se diagnostica en niños con síntomas conductuales (falta de atención, hiperactividad e impulsividad) que no son apropiados para su edad.

¿En qué consiste?

Al niño le cuesta permanecer sentado y concentrado, y suele ser evidente antes de los 6 años. Los efectos del TDAH pueden persistir hasta la adolescencia y la edad adulta. A veces se diagnostica en adultos un trastorno preexistente cuando los problemas persisten en la universidad, en el trabajo o en las relaciones. Sin embargo, los síntomas pueden no ser tan claros como en los niños (derecha). El nivel de hiperactividad disminuye en los adultos con TDAH, pero tienen más problemas relacionados con la atención, los comportamientos impulsivos y los nervios.

Las pruebas sobre las causas del TDAH no son concluyentes, pero se cree que se debe a una combinación de factores. También la genética tiene un papel importante, lo que explica que sea hereditario. Los escáneres cerebrales indican asimismo la existencia de diferencias en la estructura del cerebro, y se han identificado niveles inusuales de dopamina y noradrenalina (pp. 28-9). Otros posibles factores de riesgo serían un parto prematuro, bajo peso al nacer y la exposición a la contaminación medioambiental. Es más común en personas con problemas de aprendizaje. Los niños con TDAH pueden mostrar síntomas de otros trastornos, como el TEA (pp. 68-9), los trastornos de tics o el síndrome de Tourette (pp. 100-1), la depresión (pp. 38-9) y trastornos del sueño (pp. 98-9). Los estudios han demostrado que este trastorno afecta al doble de niños que de niñas en todo el mundo.

Identificar el TDAH

Un pediatra no puede diagnosticar oficialmente el TDAH, pero si sospecha que un niño lo sufre, lo manda al especialista para que haga una valoración. Este observará las pautas de hiperactividad, falta de atención y conductas impulsivas durante seis meses antes de determinar el tratamiento.

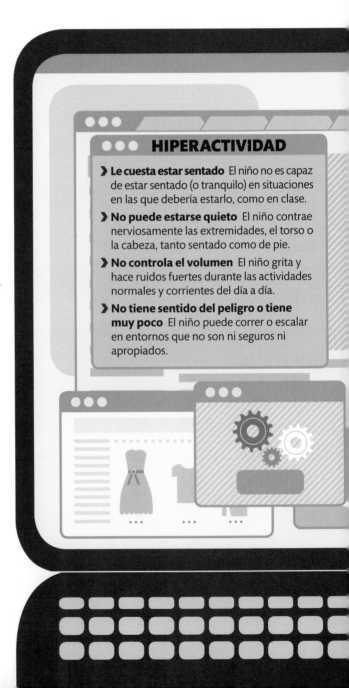

HIPERACTIVIDAD

> **Le cuesta estar sentado** El niño no es capaz de estar sentado (o tranquilo) en situaciones en las que debería estarlo, como en clase.

> **No puede estarse quieto** El niño contrae nerviosamente las extremidades, el torso o la cabeza, tanto sentado como de pie.

> **No controla el volumen** El niño grita y hace ruidos fuertes durante las actividades normales y corrientes del día a día.

> **No tiene sentido del peligro o tiene muy poco** El niño puede correr o escalar en entornos que no son ni seguros ni apropiados.

«... un cerebro con TDAH [es] como un navegador con demasiadas pestañas abiertas».

Pat Noue, ADHD Collective

FALTA DE ATENCIÓN

❭ **Problemas de concentración** Hacen que el niño cometa errores de juicio y equivocaciones. Junto al continuo movimiento, pueden causar accidentes.

❭ **Torpeza** El niño es propenso a tirar y romper cosas.

❭ **Se distrae con facilidad** Parece que el niño no escucha y le cuesta terminar las tareas.

❭ **Escasa capacidad organizativa** Su falta de concentración influye negativamente en su capacidad organizativa.

❭ **Olvida las cosas** Por lo que el niño suele perder cosas.

IMPULSIVIDAD

❭ **Interrupciones** El niño interrumpe la conversación sin tener en cuenta ni al que habla ni la situación.

❭ **Incapacidad para esperar** El niño no puede esperar a su turno en conversaciones y juegos.

❭ **Habla en exceso** Cambia de tema con frecuencia o se obsesiona con uno.

❭ **Actúa sin pensar** El niño es incapaz de esperar en fila o de seguir el ritmo del grupo.

⊕ TRATAMIENTO

❭ **Terapias conductuales** (pp. 122-9) para ayudar al niño y a su familia a gestionar el día a día; psicoeducación (p. 113) dirigida a padres y cuidadores.

❭ **Mejorar el estilo de vida**, por ejemplo mejorando la salud física y disminuyendo el estrés para calmar al niño.

❭ **La medicación** puede calmar (pero no curar) al paciente, para que sea menos impulsivo e hiperactivo. Los estimulantes (pp. 142-3) aumentan los niveles de dopamina y estimulan la zona del cerebro implicada en la concentración.

CONTROLAR EL TDAH

Los padres pueden ayudar a sus hijos a controlar este trastorno de diversas maneras.

❭ **Crear rutinas predecibles** para calmarle. Programar las actividades del día y hacerlo de un modo lógico. Asegurarse de que el horario escolar también está claro.

❭ **Fijar límites claros** y asegurarse de que el niño sepa lo que se espera de él; elogiar de inmediato cualquier comportamiento positivo.

❭ **Dar instrucciones claras**, ya sean visuales o verbales, lo que al niño le resulte más fácil.

❭ **Usar un sistema de incentivos**, por ejemplo, hacer una tabla de estrellas o puntos con los que el niño puede conseguir privilegios si se porta bien.

TEA (trastorno del espectro autista)

El TEA describe un espectro (variedad) de trastornos crónicos que influyen en la capacidad de la persona de relacionarse con los demás y con sus emociones y sentimientos, dificultando las relaciones sociales.

¿En qué consiste?

El TEA suele diagnosticarse en la infancia y puede manifestarse de distintas formas. El progenitor o el cuidador puede notar que el bebé no usa sonidos vocales o que el niño tiene problemas para relacionarse y con la comunicación no verbal. Entre los síntomas comunes están los comportamientos repetitivos, los problemas del habla, la falta de contacto visual, rituales de orden o limpieza, respuestas motoras extrañas, repetición de palabras o frases, un repertorio limitado de intereses y alteraciones del sueño. Algunos niños muestran también depresión (pp. 38-9) o TDAH (pp. 66-7).

Se asocian con el TEA una predisposición genética, los partos prematuros, el síndrome alcohólico fetal y enfermedades como la distrofia muscular, el síndrome de Down y la parálisis cerebral. Primero el pediatra examina al niño para descartar que haya causas físicas y luego lo manda al especialista. Este reúne información sobre el comportamiento y el desarrollo del pequeño, en casa y en el colegio. No existe ninguna cura, pero terapias especializadas como la logopedia y la fisioterapia pueden ayudar. Una de cada 100 personas tiene TEA y se han identificado más casos en niños que en niñas.

Comunicación

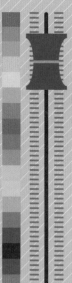

Los problemas con el lenguaje son muy comunes. Algunas personas con TEA hablan de manera fluida mientras que otras son mudas. Todos suelen ser literales y tienen problemas para entender el humor, la ironía, el contexto y las interferencias.

Relaciones sociales

Tienen habilidades sociales deficientes, así que no son capaces de reconocer el espacio personal del otro ni de interpretar el lenguaje corporal. Pueden pensar en voz alta o repetir lo que ha dicho otra persona.

Comportamiento repetitivo

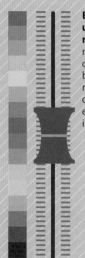

Es habitual que muestren un comportamiento repetitivo. Pueden hacer movimientos repetitivos, como dar manotazos o balancearse, o desarrollar rituales como alinear determinados juguetes o encender y apagar un interruptor una y otra vez.

AUTISMO DE ALTO FUNCIONAMIENTO Y ASPERGER

Autismo de alto funcionamiento (AAF) y síndrome de Asperger (SA) son términos que se aplican a personas con características de TEA, pero con una inteligencia por encima de la media, con un coeficiente intelectual superior a 70. Se consideran, no obstante, dos trastornos distintos, pues quienes padecen AAF presentan un retraso en la adquisición del lenguaje, que no existe en el SA. Ambos pueden pasar inadvertidos en los niños, ya que estos pueden ser socialmente torpes. Los rasgos que comparten con el TEA, el perfeccionismo y un interés obsesivo por un tema concreto, hace que puedan convertirse en expertos en aquello que les interesa. Como en el caso del TEA, quienes tienen AAF o SA necesitan rutinas estrictas, son muy sensibles a ciertos estímulos, son torpes y les cuesta comportarse y comunicarse en situaciones sociales. La gravedad de los síntomas varía de una persona a otra.

⊕ TRATAMIENTO

❯ **La intervención del especialista** y la terapia pueden ayudar con los daños autoinfligidos, la hiperactividad y las alteraciones del sueño.

❯ **Los programas educativos y conductuales** pueden reforzar el aprendizaje de habilidades sociales.

❯ **La medicación** (pp. 142-3) puede ayudar con los síntomas asociados: melatonina para el sueño, ISRS para la depresión y metilfenidato para el TDAH.

Grados de TEA

El TEA se manifiesta de distintas formas y en distintos grados. Stephen M. Shore, autor y académico autista, dijo en una ocasión: «Si has conocido a un autista, has conocido a un autista».

«... en la **ciencia o en el arte,** es esencial **un punto de autismo».**

Hans Asperger, pediatra austriaco y estudioso del autismo

Capacidades sensoriales

Son muy sensibles al sonido, por lo que a veces desarrollan comportamientos como canturrear, taparse los oídos o autoaislarse en su espacio preferido para escapar del ruido.

Habilidades motoras

Dificultades motoras, como la coordinación y la planificación motora, son habituales en niños con TEA. Las habilidades motoras finas, como la escritura, también pueden verse afectadas, lo que puede dificultar la comunicación.

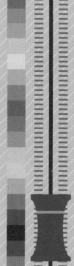

Percepción

La percepción sensorial y visual deficiente hace que se pierdan las pistas no verbales, que no pillen las mentiras y en general que tengan problemas para ver una situación desde el punto de vista del otro.

Esquizofrenia

Se trata de un trastorno crónico que influye en la forma de pensar de la persona. Se caracteriza por sentimientos paranoicos, alucinaciones y delirios, e impide a la persona funcionar con normalidad.

¿En qué consiste?

La palabra «esquizofrenia» viene del griego y significa literalmente «mente partida», lo que ha llevado al mito de que quien la padece tiene dos personalidades, pero no es así. Sufren delirios y alucinaciones que creen que son reales. Hay varias clases de esquizofrenia. Las principales son la paranoide (alucinaciones y delirios), la catatónica (movimientos extraños, pasar de estar muy activo a muy inactivo) y la desorganizada, que tiene cosas de las dos anteriores. A pesar de lo que suele creerse, los esquizofrénicos no siempre son violentos. Son más propensos a abusar del alcohol y las drogas, y son esos hábitos, junto al trastorno, los que los hacen agresivos.

Parece deberse a una serie de factores físicos, genéticos, psicológicos y ambientales. Las resonancias magnéticas han identificado niveles anormales de dopamina y serotonina (pp. 28-9) y una estructura cerebral inusual, y podría existir una correlación entre el trastorno y las complicaciones durante el embarazo o el parto. También se cree que el exceso de cannabis durante la juventud puede desencadenarlo.

En la segunda mitad del siglo xx, entre sus causas se incluían teorías sobre la disfunción familiar, como el «doble vínculo» (cuando alguien se enfrenta a exigencias contradictorias e irreconciliables respecto a su forma de actuar), un alto nivel de «emociones expresadas» por parte del progenitor o cuidador (no tolerando a los que tenían el trastorno) y el aprendizaje del papel de esquizofrénico al ser etiquetado como tal. Desde entonces, los especialistas en salud mental han observado que el hecho de oír voces o de sentirse paranoico son reacciones normales ante el trauma, el maltrato o las penurias. El estrés puede desencadenar episodios agudos de esquizofrenia, así que aprender a reconocer los primeros síntomas puede ayudar a controlar el trastorno.

Síntomas positivos (psicóticos)

Estos síntomas se califican como positivos porque son elementos que se añaden al estado mental de la persona y representan nuevas formas de pensar y actuar que solo se desarrollan con el trastorno.

 ❭ **Suelen oír voces**, algo que puede ocurrir a veces o siempre. Las voces pueden ser estridentes o tranquilas, inquietantes o negativas, de alguien conocido o desconocido, y de hombre o mujer.

 ❭ **Las alucinaciones consisten** en ver cosas que no existen, pero que a la persona le parecen muy reales, y suelen ser violentas e inquietantes.

 ❭ **Pueden estar convencidos** de que tienen alguna criatura desagradable, como hormigas, por encima o por debajo de su piel.

 ❭ **Es posible que no puedan identificar un olor o un sabor** y que les cueste diferenciar unos olores y unos sabores de otros.

 ❭ **Los delirios** (creencias establecidas) se sostienen aunque las pruebas indiquen lo contrario. La persona puede pensar que hay una conspiración contra ella.

 ❭ **La sensación de ser controlado**, por ejemplo, por algún grupo religioso o dictatorial, puede agobiar a la persona. Y lo que cree puede hacerle actuar de un modo distinto.

TRATAMIENTO

❭ **Los equipos de salud mental,** como los trabajadores sociales, los terapeutas, los farmacéuticos, los psicólogos y los psiquiatras, trabajan conjuntamente para ayudar al paciente a mantenerse estable y mejorar.

❭ **La medicación** en forma de antipsicóticos (pp. 142-3) se receta para minimizar los síntomas, pero no cura.

❭ **La terapia cognitiva conductual** (p. 125) y la técnica de comprobar la realidad pueden ayudar a controlar síntomas como los delirios. Las técnicas más novedosas usan imágenes para disminuir el estrés que causa.

❭ **La terapia familiar** (pp. 138-41) puede mejorar las relaciones y las habilidades para enfrentarse al trastorno dentro de la familia, y educar a todos los que están implicados en el cuidado del enfermo.

¿Cómo se diagnostica?

A partir de visitas clínicas en las que el especialista realiza una batería de preguntas para valorar los síntomas (ver cuadro en esta misma página). Cuanto antes se diagnostique y se trate el trastorno, mejor, ya que menor será el impacto en la vida personal, social y laboral del paciente. No puede curarse, pero puede controlarse lo suficiente como para llevar una vida más o menos normal. Los pacientes que sufren este complejo trastorno mental necesitan un tratamiento personalizado que se adapte a sus necesidades específicas.

Un **1,1** %
de la población adulta mundial padece esquizofrenia

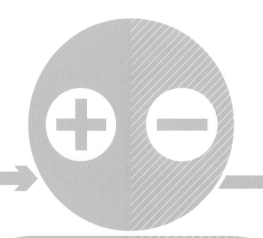

Síntomas negativos (retraimiento)

Estos síntomas se tildan de negativos porque representan la pérdida de determinadas funciones, pensamientos o comportamientos que exhiben las personas sanas, pero que están ausentes en los esquizofrénicos.

 > La dificultad de comunicarse con los demás puede alterar su lenguaje corporal: no se hace contacto visual y se actúa de forma incoherente.

 > El «aplanamiento» afectivo hace que genere un abanico de respuestas menor. La persona no disfruta con las actividades que realiza.

 > El cansancio puede dar paso al letargo, las alteraciones del sueño, a no salir de la cama o a estar sentado durante horas en el mismo sitio.

 > La falta de voluntad o motivación hace que sea muy difícil o incluso imposible participar en actividades normales del día a día.

 > Los problemas de memoria y concentración hacen que sea incapaz de planificar o fijarse metas, y que le sea difícil no perder el hilo al pensar o al conversar.

 > No poder afrontar las actividades cotidianas genera falta de organización. El individuo deja de cuidarse o de atender su casa.

 > El retraimiento de las actividades sociales y comunitarias hace que la vida social del afectado se resienta.

Síntomas de la esquizofrenia

Los hay positivos, o elementos psicóticos que se incorporan al individuo, y negativos, que pueden confundirse con el retraimiento o el aplanamiento afectivo propios de la depresión. Se suele diagnosticar esquizofrenia cuando la persona ha experimentado uno o más de estos síntomas la mayor parte del tiempo durante un mes.

Trastorno esquizoafectivo

Se trata de un trastorno mental crónico en el que la persona sufre tanto los síntomas psicóticos propios de la esquizofrenia como la alteración de las emociones características del trastorno bipolar.

¿En qué consiste?

Los síntomas varían, pero durante el episodio, de al menos dos semanas, hay un período en el que muestra tanto síntomas psicóticos como de cambio de ánimo (maníacos, depresivos o ambos) y un período, que abarca la mayor parte del episodio, en el que muestra solo los psicóticos o los de estado de ánimo.

Puede provocarlo algo traumático cuando la persona es demasiado joven para saber cómo afrontarlo o cuando no se reciben los cuidados para desarrollar las habilidades necesarias para enfrentarse a los problemas. La genética también puede influir. Es más común entre las mujeres y suele manifestarse al principio de la edad adulta.

Un profesional en salud mental valora los síntomas y trata de averiguar desde cuándo los tiene el paciente y qué los desencadena. Este trastorno crónico influye en todos los aspectos de la vida, pero los síntomas pueden controlarse con la ayuda del entorno familiar.

➕ TRATAMIENTO

> **La medicación** debe tomarse de forma prolongada; un estabilizador del estado de ánimo junto con un antidepresivo si es de tipo depresivo o un antipsicótico si es de tipo maníaco (pp. 142-3).

> **Terapia cognitiva-conductual** (p. 125), que ayuda a relacionar pensamientos, sentimientos y acciones y a detectar los indicios previos al cambio de humor.

Distintos tipos

Los afectados experimentan períodos de síntomas psicóticos, como delirios o alucinaciones, junto a cambios de humor, ya sea de tipo maníaco o depresivo, y a veces ambos. Muestran ciclos de síntomas graves seguidos de períodos en los que mejoran.

El **1** % de la población tiene posibilidades de desarrollarlo.

Síntomas psicóticos

> **Alucinaciones** Oye voces y ve cosas que no están ahí.

> **Delirios** Tiene creencias fijas que no son ciertas.

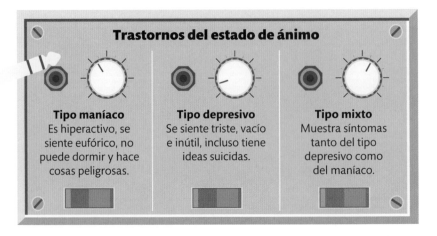

Trastornos del estado de ánimo

Tipo maníaco
Es hiperactivo, se siente eufórico, no puede dormir y hace cosas peligrosas.

Tipo depresivo
Se siente triste, vacío e inútil, incluso tiene ideas suicidas.

Tipo mixto
Muestra síntomas tanto del tipo depresivo como del maníaco.

 Catatonia

La catatonia, trastorno episódico que afecta tanto al comportamiento como a las habilidades motoras, se caracteriza por un anormal funcionamiento psicomotor y una pasividad extrema estando despierto.

¿En qué consiste?

La catatonia es un estado de inmovilidad que puede durar varios días o semanas. Los que la padecen pueden tener una actitud muy negativa y no responder a los estímulos externos, mostrarse inquietos, tener problemas para expresarse a causa de la ansiedad extrema y negarse a comer o a beber. Se muestran tristes e irritados y se sienten inútiles, casi todos los días. Pueden no mostrar interés por las actividades, perder o ganar peso de forma repentina, tener problemas para meterse en la cama o salir de ella y sentirse inquietos. Les cuesta tomar decisiones y a menudo tienen pensamientos suicidas.

Puede tener una causa psicológica o neurológica, y puede ir asociada a la depresión (pp. 38-9) o a los trastornos psicóticos. Se cree que el 10-15 % de los que padecen catatonia también muestran síntomas de esquizofrenia (pp. 70-1) y que el 20-30 % de los que tienen un trastorno bipolar (pp. 40-1) pueden experimentar catatonia, sobre todo durante la fase maníaca.

Cómo se diagnostica

Un especialista observa al paciente y busca los posibles síntomas: debe detectar como mínimo 3 de los 12 síntomas descritos (derecha) para confirmar el diagnóstico.

➕ TRATAMIENTO

› **Medicación** (pp. 142-3) dependerá de los síntomas, pero incluye antidepresivos, relajantes musculares, antipsicóticos y/o tranquilizantes como las benzodiacepinas, aunque estas puede provocar dependencia. Alguien debe ocuparse de que se tome la medicación y de enseñarle las habilidades básicas para el día a día.

› **Terapia electroconvulsiva** si la medicación no funciona. Consiste en aplicar descargas eléctricas (pp. 142-3).

Mutismo
Permanece mudo y aparentemente se muestra reacio o incapaz de hablar.

Ecolalia
Repite siempre lo que dicen otras personas.

Muecas involuntarias
Adopta expresiones faciales que expresan disgusto, desagrado e incluso dolor.

Estupor
Permanece inmóvil, no expresa nada ni responde a los estímulos.

Catalepsia Durante el estado de trance puede estar rígido, tener convulsiones o mostrarse completamente insensible.

Flexibilidad cérea Si alguien le mueve las extremidades, permanecen en dicha postura.

Agitación
Se mueve sin propósito y de manera peligrosa.

Manierismo
Adopta poses o hace movimientos idiosincrásicos.

Poses
Pasa de una pose inusual a otra.

Estereotipia
Hace a menudo movimientos repetitivos y persistentes.

Negativismo
Solo es capaz de ver las cosas de modo negativo.

Ecopraxia
Imita siempre los movimientos de otras personas.

Trastorno delirante

Se trata de una forma de psicosis muy poco común que hace que la persona tenga delirios y pensamientos muy complejos y a menudo distorsionados, que no son ciertos o no están basados en la realidad.

¿En qué consiste?

El trastorno delirante, antes conocido como trastorno paranoico, se caracteriza por la incapacidad de la persona de distinguir lo que es real de lo que no lo es. Los delirios pueden ser interpretaciones erróneas de acontecimientos vividos y, o bien no son ciertos o son una gran exageración. Pueden no ser descabellados y estar relacionados con situaciones que podrían darse, como que alguien te siga, te envenene o te engañe, o que te quieran a distancia; o pueden tratarse de delirios extravagantes que son imposibles, como

por ejemplo creer que vamos a ser invadidos por alienígenas en breve.

A quien lo sufre le cuesta concentrarse, socializar y llevar una vida normal, ya que el trastorno puede provocar cambios drásticos en su forma de comportarse y ello a su vez crearle problemas con los que le rodean. Le preocupan tanto sus delirios que su vida se ve alterada. Algunos tienen alucinaciones: ven, oyen, notan, huelen o sienten cosas que no están realmente allí.

Entre los trastornos que pueden desencadenar episodios delirantes están la esquizofrenia (pp. 70-1), el trastorno

Delirios temáticos

Los delirios son creencias fijas que el individuo no abandona por muchas pruebas que las contradigan, normalmente sobre unos temas concretos (derecha). Es probable que el afectado exhiba el delirio durante un mes o más, y la mayoría no admiten que tienen un problema. La persona puede parecer normal si nadie saca a colación la creencia en cuestión.

Erotomaníacos
Delirio en el que la persona cree que otro individuo, a menudo alguien famoso, está enamorado de ella; puede llevar al acoso.

Somáticos
La persona tiene sensaciones físicas o corporales, por ejemplo, porque está convencida de que se le han metido insectos dentro del cuerpo.

De grandeza
El individuo cree que tiene un talento o formación muy especial que no le reconocen, por ejemplo, que es un mensajero muy especial, un gurú o un dios.

bipolar (pp. 40-1), la depresión grave (pp. 38-9) o el estrés, y la falta de sueño. Entre las enfermedades comunes que pueden causarlo están el VIH, la malaria, la sífilis, el lupus, el Parkinson, la esclerosis múltiple y los tumores cerebrales. Además de estas causas, el consumo de sustancias como el alcohol o el abuso de estupefacientes también pueden llegar a provocar episodios delirantes.

¿Cómo se diagnostica?

Para un correcto diagnóstico, el médico de familia pregunta al afectado por los síntomas y por cómo influyen los delirios en su día a día, si tiene antecedentes familiares de enfermedades mentales y cuáles son los medicamentos o sustancias ilegales que toma.

TRATAMIENTO

> **Medicación** (pp. 142-3), que puede incluir fármacos antipsicóticos para disminuir los síntomas delirantes y antidepresivos, como los inhibidores selectivos de captación de la serotonina (ISRS), para tratar la depresión que suele ir asociada a este trastorno.

> **Psicoterapias**, como la terapia cognitiva-conductual (p. 125) para analizar las creencias fuertemente arraigadas y proporcionar el apoyo necesario para cambiar.

> **Grupos de autoayuda y apoyo social** para disminuir el estrés que supone vivir con este trastorno y para ayudar a los que rodean al afectado, e intervención familiar, social y/o del colegio para que desarrolle sus habilidades sociales y para reducir el impacto del trastorno en su calidad de vida.

Tan solo un 0,2 % de las personas experimentan delirios

Persecutorios
La persona siente que está siendo perseguida o maltratada, por ejemplo, acosada, drogada, espiada o calumniada.

De celos
La persona tiene la creencia patológica pero infundada de que su pareja le ha sido infiel o le engaña.

Mixtos o no específicos
Un tema se considera mixto si incluye distintos tipos de delirio y no hay ninguno que predomine. En algunos casos el delirio no encaja en ninguna de las principales categorías y se considera no específico.

Demencia

Se trata de un trastorno degenerativo también conocido como deterioro neurocognitivo grave o leve. Se caracteriza por problemas de memoria, cambios de personalidad y deterioro del razonamiento.

¿En qué consiste?

El término «demencia» se refiere a una serie de síntomas que afectan al cerebro y que se van volviendo cada vez más graves. Los síntomas incluyen problemas de concentración, dificultad para resolver problemas, para llevar a cabo una secuencia de tareas, para planificar u organizar, y un estado de confusión general.

Las personas afectadas pueden confundir días y fechas, y les cuesta seguir una conversación o recordar el nombre de las cosas. A veces no son capaces de calcular las distancias o ver objetos en tres dimensiones. Pueden sentirse inseguras y perder su confianza, lo que puede generar depresión.

Son muchos los trastornos que pueden provocar estos síntomas: el Alzheimer, las enfermedades cardiovasculares, los cuerpos de Lewy y los trastornos de los lóbulos temporales y frontal. La demencia afecta sobre todo a la gente mayor, pero también a personas de unos 50 años (prematura), e incluso más jóvenes.

Para diagnosticarla, el médico realiza al paciente un test de memoria y razonamiento, y a veces pide un escáner. El tratamiento busca aliviar los síntomas y frenar su desarrollo.

Más del 30 % de los mayores de 65 años sufren demencia

Habilidades motoras
Si se ven afectadas las zonas del cerebro responsables del movimiento, disminuye el control muscular.

Emociones
La imposibilidad de controlar o expresar sentimientos disminuye la autoestima y causa depresión.

CAUSAS

> **El Alzheimer** hace que se acumulen proteínas anormales alrededor de las neuronas, dañando su estructura. Con ello, los mensajes entre las neuronas se interrumpen y estas se van muriendo. A medida que se ven afectadas más partes del cerebro, los síntomas empeoran.

> **Las enfermedades cardiovasculares** pueden causar demencia vascular. El flujo de sangre hacia el cerebro se obstaculiza (por ejemplo, por un derrame), lo que dificulta razonar, planificar, juzgar y memorizar.

> **La demencia mixta** se da cuando se padecen a la vez Alzheimer y demencia vascular.

> **La demencia con cuerpos de Lewy** tiene síntomas parecidos al Alzheimer y el Parkinson. También se conoce como enfermedad de Pick y suele causar alucinaciones y delirios.

> **La demencia frontotemporal** es una forma poco común que afecta los lóbulos temporales (laterales) y frontal del cerebro. Modifica la personalidad y el comportamiento, y dificulta el uso del lenguaje.

Destrezas sociales
La imposibilidad de concentrarse y seguir una conversación dificulta las relaciones con los demás.

Memoria
La primera afectada es la memoria a corto plazo, pero a medida que la enfermedad avanza también afecta a la memoria a largo plazo.

TRATAMIENTO

> **Estimulación cognitiva y terapia de orientación a la realidad** para la memoria a corto plazo.

> **Terapia conductual** (p. 124) para ayudarle a llevar a cabo las tareas cotidianas.

> **Terapia de validación**: el cuidador lee en voz alta afirmaciones respetuosas.

> **Inhibidores de colinesterasa** (pp. 142-3) para potenciar la memoria Y el buen juicio.

Habla
Le cuesta hablar y controlar el lenguaje, algo que a los demás puede resultarles desconcertante.

Toma de decisiones
La pérdida de memoria, los problemas de concentración y la confusión hacen que la toma de decisiones sea más difícil o resulte imposible.

Cómo afecta a la persona

Cada individuo es distinto y también lo es cada caso de demencia. El diagnóstico se basa en el historial de la persona y en cómo le afectan los síntomas en su día a día.

Juicio
Al perder el control o sentirse incapaz de planificar nada, pierde la fe en su propio juicio.

Concentración
La falta de concentración dificulta las tareas cotidianas y le impide vivir solo.

Empatía
Está tan concentrado en ver el sentido de lo que ocurre que no puede pensar en los demás.

LAS PERSONAS CON DEMENCIA se sienten inseguras, no confían en sí mismas y necesitan ayuda para prepararse para el futuro.

ETC (encefalopatía traumática crónica)

El ETC, o síndrome posconmoción, es un trastorno degenerativo del cerebro caracterizado por problemas fisiológicos y psicológicos a consecuencia de traumatismos craneales cerrados.

¿En qué consiste?

La ETC suelen padecerla militares o personas que practican un deporte en el que se dan muchos golpes, como el fútbol, el rugby o el boxeo, y no tiene cura. Entre los síntomas físicos están el dolor de cabeza y el mareo. Entre los psicológicos, la pérdida de memoria, la sensación de confusión, el deterioro de la capacidad de discernir, problemas para controlar los impulsos e incluso alucinaciones. El afectado puede volverse agresivo y tener problemas para relacionarse. Más adelante pueden aparecer síntomas de Parkinson y demencia (pp. 76-7).

Los problemas aparecen enseguida o años más tarde. Se aconseja tomar medidas preventivas, como el uso de casco protector y reglas que eviten el contacto por encima del pecho o los hombros en el deporte.

La ETC solo puede diagnosticarse una vez muerto el paciente. Se están desarrollando pruebas, escáneres cerebrales y marcadores biológicos para poder identificarla antes.

TRATAMIENTO

> **Psicoterapias** como la terapia cognitiva conductual (p. 125) y reducción del estrés basada en la atención plena (p. 129).

> **Mejora del estilo de vida** incluido tiempo para descansar y recuperarse tras la lesión inicial, y una vuelta gradual a la actividad, que cesará si los síntomas regresan.

> **Antidepresivos** (p. 142-43) si los síntomas psicológicos lo requieren.

La ETC se diagnosticó en el 99 % de los exjugadores de fútbol americano

Efecto acumulativo

La sucesión de golpes en el cráneo puede causar daños irreversibles. En un estudio realizado a 100 personas que tenían una lesión leve en la cabeza, entre 20 y 50 tenían síntomas de ETC tres meses después de lesionarse y aproximadamente 1 de cada 10 seguía teniendo problemas un año más tarde.

1 Si un cerebro sano recibe un golpe puede sufrir una conmoción, pero lo normal es que la persona se recupere por completo.

Daño de la primera lesión

2 La lesión inicial puede dejar una zona vulnerable. Al cerebro le cuesta más recuperarse de una segunda.

3 Después de tres o más golpes el cerebro es más propenso a sufrir daños generales permanentes.

Delirio (estado de confusión aguda)

Estado mental profundamente alterado que se caracteriza por el letargo, el desasosiego, los delirios y la incoherencia; puede deberse a varias causas, entre ellas una enfermedad, una mala alimentación o una intoxicación.

¿En qué consiste?

El delirio puede tener consecuencias graves, pero suele durar poco. Al afectado le cuesta concentrarse y es posible que no sepa dónde está. Puede moverse más lento o más rápido que de costumbre y experimentar cambios de humor. También puede no pensar o hablar con claridad, tener problemas para conciliar el sueño o estar somnoliento, perder la memoria a corto plazo y el control de sus músculos.

Puede darse a cualquier edad, pero es más común en la gente mayor y puede confundirse con la demencia (pp. 76-7). Suele ser un problema emocional o físico de corta duración, pero puede ser irreversible.

Las causas son distintas, pero las más frecuentes son enfermedades como una infección torácica o del tracto urinario, o un desequilibrio metabólico, como la falta de sodio. Puede manifestarse también tras una enfermedad grave, una operación, un episodio de dolor, deshidratación, estreñimiento o mala alimentación, o cambio de medicación.

¿Cómo se diagnostica?

El médico comprueba los síntomas y valora la movilidad, los procesos cognitivos y el habla. Algunos usan métodos de observación para diagnosticar o descartar el delirio, y observan cómo se comporta la persona durante un día entero. Pueden realizarse exámenes físicos para descartar otras enfermedades.

➕ TRATAMIENTO

❯ **Terapia de orientación a la realidad**, con ejemplos de orientación visual y verbal para ayudar al afectado a comprender su entorno y su situación.

❯ **Mejora del estilo de vida** incluyendo actividad rutinaria programada con ejercicio físico para disminuir la confusión y ayudar al afectado a recuperar el control sobre su vida cotidiana.

❯ **Antibióticos** si se debe a una enfermedad, y rehidratación si fuera necesario.

Hasta un 50% de los ancianos que están hospitalizados sufren delirios

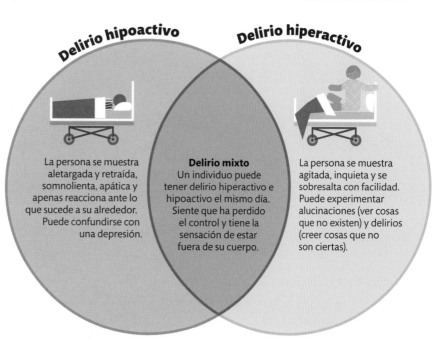

Delirio hipoactivo
La persona se muestra aletargada y retraída, somnolienta, apática y apenas reacciona ante lo que sucede a su alrededor. Puede confundirse con una depresión.

Delirio mixto
Un individuo puede tener delirio hiperactivo e hipoactivo el mismo día. Siente que ha perdido el control y tiene la sensación de estar fuera de su cuerpo.

Delirio hiperactivo
La persona se muestra agitada, inquieta y se sobresalta con facilidad. Puede experimentar alucinaciones (ver cosas que no existen) y delirios (creer cosas que no son ciertas).

Trastorno por consumo de sustancias

Se trata de un trastorno grave en el que el consumo de alcohol o drogas, o de ambos, provoca problemas físicos y psicológicos que influyen muy negativamente en la vida personal y laboral de la persona.

¿En qué consiste?

Este trastorno puede causar una amplia gama de deterioros y traumas psicológicos. Entre sus síntomas (tanto si se trata de abuso de alcohol como de drogas) están tomar drogas de forma habitual, tal vez a diario, para poder funcionar; tomar drogas incluso estando solo; seguir consumiendo drogas incluso cuando la persona sabe que están siendo malas para su salud, su familia o su trabajo; buscar pretextos para consumir las drogas y reaccionar de forma agresiva cuando alguien le pregunta sobre el tema; llevarlo en secreto; perder el interés por otras actividades; ser incapaz de desempeñar un trabajo; descuidar la alimentación o el aspecto físico; confusión; letargo; depresión; problemas económicos, y actividades delictivas, como robar dinero.

A la larga, el abuso del alcohol puede provocar aumento de peso e hipertensión, e incrementar el riesgo de sufrir depresión (pp. 38-9), daños hepáticos, problemas con el sistema inmunológico y algunos tipos de cáncer.

Las drogas se asocian con problemas de salud mental como la depresión, la esquizofrenia (pp. 70-1) y los trastornos de la personalidad (pp. 102-7).

El abuso del alcohol o las drogas suele empezar de forma voluntaria, alentado o tolerado por el entorno social y cultural de la persona. La presión de los amigos, el estrés y los problemas familiares pueden agravar el problema. Los niños con parientes que tienen una dependencia química tienen más posibilidades de sufrir el trastorno por razones ambientales o genéticas, o por ambas.

¿Cómo se diagnostica?

El primer paso es reconocer que uno tiene un problema, ya que los adictos suelen negar que lo tienen. Es más fácil que lo acepten mediante la empatía y el respeto, que mediante las órdenes y la confrontación. El médico o especialista valora el comportamiento de la persona (abajo) cuando consume la sustancia.

➕ TRATAMIENTO

❭ **Psicoterapias**, como la terapia cognitiva-conductual (p. 125) o la terapia de aceptación y compromiso (p. 126), para analizar las ideas y las conductas que refuerzan la adicción y cambiar la relación de la persona con sus pensamientos.

❭ **Apoyo psicológico** asistiendo a reuniones con gente que tiene el mismo problema, como Alcohólicos Anónimos, para motivar y animar a la persona a dejar de consumir y mejorar su calidad de vida.

❭ **Centros de rehabilitación** en casos graves para limitar las actividades de la persona mientras se desintoxica y poder proporcionarle la medicación necesaria para controlar los síntomas del síndrome de abstinencia.

Pautas de comportamiento

El diagnóstico de este trastorno, sea cual sea la sustancia, se basa en 11 comportamientos relacionados con su consumo. La gravedad dependerá del número de dichos comportamientos que estén presentes: 0-1: sin diagnóstico; 2-3: trastorno leve por consumo de sustancias; 4-5: trastorno moderado por consumo de sustancias; más de 6: trastorno grave por consumo de sustancias.

Consumo de alcohol

Consumo de otras sustancias

Falta de control

> **1.** Consume la sustancia más a menudo y/o en más cantidad de lo que pretendía en principio.

> **2.** Quiere reducir el consumo, pero no es capaz.

> **3.** Cada vez dedica más tiempo a conseguir, consumir y recuperarse del consumo de la sustancia.

> **4.** Siente el deseo irrefrenable de tomar dicha sustancia, lo que le impide pensar en cualquier otra cosa.

Deterioro social

> **5.** Sigue consumiendo a pesar de saber los problemas que le causa en casa y en el trabajo.

> **6.** Sigue consumiendo a pesar de las broncas con su familia o la pérdida de amigos que ello provoca.

> **7.** Como consecuencia renuncia a las actividades sociales y lúdicas, por lo que pasa menos tiempo con los amigos y la familia, y cada vez está más aislado.

Consumo peligroso

> **8.** Cuando está bajo su influencia, lleva a cabo comportamientos sexuales de riesgo o se pone a sí mismo o a otros en peligro, por ejemplo, conduciendo maquinaria pesada o nadando.

> **9.** Sigue consumiendo a pesar de ser consciente de que la sustancia empeora los problemas físicos o psicológicos (por ejemplo, bebiendo una vez diagnosticado un problema hepático).

Criterios farmacológicos

> **10.** Se vuelve resistente a la sustancia, de modo que necesita más cantidad para conseguir el mismo efecto. El proceso será más o menos rápido dependiendo de la droga.

> **11.** Tiene síndrome de abstinencia: si deja de tomarla experimenta náuseas, sudoración y temblores.

29,5 millones
de personas tienen un trastorno por consumo de sustancias

Oficina de Naciones Unidas contra la Droga y el Delito, Informe Mundial sobre Drogas 2017

Control de los impulsos y adicción

Los trastornos de control de los impulsos se diagnostican en personas que no pueden aguantar las ganas de llevar a cabo un comportamiento problemático. Cuando hay adicción, la actividad placentera se vuelve compulsiva y altera la vida cotidiana.

¿En qué consisten?

Los comportamientos adictivos y los impulsivos tienen un mismo origen y hay psicólogos que piensan que los trastornos de control de los impulsos son de hecho adicciones.

En los trastornos de control de los impulsos, la persona perpetúa su comportamiento sin que le importen las consecuencias, y cada vez le cuesta más controlar sus impulsos. Suele sentir un aumento de tensión

o excitación antes de actuar, placer o alivio al actuar y arrepentimiento o culpa después de hacerlo. Los factores ambientales y neurológicos también influyen, y pueden deberse al estrés.

Los trastornos de control de impulsos que se han identificado son la ludopatía (página opuesta), la cleptomanía (p. 84), la piromanía (p. 85), la necesidad de tirarse del pelo (p. 60) y el trastorno explosivo intermitente (abajo). La adicción

al sexo, al deporte, a las compras y a internet (abajo) tienen características parecidas.

Trastornos de control de los impulsos y adicciones

TRASTORNO	¿EN QUÉ CONSISTE?	TRATAMIENTO
TRASTORNO EXPLOSIVO INTERMITENTE	Tendencia a los arrebatos breves pero violentos incluso si no hay algo real que los desencadene.	Técnicas de control de impulsos que permitan identificar los indicios y las respuestas.
ADICCIÓN AL SEXO	Piensa continuamente en el sexo y cómo conseguirlo, sin pensar en el efecto negativo que pueda tener.	La psicoterapia puede ayudar a desarrollar nuevas estrategias para controlar las emociones.
ADICCIÓN AL DEPORTE	Necesidad incontrolable de hacer ejercicio físico más allá de lo que es saludable.	Terapia conductual de control del estrés con más actividades de adaptación y ejercicio planificado.
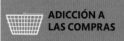 ADICCIÓN A LAS COMPRAS	Necesidad irresistible de ir de compras seguida de euforia, que solo alivia el estrés temporalmente.	Terapia conductual que le ayude a cambiar la forma de pensar y a romper el círculo vicioso.
 ADICCIÓN AL ORDENADOR/INTERNET	Preocupación que le lleva a pasar más tiempo conectado y cambios de humor si se trata de limitarlo.	Terapia conductual para ver el problema y desarrollar la forma de enfrentarse al mundo real.

Adicción al juego

Se conoce también como ludopatía y es un trastorno de control de los impulsos en el que un individuo no puede parar de jugar a pesar de los problemas y la angustia que ello le causa, a él y a otros.

¿En qué consiste?

La emoción de ganar hace que liberemos dopamina (p. 29) gracias al sistema de recompensa del cerebro. Algunas personas se vuelven adictas al juego y cada vez necesitan ganar más.

Una vez sucumben a ello, es difícil romper el círculo vicioso. Puede empezar en un momento de desesperación por conseguir dinero, para experimentar un subidón, por el estatus asociado al éxito o por el ambiente del casino. Si intentan dejarlo, pueden ponerse irritables y acaban jugando a causa de la ansiedad. Los problemas financieros pueden llevarles a querer recuperar el dinero perdido. Pero incluso cuando por fin vuelven a ganar, no les llega para cubrir las pérdidas. Además, la obsesión por el juego puede perjudicar las relaciones. También puede provocar ansiedad, depresión (pp. 38-9) y pensamientos suicidas. Entre los síntomas físicos están la falta de sueño, la pérdida o aumento de peso, los problemas dermatológicos, las úlceras, los problemas intestinales, así como los dolores de cabeza y musculares. La mayoría no admiten que tienen un problema, por lo que una parte esencial del tratamiento consiste en ayudarles a reconocerlo. El afán de ocultarlo hace que se desconozca su verdadero alcance.

El 1,5 % de los españoles son jugadores patológicos

La emoción de ganar

| DESEO DE CONSEGUIR DINERO FÁCIL | ESTATUS SOCIAL DEL ÉXITO | DOPAMINA LIBERADA AL GANAR | JUEGA DE NUEVO PARA GANAR MÁS | AUMENTA EL VOLUMEN DE LAS APUESTAS |

PERJUDICA SUS RELACIONES	SÍNTOMAS FÍSICOS	DEPRESIÓN/ ANSIEDAD
NO CONSIGUE CONCILIAR EL SUEÑO	PENSAMIENTOS SUICIDAS	SUFRE EL SÍNDROME DE ABSTINENCIA
TIENE PROBLEMAS PARA TRABAJAR	MIENTE PARA OCULTAR LA MAGNITUD DEL PROBLEMA	VUELVE PARA INTENTAR RECUPERAR LO QUE HA PERDIDO

LAS DEUDAS AUMENTAN

⊕ TRATAMIENTO

> **Terapia cognitiva-conductual** (p. 125) para enseñarle a resistir ante creencias y comportamientos que fortalecen el trastorno.

> **Terapia psicodinámica** (p. 119) para que comprenda lo que significa y las consecuencias que tiene su conducta.

> **Grupos de autoayuda** para que entienda cómo afecta a los demás su conducta.

Cleptomanía

El afectado tiene continuamente un deseo irrefrenable de robar cosas. Dichos episodios ocurren de repente, sin que lo haya planificado.

¿En qué consiste?

El cleptómano siente el impulso de robar, pero luego suele tirar lo que ha sisado, ya que lo que le interesa es el acto de robar en sí. No es como alguien que roba en las tiendas, que planifica el robo y lo hace porque quiere algo y no tiene dinero suficiente para comprarlo.

Muchos cleptómanos llevan una vida secreta de la que se avergüenzan porque no se atreven a pedir ayuda; se cree que un 24 % de las personas que se descubre que roban en una tienda en realidad son cleptómanos. Este trastorno se asocia con otros problemas psiquiátricos como la depresión, el trastorno bipolar, el trastorno de ansiedad generalizada, los trastornos alimentarios y de la personalidad, el abuso de sustancias y otros trastornos de control de los impulsos. Hay pruebas que relacionan la cleptomanía con los neurotransmisores asociados a las adicciones conductuales y con los neuroquímicos para mejorar el estado de ánimo como la serotonina.

No existe ningún tratamiento específico, pero la psicoterapia y la medicación puede ayudar a romper el círculo vicioso.

Un patrón sin fin

El cleptómano suele estar tenso antes de robar, y encantado y satisfecho mientras roba. Pero la culpabilidad posterior pueden aumentar de nuevo la tensión.

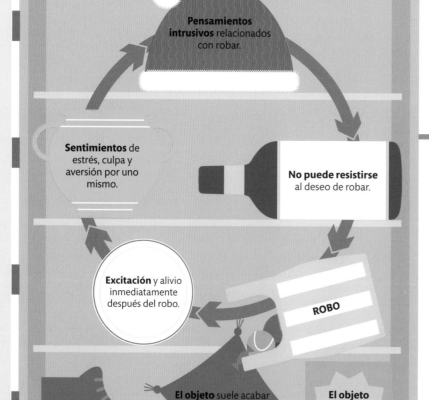

Pensamientos intrusivos relacionados con robar.

Sentimientos de estrés, culpa y aversión por uno mismo.

No puede resistirse al deseo de robar.

Excitación y alivio inmediatamente después del robo.

ROBO

El objeto suele acabar escondido o tirado.

El objeto puede no tener valor monetario.

El objeto no suele ser para uso personal.

✚ TRATAMIENTO

❯ **Psicoterapias** como la modificación del comportamiento, la terapia familiar (pp. 138-41), la terapia cognitiva-conductual (pp. 122-9) y las terapias psicodinámicas (pp. 118-21) para analizar las causas subyacentes y sustituirlas por formas de controlar la ansiedad.

❯ **Inhibidores selectivos de la serotonina** (ISRS) (pp. 142-3), además de la terapia.

Piromanía

El pirómano provoca incendios intencionadamente. Este trastorno es poco común y se desencadenada a causa del estrés. El fuego alivia la tensión o la angustia que siente el afectado.

¿En qué consiste?

La piromanía es la obsesión de encender fuegos. Puede tratarse de un problema crónico o limitarse a varios incidentes en un período de estrés excepcional. Al pirómano le fascinan los fuegos y todo lo que tenga que ver con ellos, así como presenciar o ayudar durante las tareas de extinción.

Entre los factores que pueden contribuir están los comportamientos y actitudes antisociales, la búsqueda de sensaciones y/o de atención, la falta de habilidades sociales y la incapacidad de lidiar con el estrés. La negligencia parental o el desapego emocional, los trastornos psicológicos de los padres, la presión del grupo y las situaciones estresantes pueden desencadenarlo tanto en niños como en adultos. Los niños o adolescentes pirómanos suelen proceder de hogares desestructurados. En esos casos el tratamiento debe ir dirigido a toda la familia.

Proceso destructivo

Cuesta romper el círculo vicioso de obsesión y gratificación.

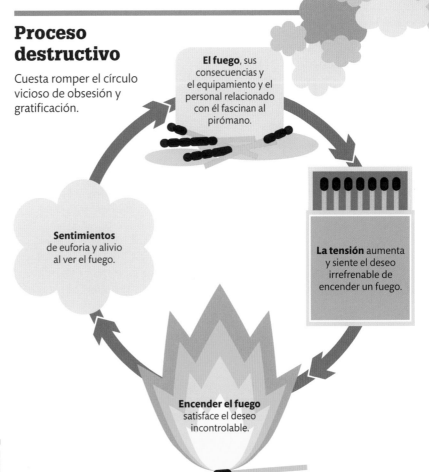

El fuego, sus consecuencias y el equipamiento y el personal relacionado con él fascinan al pirómano.

La tensión aumenta y siente el deseo irrefrenable de encender un fuego.

Encender el fuego satisface el deseo incontrolable.

Sentimientos de euforia y alivio al ver el fuego.

⊕ TRATAMIENTO

❯ **Terapias cognitivas y conductuales** (pp. 122-9) adaptadas a los niños, de modo que incluyan técnicas de resolución de problemas y de comunicación, control de la ira y de la agresividad, y reestructuración cognitiva; en los adultos, la psicoterapia a largo plazo orientada hacia el discernimiento.

PIROMANÍA EN NIÑOS, ADOLESCENTES Y ADULTOS

❯ **En niños y adolescentes** puede ser una forma de pedir ayuda o formar parte de un patrón de agresividad más amplio. A algunos les diagnostican trastornos psicóticos o paranoicos (pp. 70-5), mientras que otros muestran alguna deficiencia cognitiva.

❯ **En los adultos** suele asociarse a síntomas como la depresión, los pensamientos suicidas y la escasez de relaciones interpersonales, y muchas veces se relaciona también con problemas psicológicos como el trastorno obsesivo-compulsivo (pp. 56-7).

TID (trastorno de identidad disociativo)

En este trastorno grave y poco común, la identidad de la persona se desdobla en dos o más personalidades distintas. La suma de las partes no forman un todo.

¿En qué consiste?

La persona que lo padece tiene una identidad dividida, más que varias personalidades independientes, por eso pasó de llamarse trastorno de personalidad múltiple a trastorno de identidad disociativo.

El paciente siente que hay varias personas conviviendo en su interior (álteres). Cada álter tiene su propia imagen, y su forma de pensar y de comunicarse, hasta el punto de que cambia de letra y de necesidades físicas, por ejemplo, un álter lleva gafas y otro no. A alguien con TID le cuesta definirse y puede referirse a sí mismo como «nosotros». No controla cuándo manda cada álter ni durante cuánto tiempo.

Experiencias disociativas

El afectado usa la disociación –se desconecta del mundo que le rodea– como mecanismo de defensa. Puede sentir que está como flotando o que se observa a sí mismo desde fuera. Es como si fuera una película y la persona estuviera observando en vez de sentir las emociones y las distintas partes de su cuerpo. El mundo que le rodea puede parecerle irreal y como envuelto en una nebulosa, en el que los objetos pueden cambiar de aspecto.

El individuo tiene lagunas frecuentes en la memoria, y no consigue recordar información personal relevante. Es posible que no recuerde personas, lugares o hechos de su vida, tanto del pasado reciente como lejano, pero reviva otras cosas de forma muy intensa. Tiene momentos de ausencia mientras lleva a cabo las actividades del día a día y a veces se desplaza hasta algún lugar y luego no sabe cómo ha llegado hasta allí.

La persona experimenta con regularidad cambios de personalidad y síntomas disociativos. Se cree que es su forma de afrontar las cosas y que se debe a algún trauma grave y prolongado vivido durante la infancia. El problema es que la disociación sigue alterando su vida cotidiana mucho después de que el trauma haya cesado. El afectado sigue usando la disociación para lidiar con todas las situaciones estresantes.

¿Cómo se diagnostica?

El especialista realiza una serie de cuestionarios sobre salud mental que sirven para registrar y valorar los síntomas de la persona.

El comportamiento atípico e inexplicable característico del TID resulta angustioso y desconcertante para el individuo e influye negativamente en su trabajo, su vida social y sus relaciones personales. Muchas veces va acompañado de ansiedad y depresión (pp. 38-9), ataques de pánico, TOC (pp. 56-7), oír voces y pensamientos suicidas.

Cambio de identidad

Cada álter, que es como se llama cada fragmento de alguien con TID, tiene su propia percepción y su propia personalidad, y a veces reaparece y asume el control del comportamiento del individuo. Lo normal es que las distintas personalidades se conozcan y se comuniquen entre sí, a veces incluso se critican unas a otras. La transición de una a otra es repentina, y la persona no controla cuál está al mando, aunque determinados factores estresantes hacen que emerja un álter en concreto.

+ TRATAMIENTO

> **Psicoterapias**, como la terapia cognitiva-conductual (p. 125), para reevaluar el trauma y desarrollar la flexibilidad psíquica que le ayude a reconstruir las personalidades y reunirlas en una sola. El tratamiento es largo.

> **Terapia dialéctico-conductual** (p. 126) para tratar cualquier comportamiento perjudicial o suicida.

> **Medicación contra la ansiedad y antidepresivos** (pp. 142-3), que suelen recetarse para ayudar al paciente a lidiar con las dolencias asociadas.

8-13 Cantidad típica de identidades en personas con trastorno de identidad disociativa

Un yo más joven puede hablar como un niño pequeño o no «saber» hablar.

Asumir la actitud contraria permite tener una visión distinta de los hechos.

Cambiar de sexo o edad modifica los recuerdos o la percepción de los hechos.

Un nombre distinto puede indicar un cambio en los patrones de pensamiento de otro álter.

SARA

CAMBIO DE UN ÁLTER A OTRO

El cambio de rol permite ver las cosas desde otro punto de vista.

Un aspecto distinto, como otro color de pelo u otro estilo de ropa, puede indicar un cambio de personaje.

La personalidad anfitriona es el álter principal, el que la persona siente que se parece más a él. Puede no recordar hechos sobre su historia personal cuando otro álter asume el control.

Despersonalización y desrealización

Se trata de dos trastornos disociativos interrelacionados. La despersonalización hace que la persona se sienta desconectada de sus pensamientos, sus sentimientos y su cuerpo; la desrealización hace que se sienta desconectada del mundo circundante.

¿En qué consisten?

Quienes padecen estos trastornos experimentan sensaciones inquietantes que les impiden funcionar con normalidad. Algunas tienen miedo de volverse locas, de deprimirse, o de tener un ataque de ansiedad o de pánico. Las personas con despersonalización afirman sentirse como un robot y tener la sensación de que no controlan ni su lenguaje ni sus movimientos; que observan desde fuera sus propios pensamientos o recuerdos. También pueden sentir que su cuerpo está deformado. Las personas con desrealización pueden sentirse alienadas y desconectadas de su entorno. En algunas personas, los síntomas son leves y duran poco, y en otras pueden durar meses o incluso años.

Se sabe muy poco sobre las causas de estos trastornos, pero se cree que es posible que los factores biológicos y ambientales tengan algo que ver. Hay gente que parece más propensa, porque neurológicamente son menos reactivos a las emociones o porque tienen un trastorno de la personalidad (pp. 102-7). Puede desencadenarlos el estrés, un trauma o un episodio violento. Si el paciente presenta síntomas, el especialista revisará su historial médico y le hará un reconocimiento físico para descartar enfermedades o efectos secundarios de la medicación, y le hará una serie de preguntas para identificar los síntomas asociados y los posibles desencadenantes. La despersonalización y/o la desrealización se diagnostican cuando la persona tiene de forma reiterada y continuada percepciones distorsionadas en las que se separa de sí misma o de su entorno. Muchas personas experimentan una sensación disociativa momentánea de sus pensamientos o su entorno en algún momento de su vida, pero solo a menos de un 2 % se le diagnostica uno, o ambos, trastornos.

➕ TRATAMIENTO

› **Psicoterapia**, especialmente la terapia cognitiva-conductual (p. 125), la terapia psicodinámica (pp. 118-21) o la meditación *mindfulness* (p. 129), que pueden ayudar a la persona a comprender por qué tiene esas sensaciones, a aprender estrategias para poder controlar las situaciones que las desencadenan y a controlar los síntomas.

› **Medicación**, como antidepresivos (pp. 142-3), para tratar los trastornos asociados, entre ellos la ansiedad y la depresión.

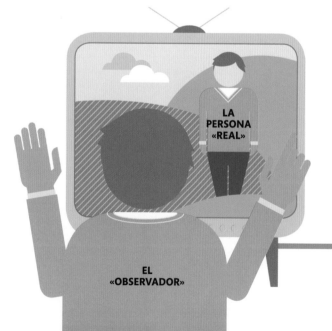

LA PERSONA «REAL»

EL «OBSERVADOR»

Salir del cuerpo

El afectado está tan disociado de la realidad que siente como si se estuviera viendo a sí mismo en una película y no es capaz de relacionarse con el individuo real.

Amnesia disociativa

Es un trastorno disociativo que no suele durar mucho y en el que la persona se separa de sus recuerdos personales tras un episodio de estrés, un trauma o una enfermedad.

¿En qué consiste?

Suele ir ligada a una situación de estrés agobiante, como sufrir o ser testigo de alguna forma de maltrato, un accidente o una catástrofe. La pérdida de memoria suele afectar a recuerdos concretos, como un período concreto de la infancia, o algo relacionado con un amigo, familiar o colega. La amnesia también puede deberse a un evento traumático. Por ejemplo, la víctima de un delito puede no acordarse de que le han robado a punta de pistola, pero puede recordar detalles del resto del día. La persona puede tener una pérdida de memoria generalizada y no recordar ni su nombre, ni en qué trabaja, ni dónde vive, ni a sus amigos o familiares. Puede desaparecer y ser dada por desaparecida. Puede llegar a crearse una identidad totalmente nueva y no reconocer a personas o lugares de su vida pasada, y ser incapaz de hacerse entender; eso se conoce como fuga disociativa.

Para poder dar un diagnóstico médico, el especialista completará unos cuestionarios de valoración que le ayudarán a identificar el desencadenante y a detallar y valorar los síntomas. También realizará un examen físico y psicológico para descartar otras posibles causas.

TRATAMIENTO

❯ **Psicoterapias**, como la terapia cognitiva-conductual, la terapia dialéctico-conductual, la desensibilización y reprocesamiento por movimientos oculares, la terapia familiar, las terapias artísticas, la hipnosis o la meditación *mindfulness* (pp. 118-41), que pueden ayudar a la persona a comprender y a lidiar con el estrés que ha desencadenado el trastorno, y aprender estrategias de superación.

❯ **Medicación**, como antidepresivos (pp. 142-3), para la depresión o psicosis que puede ir asociada a la amnesia.

El 2-7 % de la población tiene amnesia disociativa

Recuperación de los recuerdos

La mayoría de los casos duran poco. Pueden olvidarse los recuerdos temporalmente, pero suelen recuperarse de forma repentina y por completo. La recuperación puede producirse espontáneamente, gracias a algo del entorno de la persona, o en una sesión de terapia.

Anorexia nerviosa

La persona que sufre este grave trastorno emocional desea pesar lo mínimo. Experimenta aversión a la comida y cada vez tiene menos apetito.

¿En qué consiste?

La persona anoréxica teme tanto aumentar de peso que no puede comer correctamente. Es posible que tome inhibidores del apetito, laxantes o diuréticos (para eliminar líquidos corporales), o que se provoque el vómito después de comer (bulimia nerviosa, pp. 92-3), pero también que se dé atracones (trastorno de apetito desenfrenado, p. 94).

Son muchos los factores que pueden provocarla. Las presiones escolares, como los exámenes o el acoso (sobre todo si tiene que ver con el peso corporal o la figura); o actividades como la danza o el atletismo, en las que estar delgado se considera «lo ideal». También puede ser una respuesta ante el estrés en los niños o ante la falta de control sobre la vida, como la pérdida del trabajo, una ruptura sentimental o la muerte de un ser querido, que lleva a la persona a querer tener un control excesivo sobre los procesos internos, para compensar.

Afecta más a las mujeres que a los hombres. Muchos anoréxicos tienen rasgos de comportamiento y personalidad comunes. Se dejan controlar por sus emociones y tienen tendencia a la depresión y la ansiedad, les cuesta controlar el estrés y se preocupan en exceso. Muchos se fijan metas estrictas y exigentes. Pueden tener sentimientos obsesivos y compulsivos, pero no necesariamente un TOC (pp. 56-7). Mantener una relación con un anoréxico es difícil. Puede tener un impacto irreversible en el cuerpo, y provocar infertilidad o complicaciones en el embarazo.

¿Cómo se diagnostica?

El médico, el psicólogo clínico o el especialista le hacen preguntas sobre su historial personal y familiar, su peso y sus hábitos alimentarios. Debe someterse a tratamiento lo antes posible para reducir el riesgo de complicaciones. En la mayoría de los casos, el tratamiento incluye psicoterapia y asesoramiento individualizado sobre alimentación y nutrición. La persona puede tardar años en recuperarse.

TRATAMIENTOS

> **Un equipo médico multidisciplinar**, que incluya un médico general, un psiquiatra, enfermeros especializados y dietistas, que se encargarán de que gane peso de forma sana y de ayudar a la familia y a los amigos íntimos.

> **Terapia cognitiva-conductual** (p. 125), para que entienda y pueda explicar su problema, y pueda verlo como un círculo vicioso de desencadenantes, pensamientos, sentimientos y comportamientos. El terapeuta y el paciente colaboran para romper la cadena de pensamientos que sustentan la anorexia.

> **Terapia cognitiva-analítica**, para analizar la forma de pensar, sentir y actuar de la persona, así como las relaciones que fundamentan sus experiencias pasadas.

> **Terapia interpersonal**, para resolver sus problemas con el apego y para relacionarse con los demás.

> **Terapia psicodinámica focalizada**, para analizar cómo han afectado las experiencias de la infancia.

> **Hospitalización** en casos graves: para ganar peso bajo supervisión a través de un plan de comidas y rutinas diarias muy estricto, que suele incluir terapia de grupo.

Síntomas de la anorexia

Todos los síntomas tienen que ver con la autoestima, la imagen corporal y los sentimientos. Existen tres tipos básicos: la cognitiva (sentimientos y pensamientos), la conductual y la física.

El 46% de los anoréxicos se recuperan por completo

El peso corporal según ellos es excesivo y se sienten obligados a perder peso.

El peso corporal real y el IMC están muy por debajo de lo que es saludable para su edad y su altura.

Síntomas cognitivos

> Le da miedo aumentar de peso y se obsesiona con su cuerpo.

> Cree que estar delgado es bueno y está convencido de que tiene sobrepeso.

> Se valora en función del peso y la figura.

> Se obsesiona con la comida y las consecuencias de comer.

> Se vuelve irritable, está de mal humor y no puede concentrarse (en parte por el hambre), lo que influye negativamente en el colegio o el trabajo.

Síntomas conductuales

> Se comporta de forma obsesiva con la comida y las dietas, y siempre cuenta calorías. Evita alimentos «que engordan». Puede saltarse comidas.

> Evita comer delante de los demás y/o se purga después de comer.

> Miente sobre lo que come.

> Se pesa o se mira el cuerpo en el espejo continuamente.

> Hace ejercicio físico de forma obsesiva.

> Se retrae socialmente.

Síntomas físicos

> Pérdida de peso evidente.

> Menstruación irregular o ausente.

> Problemas dentales y mal aliento debido a los vómitos continuos.

> Aparece pelo suave, fino y «velloso» por el cuerpo; y el de la cabeza cae.

> Le cuesta dormir, pero está muy cansado.

> Se siente débil, aturdido y mareado.

> Le duele la barriga, tiene estreñimiento y está hinchado.

> Tiene las manos y los pies hinchados.

Bulimia nerviosa

En este trastorno alimentario grave la persona controla su peso mediante una ingesta muy restringida, seguida de atracones y de purgas para eliminar el alimento del cuerpo.

¿En qué consiste?

La persona bulímica tiene un miedo anormal a aumentar de peso y se obsesiona con la comida y la dieta. A diferencia del anoréxico (pp. 90-1), suele tener un peso normal o casi normal para su altura y constitución. Pero igual que él, tiene una imagen distorsionada de su cuerpo y cree que está demasiado gordo.

El bulímico suele estar tenso o ansioso, y se comporta de forma furtiva. Consume gran cantidad de comida en poco tiempo y en secreto, y luego se mete en el baño y se provoca el vómito. Es un mecanismo para lidiar con los acontecimientos de su vida, que acaba convirtiendo su vida diaria en una lucha constante.

Se asocia con la depresión, la ansiedad y el aislamiento social. Las presiones para ajustarse a los cánones de la moda y la belleza, y los antecedentes de bulimia en la familia aumentan el riesgo de padecerla. Es más común entre las mujeres, pero cada vez hay más hombres. La pubertad y la timidez suelen ser desencadenantes, y los adolescentes son especialmente vulnerables a la bulimia si se burlan de su sobrepeso.

Puede provocar daños irreversibles en el corazón, los intestinos, los dientes y la fertilidad. El tratamiento depende de la gravedad y la recuperación puede ser un proceso muy largo.

DIAGNÓSTICO

En muchos países, los médicos usan el test SCOFF para diagnosticar la anorexia (pp. 90-1) o la bulimia. Dos o más «síes» indican un caso probable.

> ¿Se provoca el vómito después de comer?

> ¿No puede controlar la cantidad que come?

> ¿Ha perdido más de 6 kilos en los últimos tres meses?

> ¿Cree que está gordo a pesar de que los demás le dicen que está demasiado delgado?

> ¿Toda su vida gira en torno a la comida?

Ciclo atracón-purga

La persona tiene una mala opinión de sí misma y cree que perdiendo peso esta mejorará. Es posible que se vuelva una fanática del ejercicio físico para quemar las calorías de más y que evite los actos sociales en los que haya comida.

Causas

> El individuo puede tener un cuidador que piensa que la apariencia es importante y critique su peso o su aspecto.

> La persona necesita sentir que controla algún aspecto de su vida, sobre todo si se recupera de algún hecho traumático.

> La imagen de delgadez de los famosos le lleva a seguir una dieta estricta.

> Cuando no es capaz de seguir la dieta, la persona se desespera.

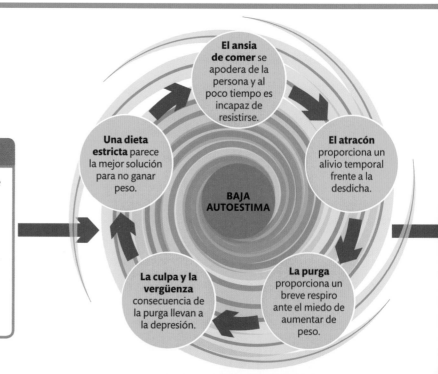

El ansia de comer se apodera de la persona y al poco tiempo es incapaz de resistirse.

El atracón proporciona un alivio temporal frente a la desdicha.

Una dieta estricta parece la mejor solución para no ganar peso.

BAJA AUTOESTIMA

La purga proporciona un breve respiro ante el miedo de aumentar de peso.

La culpa y la vergüenza consecuencia de la purga llevan a la depresión.

TRATAMIENTO

❯ **Psicoterapias**, como la terapia de grupo, la terapia de autoayuda, la terapia cognitiva-conductual personalizada (p. 125) o la terapia interpersonal.

❯ **Antidepresivos** (pp. 142-3), además de la terapia.

❯ **Hospitalización** en caso extremo.

El **1,5** %
de las mujeres padecen bulimia en algún momento de su vida

Consecuencias físicas

❯ Aumento o pérdida de peso.

❯ Mal aliento, dolor de estómago, garganta irritada y esmalte dental dañado por el ácido del vómito.

❯ Piel y pelo secos, pérdida de pelo, uñas quebradizas, letargo y otros síntomas de la mala alimentación.

❯ Hemorroides, sobrecarga del corazón y debilidad muscular por exceso de laxantes y diuréticos.

 ❯ Menstruación irregular o ausente en las mujeres.

❯ Sensación de hinchazón y/o estreñimiento.

❯ Ojos enrojecidos.

❯ Callos en el dorso de las manos a causa del vómito autoinducido.

LAS PERSONAS CON BULIMIA sienten que no pueden controlar sus hábitos alimentarios, lo que aumenta su miedo a aumentar de peso.

Trastorno por atracón

La persona come en exceso para lidiar con su baja autoestima y su desdicha, pero el resultado es que los atracones constantes e incontrolados le provocan más ansiedad y depresión.

¿En qué consiste?

La persona come a menudo, sin tener hambre y en muy poco tiempo, sola o en secreto, y luego siente vergüenza o autorrechazo. Siente que no puede controlar ni la cantidad que come ni la frecuencia con la que lo hace.

La falta de autoestima, la depresión, la ansiedad, el estrés, la ira, el aburrimiento, la soledad, la insatisfacción con el propio cuerpo, la presión por estar delgado, las experiencias traumáticas y los antecedentes familiares de trastornos alimentarios son factores de riesgo. También puede manifestarse tras hacer un régimen con el que la persona pasa mucha hambre y con el que tiene antojos de comida.

El médico puede diagnosticarlo si observa un aumento de peso en la persona, el síntoma físico más habitual.

TRATAMIENTO

- **Psicoterapia** (pp. 118-41) en grupo o personalizada.
- **Programas de autoayuda** con libros, cursos en línea, en un grupo de apoyo, o supervisados por un profesional de la salud.
- **Antidepresivos** (pp. 142-3), además de la terapia.

Círculo vicioso del atracón

La persona usa la comida para aliviar el dolor emocional de forma instantánea, aunque negativa, en vez de buscar métodos positivos para afrontar la causa subyacente. El resultado es un círculo vicioso de comida, alivio, depresión y más comida.

El alivio ante los sentimientos cada vez más angustiosos solo se logra pensando en comida.

La necesidad de comer para aliviar la depresión se hace más apremiante: la persona planea un atracón y suele comprar comida especial.

La ansiedad aumenta y la depresión se instala, ya que comer solo proporciona un alivio pasajero del «dolor».

El desánimo regresa con el autorrechazo provocado por la culpa y la vergüenza asociadas a los atracones.

La ansiedad disminuye porque la comida enmascara temporalmente los sentimientos de estrés, tristeza o ira.

La persona come grandes cantidades de comida en poco tiempo (aunque no tenga hambre), normalmente en secreto, a veces en un estado de aturdimiento, y luego se siente desagradablemente llena.

Pica

El afectado está constantemente comiendo sustancias que no son alimentos, como mugre o pintura. Pueden darse complicaciones graves si la sustancia es peligrosa.

¿En qué consiste?

Los niños y adultos con pica comen, por ejemplo, heces de animales, barro, mugre, bolas de pelo, hielo, pintura, arena u objetos metálicos como los clips. Es más común en niños que en adultos: el 10-32 % de los niños de 1-6 años padecen pica. Este comportamiento puede generar complicaciones, como la intoxicación por plomo o las lesiones intestinales a causa de algún objeto punzante.

Para que el médico diagnostique un caso de pica, este comportamiento debe durar por lo menos un mes. Tras un examen médico para descartar la falta de algún nutriente o la anemia, el especialista valora la existencia de otros trastornos como una discapacidad en el desarrollo o un TOC (pp. 56-7).

+ TRATAMIENTO

❯ **Terapias conductuales** (pp. 122-9) que asocien una alimentación saludable con un refuerzo positivo o una recompensa. Apoyo a base de comportamientos positivos que corrijan aspectos del entorno familiar y reduzcan la repetición.

❯ **Medicación** para aumentar los niveles de dopamina; suplementos para remediar la falta de nutrientes.

El **28** % de las embarazadas padecen pica

TRASTORNOS ALIMENTARIOS MÁS RAROS

Los trastornos alimentarios se caracterizan por unos hábitos alimentarios irregulares, por comer cosas inusuales, por sentir angustia con respecto a la comida o las horas de la comida, por evitar las comidas o por preocuparse por el peso o la figura.

NOMBRE	¿QUÉ ES?	CAUSAS	SÍNTOMAS	IMPACTO	TRATAMIENTO
TRASTORNO PURGATIVO	Vómito voluntario frecuente después de comer para modificar el estado físico	Abuso o abandono infantil, tensiones en las redes sociales o antecedentes familiares	Vomitar después de comer, uso de laxantes, obsesión con el peso/aspecto, caries dentales, ojos enrojecidos	Ansiedad, depresión y pensamientos suicidas que afectan las relaciones, el trabajo y la autoestima	Saber gestionar los problemas médicos, tener un plan de alimentación sana, psicoterapia
SÍNDROME DE ALIMENTACIÓN NOCTURNA	Deseo de comer la mayor parte de la ingesta diaria a última hora de la tarde o por la noche	Depresión, baja autoestima, reacción al estrés o hacer régimen	Insomnio, comer a última hora de la tarde, despertarse por la noche para comer	Problemas con el trabajo y las relaciones sociales o íntimas, aumento de peso o abuso de sustancias	Psicoeducación sobre el trastorno y terapia nutricional y conductual
MERICISMO	Tendencia en niños pequeños con discapacidad intelectual, que regurgitan la comida	Relación indiferente o anormal con un progenitor o cuidador; puede ser una forma de llamar la atención	Regurgitar y volver a masticar la comida, perder peso, dientes en mal estado, dolor de estómago, labios agrietados	Suele superarse durante los primeros años; si persiste, tiene repercusiones en la vida diaria	Terapia de familia y apoyo del comportamiento positivo

Trastornos de la comunicación

Este conjunto de trastornos incide en la capacidad de la persona para recibir, enviar, procesar y/o comprender conceptos verbales, no verbales y visuales, y puede afectar la audición, el lenguaje y/o el habla.

¿En qué consisten?

Los cuatro trastornos principales son el del lenguaje, el de fluidez en la infancia, el del sonido del habla y el TCS (trastorno de la comunicación social). En general son bastante complejos. Algunos son evidentes en los bebés y los niños, y otros no se detectan hasta la edad escolar.

Pueden deberse a distintas causas, y desarrollarse de forma espontánea o estar causados por una enfermedad neurológica. Pueden ser genéticos: el 20-40 % de los niños con antecedentes familiares relacionados con el habla y el lenguaje padecen un trastorno de comunicación. La nutrición prenatal también puede influir.

Los trastornos psiquiátricos, el TEA (pp. 68-9), el síndrome de Down, la parálisis cerebral, problemas físicos como el labio leporino o el paladar hendido, y la sordera pueden limitar la capacidad comunicativa.

¿Cómo se diagnostican?

Para que el niño pueda desarrollar su potencial, es importante actuar cuanto antes; algunos trastornos requieren un control de por vida. Un especialista en habla y lenguaje examina su historia clínica, los antecedentes familiares, los problemas médicos y la información de profesores y cuidadores, y luego propone el tratamiento.

TRATAMIENTO

❯ **Terapia del habla y el lenguaje**, esencial para las habilidades lingüísticas, para las reglas y la producción de sonidos/habla, la fluidez y los gestos no verbales; para los tartamudos, apoyo para controlar y/o supervisar el ritmo del habla y la respiración.

❯ **Terapia conductual positiva**, para mejorar la relación comportamiento/comunicación.

❯ **Terapia familiar, apoyo pedagógico especial** y adaptación al entorno para reforzar el desarrollo del lenguaje.

CAUSAS DE LOS TRASTORNOS DE LA COMUNICACIÓN

Pueden deberse a más de un factor y el trastorno puede ser desde leve a profundo.

TRASTORNO \ DESENCADENANTE	ANTECEDENTE FAMILIAR DE TRASTORNOS DEL LENGUAJE	TRASTORNO DE DESARROLLO INFANTIL	SÍNDROME GENÉTICO	DISCAPACIDAD AUDITIVA O SORDERA	TRASTORNO EMOCIONAL O PSIQUIÁTRICO	NACIMIENTO PREMATURO	ENFERMEDAD O LESIÓN NEUROLÓGICA	MALA ALIMENTACIÓN
TRASTORNO DEL LENGUAJE	✓	✓	✓	✓	✓	✓	✓	✓
TRASTORNO DEL SONIDO DEL HABLA		✓	✓	✓			✓	
TRASTORNO DE FLUIDEZ EN LA INFANCIA	✓	✓			✓		✓	
TRASTORNO DE LA COMUNICACIÓN SOCIAL	✓	✓	✓		✓	✓	✓	✓

TRASTORNO DEL LENGUAJE

El niño no comprende a los demás (trastorno receptivo) o no es capaz de comunicar pensamientos (trastorno expresivo) o ambas cosas (trastorno expresivo y receptivo).

❯ **El bebé no sonríe** ni balbucea a sus padres y a los 18 meses usa solo unas pocas palabras.

❯ **El niño no juega** con los demás y prefiere estar solo. Puede volverse tímido y distante.

❯ **Al niño le cuesta tragar,** lo que afecta su capacidad para hablar.

TRASTORNO DEL SONIDO DEL HABLA

Al niño le cuesta articular secuencias sonoras y pronuncia mal las palabras que debería controlar a su edad.

❯ **El habla poco clara** propia de los niños pequeños se prolonga más allá de los 8 años.

❯ **No puede** producir secuencias sonoras correctas pese a entender lo que se dice, así que no consigue que le entiendan.

❯ **Queda claro** que no acaba de entender las reglas de los sonidos del habla.

IMPACTO EN EL NIÑO

Los errores relacionados con el pensamiento y la comunicación influyen en el día a día. Los niños sufren ansiedad y falta de confianza.

❯ **Dado que los niños aprenden** comunicándose, su desarrollo es más lento.

❯ **No sabe** hacer amigos, ni iniciar relaciones, por lo que se aísla socialmente.

❯ **Adopta** técnicas de evitación, lo que provoca la aparición de problemas conductuales, y puede ser agresivo si no puede solucionar sus dificultades con el habla.

LA FLUIDEZ EN LA INFANCIA

El niño balbucea o tartamudea: repite palabras o una parte de la palabra y alarga los sonidos.

❯ **Se para a medio discurso,** como si se quedara sin aliento.

❯ **Usa sonidos que distraen,** como aclararse la garganta, o mueve la cabeza y el cuerpo para disimular el problema.

❯ **Cuanto más quiere ocultarlo,** más evidente es su ansiedad.

❯ **Evita hablar en público,** ya que la ansiedad empeora el balbuceo.

TCS

El niño no es capaz de procesar de forma simultánea la información verbal y la visual.

❯ **No es capaz de adaptar el lenguaje a la situación,** así que puede resultar dogmático, dominante e inapropiado cuando habla con adultos o compañeros.

❯ **No controla** la comunicación no verbal: no sabe esperar su turno para hablar u otras actividades en grupo.

❯ **No saluda** a los demás, ya que le interesa muy poco o nada la interacción social.

¿TRASTORNO DE COMUNICACIÓN SOCIAL O TRASTORNO DEL ESPECTRO AUTISTA?

El TCS (trastorno de comunicación social) comparte muchos síntomas con el TEA (trastorno del espectro autista). Antes de diagnosticar el TCS a un niño y ponerle un tratamiento, los médicos deben descartar el TEA.

Trastorno de comunicación social

A los niños con TCS les cuesta aprender las normas básicas de una conversación: cómo iniciarla, escuchar, formular las preguntas, no salirse del tema y saber cuándo ha terminado. El TCS puede darse junto a otros problemas de desarrollo, como las dificultades con el lenguaje y el aprendizaje, el trastorno del sonido del habla y el TDAH (pp. 66-7).

Trastorno del espectro autista

A los niños con TEA les cuesta relacionarse con la gente, las emociones y los sentimientos. Como en el caso del TCS, eso puede generar problemas de comunicación, falta de habilidades sociales y una percepción visual y sensorial deformada. Pero el TEA presenta una característica distintiva: los comportamientos repetitivos o limitados.

Trastornos del sueño

Son un grupo de trastornos que no permiten que la persona duerma bien. Pueden deberse a causas psicológicas o fisiológicas, pero todos ellos pueden provocar comportamientos, emociones y pensamientos alterados.

¿En qué consisten?

Todos hemos tenido alguna vez algún problema de sueño. Solo se considera un trastorno cuando ocurre de forma regular e interfiere en la vida diaria afectando la salud mental. La falta de descanso nocturno influye negativamente en la energía, el estado de ánimo, la concentración y la salud en general. Puede causar desorientación, confusión, problemas de memoria y alteraciones del habla, lo que a su vez agrava el trastorno.

Durante el sueño pasamos por tres estados distintos: vigilia, fase REM (movimientos oculares rápidos), que se asocia con soñar, y fase no REM (sin movimientos oculares rápidos). Los trastornos incluyen incidentes anormales no solo durante el sueño, sino también antes de dormirse y justo al despertar. Por ejemplo, a la persona puede costarle conciliar el sueño y/o permanecer dormida (insomnio) y luego sentirse exhausta durante el día. O su sueño puede verse alterado por un comportamiento anormal (parasomnias): sonambulismo, pesadillas, terrores nocturnos, síndrome de piernas inquietas, parálisis del sueño o agresiones en el sueño. El despertar confuso hace que se comporte de un modo confuso. El trastorno conductual del sueño REM es una forma grave de parasomnia que provoca quejidos relacionados con el sueño y a menudo que la persona represente físicamente lo que sueña.

¿Cuáles son las causas?

Pueden deberse a ciertas medicaciones, a problemas médicos (como la narcolepsia) y a problemas respiratorios relacionados con el sueño, anomalías que van desde roncar hasta la apnea del sueño (una dolencia en la que las paredes de la garganta se relajan y se estrechan durante el sueño, interrumpiendo la respiración), lo que provoca que la persona se despierte angustiada.

INSOMNIO

PARASOMNIA

NARCOLEPSIA

HIPERSOMNOLENCIA

¿EN QUÉ CONSISTE?

El insomnio es la dificultad para conciliar el sueño y/o para dormir lo suficiente como para sentirse descansado al día siguiente. Los episodios pueden ser breves o prolongarse durante meses o años. Es más común en la gente mayor.

Las parasomnias son una serie de actos, experiencias o comportamientos no deseados que ocurren mientras la persona está durmiéndose, dormida o despertándose. La persona no se despierta y luego no lo recuerda.

La narcolepsia es un trastorno crónico del cerebro, que no regula el sueño y la vigilia. Se caracteriza por patrones de sueño irregulares y por el hecho de que el afectado se queda dormido de repente en momentos inapropiados.

La hipersomnolencia es una somnolencia excesiva que impide el normal funcionamiento. Puede ser leve y pasajera o persistente y grave, y suele ir acompañada de depresión. Afecta sobre todo a adolescentes y jóvenes.

Más de **4** millones de españoles adultos padecen insomnio crónico, y entre un 20 y un 48 %, alguna dificultad para conciliar el sueño

CAUSAS	SÍNTOMAS	IMPACTO	TRATAMIENTO
La preocupación y el estrés (tener problemas en el trabajo o en casa), o las dificultades económicas; algún hecho importante, como la pérdida de un ser querido; problemas de salud, o el consumo de drogas o alcohol.	Le cuesta conciliar el sueño; se despierta varias veces por la noche; se despierta temprano y ya no vuelve a dormirse; es incapaz de echar una cabezadita. El cansancio provoca ansiedad, irritabilidad y problemas de concentración.	La persona no puede relajarse y el cansancio limita sus actividades diurnas. No rinde bien en el trabajo y las relaciones se resienten. Cuando se acerca la hora de ir a la cama surge la ansiedad y el estrés empeora el insomnio.	Las terapias para controlar los estímulos o restringir el sueño y la intención paradójica son terapias conductuales (pp. 122-9). Se intenta permanecer despierto el máximo de tiempo para disminuir la ansiedad en torno al sueño.
Suele ser hereditaria, así que puede ser genética; se asocia a la medicación o a enfermedades físicas, como la apnea del sueño; el trastorno conductual del sueño REM puede ser consecuencia de una enfermedad cerebral.	Sonambulismo; hablar en sueños; terrores nocturnos; despertar confuso; movimientos rítmicos, y calambres en las piernas. El trastorno alimentario nocturno y el trastorno conductual del sueño REM son más graves.	La falta de sueño reparador puede ocasionar problemas mentales, desorientación, confusión y problemas de memoria. Las personas con trastorno conductual del sueño REM pueden volverse violentas.	Si la parasomnia es leve o pacífica, basta con adoptar algunas medidas de seguridad, como retirar aquello con lo que pueda hacerse daño la persona sonámbula. Medicación en el caso de trastorno conductual del sueño REM.
Puede ser genética o por falta de melatonina (la sustancia química cerebral que regula el sueño); los cambios hormonales en la pubertad o la menopausia, o el estrés. Puede ser consecuencia de una infección o vacuna.	Somnolencia diurna; ataques de sueño; pérdida temporal del control de los músculos ante las emociones, como al reír (cataplexia); parálisis del sueño; alucinaciones al quedarse dormido o antes de despertarse.	La narcolepsia altera la vida diaria y emocionalmente cuesta asumirla. Una tiroides hipoactiva y otros síntomas físicos, como la apnea del sueño, pueden agravar el problema.	Puede ayudar adoptar una alimentación y un estilo de vida saludables, rutinas a la hora de acostarse y echar cabezaditas cada cierto tiempo para contrarrestar la somnolencia diurna.
La hipersomnolencia puede ser genética; por consumo de alcohol o drogas u otros trastornos del sueño, como la apnea o la narcolepsia; presentarse tras un tumor, un traumatismo craneal o una lesión en el sistema nervioso central.	La persona puede estar muy somnolienta durante el día a pesar de haber dormido; echar cabezaditas periódicas o tener lapsos de sueño; tener dificultades para despertarse tras dormir mucho, o sentirse cansada tras dormir 14-18 horas.	A la persona le cuesta funcionar con normalidad durante el día. Puede mostrarse ansiosa, irritable e inquieta, y no tener apetito ni energía. Puede que piense y hable con lentitud y que tenga problemas de memoria.	Primero se tratan las causas físicas. Si persiste, se observa su actividad diurna. Las terapias conductuales personalizadas incluyen rutinas antes de acostarse y un horario estricto para dormir, que luego se van modificando poco a poco.

Trastornos de tics

Los tics son comportamientos repentinos, indoloros y no rítmicos que pueden ser motores o verbales. Se diagnostican como trastorno si se repiten continuamente y no parecen tener conexión con el entorno o la situación.

¿En qué consisten?

Los tics –pequeños movimientos o sonidos descontrolados– no suelen ser graves y suelen mejorar con el tiempo. Pero si persisten, pueden resultar frustrantes e interferir en la vida diaria, sobre todo si la persona tiene más de un tic.

Se cree que se deben a alteraciones en las partes del cerebro que controlan el movimiento. Es posible que haya también una predisposición genética. Puede provocarlos tomar drogas como las anfetaminas o la cocaína, ciertas dolencias médicas, como la parálisis cerebral y la enfermedad de Huntington, o trastornos psicológicos como el TDAH (pp. 66-7) y el TOC (pp. 56-7).

Son más comunes en los niños, pero también pueden manifestarse en la edad adulta. Se cree que el 0,3-3,8 % de los menores padecen algún tic grave. Si es leve no precisa tratamiento; basta con mejorar el estilo de vida, por ejemplo evitando el estrés y el agotamiento.

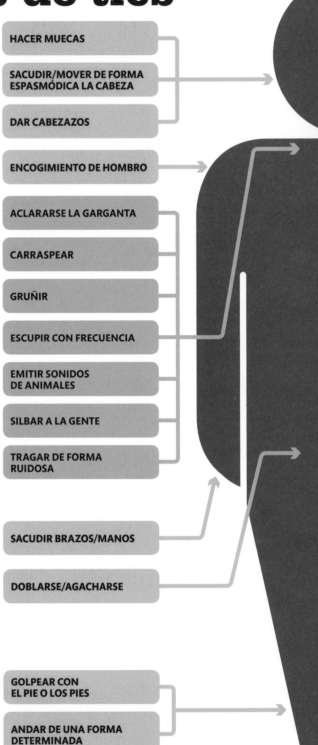

HACER MUECAS

SACUDIR/MOVER DE FORMA ESPASMÓDICA LA CABEZA

DAR CABEZAZOS

ENCOGIMIENTO DE HOMBRO

ACLARARSE LA GARGANTA

CARRASPEAR

GRUÑIR

ESCUPIR CON FRECUENCIA

EMITIR SONIDOS DE ANIMALES

SILBAR A LA GENTE

TRAGAR DE FORMA RUIDOSA

SACUDIR BRAZOS/MANOS

DOBLARSE/AGACHARSE

GOLPEAR CON EL PIE O LOS PIES

ANDAR DE UNA FORMA DETERMINADA

SEÑALES DE AVISO

La mayoría de las personas experimenta una sensación incómoda y rara antes del tic. Suelen describirlo como un aumento de tensión que solo puede aliviar el tic. Algunas personas consiguen reprimir el tic durante algún tiempo, hasta que el impulso es demasiado fuerte, lo que puede acabar provocando un tic más severo.

SEÑAL DE AVISO	NECESIDAD DE ALIVIAR LA TENSIÓN	TIC
❯ Sensación de escozor en los ojos		❯ Parpadeo
❯ Tensión en un músculo determinado		❯ Espasmo de un determinado músculo
❯ Garganta seca		❯ Gruñidos
❯ Picor		❯ Contorsión del cuerpo

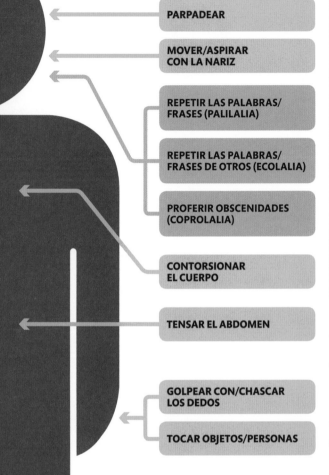

PARPADEAR

MOVER/ASPIRAR
CON LA NARIZ

REPETIR LAS PALABRAS/
FRASES (PALILALIA)

REPETIR LAS PALABRAS/
FRASES DE OTROS (ECOLALIA)

PROFERIR OBSCENIDADES
(COPROLALIA)

CONTORSIONAR
EL CUERPO

TENSAR EL ABDOMEN

GOLPEAR CON/CHASCAR
LOS DEDOS

TOCAR OBJETOS/PERSONAS

SÍNDROME DE TOURETTE

Se caracteriza por varios tics y debe su nombre a George de la Tourette, que fue el primero en hablar de él en 1884. Para diagnosticar un síndrome de Tourette, los tics deben durar como mínimo un año y uno al menos tiene que ser verbal. La mayoría presentan una combinación de tics motores y verbales, simples y complejos. Suele ser hereditario.

Se cree que va asociado a problemas con una parte del cerebro llamada ganglios basales o a una infección de garganta durante la infancia causada por la bacteria estreptocócica. Para poder diagnosticarlo, lo primero es descartar otras posibles causas, como una alergia o una vista deficiente. Luego un neurólogo o un psiquiatra descarta trastornos como el TEA (pp. 68-9) y finalmente deriva al enfermo al psicoterapeuta. En un tercio de los casos, los tics disminuyen, se vuelven menos molestos o acaban desapareciendo en unos diez años.

«El ritmo de la música es muy muy importante para [...] los pacientes con síndrome de Tourette».

Oliver Sacks, neurólogo británico

Tics simples y complejos

Hay muchos tipos de tics. Algunos afectan al movimiento del cuerpo y otros son verbales. Pueden ser simples o complejos. Uno simple afecta a una cantidad pequeña de músculos, como parpadear o aclararse la garganta. Uno complejo implica la acción coordinada de varios músculos, como parpadear y a la vez encoger el hombro, o hacer muecas faciales y gritar de forma espontánea.

Clave

- Tics motores
- Tics verbales

⊕ TRATAMIENTO

❯ **Las terapias conductuales** (pp. 122-9) se usan mucho con el síndrome de Tourette para exponer las sensaciones desagradables que preceden al tic y provocan una reacción para acabar con él.

❯ **Técnicas para revertir hábitos** que muestren conductas alternativas al tic, de modo que aprenda movimientos deliberados para enfrentarse al tic y prevenirlo.

❯ **Mejora del estilo de vida, con técnicas de relajación** y escuchando música para reducir la frecuencia de los tics.

❯ **Antidepresivos** o ansiolíticos (pp. 142–3) para apoyar las intervenciones conductuales si hace falta.

Trastornos de personalidad

Se trata de trastornos en los que el individuo muestra unas pautas de comportamiento, una forma de pensar y un funcionamiento social anormales.

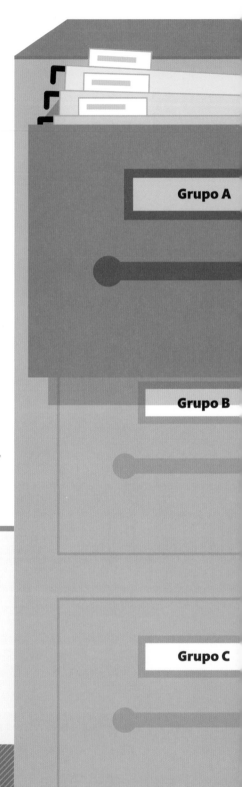

Grupo A

Grupo B

Grupo C

¿En qué consisten?

A los afectados les cuesta comprenderse a sí mismos y relacionarse con los demás. Los trastornos de personalidad no son como otras enfermedades mentales, debido a su carácter permanente y a que no pueden compararse con una enfermedad física. El individuo se comporta de manera muy distinta a lo que marca la norma, pero puede apañárselas sin ayuda médica, de un modo que alguien con un trastorno grave como la esquizofrenia (pp. 70-1) no podría. A menudo van asociados al abuso de sustancias (pp. 80-1), la depresión (pp. 38-9) y la ansiedad.

No se saben sus causas exactas, pero entre los posibles factores de riesgo están los antecedentes familiares de este u otro trastorno mental; una infancia con abusos, inestable o caótica, o un caso de agresión y desobediencia severo en el niño. Las variaciones en la química y la estructura del cerebro también podrían influir.

Se han descrito diez trastornos de personalidad divididos en tres grupos distintos.

El médico no suele diagnosticar un trastorno de personalidad hasta el inicio de la edad adulta. Y para poder hacerlo, los síntomas (derecha y pp. 104-7) deben impedirle funcionar con normalidad, debe mostrar un desequilibrio subjetivo y varios síntomas de al menos uno de los tipos.

Grupo A: raros/excéntricos

La persona con un trastorno de personalidad del grupo A exhibe unas pautas de comportamiento que parecen raras o excéntricas, tiene problemas para relacionarse con los demás y teme las situaciones sociales. Suele pensar que no tienen ningún problema. Este grupo incluye tres trastornos de la personalidad: paranoide, esquizoide y esquizotípico.

TP paranoide

> La persona se muestra recelosa y desconfiada en extremo.
> Piensa que los demás le mienten, tratan de manipularlo o hablan a sus espaldas.
> Ve significados ocultos en comentarios inocentes.
> Le cuesta mantener relaciones estrechas: suele pensar que su pareja le es infiel a pesar de que no haya ninguna prueba de ello, por ejemplo.
> Puede expresar sus sospechas y su hostilidad discutiendo en público, quejándose continuamente o adoptando una actitud distante, hostil y reservada.
> Su hipervigilancia en busca de amenazas potenciales le hace parecer cauto, reservado, retorcido y falto de ternura.

TP esquizoide

> La persona parece fría, distante e indiferente.
> Prefiere realizar actividades en solitario.
> No le interesan las relaciones estrechas de ningún tipo, ni siquiera sexuales.
> Tiene una gama de expresiones sociales limitada.
> No capta las pistas sociales ni sabe responder a las críticas o los elogios.
> Le cuesta experimentar placer o alegría.
> Es más común entre los hombres.
> Puede tener algún familiar con esquizofrenia (pp. 70-1), pero el TP paranoide no es un trastorno grave.

TP esquizotípico

> La persona se muestra muy ansiosa e introvertida en las situaciones sociales, incluso las familiares.
> Reacciona de forma inapropiada ante las pistas sociales.
> Tiene pensamientos delirantes, y confiere un significado indebido y equivocado a hechos cotidianos. Por ejemplo, puede estar convencido de que el titular de un periódico contiene un mensaje secreto para él.
> Puede creer que tiene poderes, como la telepatía o la habilidad mágica de influir en las acciones y las emociones de otra persona.
> Puede tener una forma de hablar extraña, como hacer disquisiciones largas, vagas e incoherentes o pasar de un tema a otro sin más.

⊕ TRATAMIENTO

> **TP paranoide** Terapia cognitiva con enfoque en esquema (p. 124) para establecer conexiones entre problemas, por ejemplo, entre emociones de recuerdos de la infancia y pautas de vida actuales; técnicas cognitivas para desarrollar valoraciones nuevas; sin embargo, muchos abandonan el tratamiento porque les cuesta establecer una relación y confiar en el terapeuta.

> **TP esquizoide** Terapia cognitiva conductual (p. 125) o mejora del estilo de vida para disminuir la ansiedad, la depresión, los accesos de ira y el abuso de sustancias; técnicas para desarrollar las habilidades sociales; medicación (pp. 142-3) para el desánimo o los episodios psicóticos, aunque rara vez buscan tratamiento.

> **TP esquizotípico** Psicoterapia a largo plazo para establecer una relación de confianza y terapia cognitiva conductual para ayudarle en la identificación y la reevaluación de pensamientos irracionales; medicación para el desánimo y los episodios psicóticos.

LAS PERSONAS CON TP en general creen que no tienen ningún problema, por lo que no suelen buscar tratamiento.

Grupo B: dramático/emocional/errático

A la persona con un TP del grupo B le cuesta controlar sus sentimientos. Suelen ser excesivamente sensibles e impredecibles, y se comportan de un modo que a los demás les parece dramático, errático, amenazador e incluso inquietante. Eso crea un círculo vicioso, ya que la gente se siente incómoda con ellos, de modo que les cuesta establecer y mantener relaciones sociales y personales, lo que a su vez intensifica los síntomas iniciales.

LA PSICOPATÍA

La psicopatía, que a veces se considera un tipo de trastorno antisocial de la personalidad (abajo), es uno de los trastornos más difíciles de diagnosticar y es considerablemente inmune al tratamiento. Presenta una serie de rasgos y comportamientos específicos. Los especialistas en salud mental pueden usar la escala de verificación de psicopatía de Robert Hare (PCL-R), que puntúa 20 rasgos con 0, 1 o 2, para diagnosticar el trastorno. A partir de cierta puntuación del paciente se considera psicopatía. Entre los rasgos interactivos están los delirios de grandeza, las mentiras y la arrogancia; entre los rasgos basados en las emociones, la falta de sentimiento de culpa y empatía; y entre los rasgos impulsivos, la promiscuidad sexual y conductas delictivas como robar. No se cohíben ni aprenden de la experiencia. Al principio pueden parecer encantadores, pero enseguida queda claro que no sienten culpabilidad ni empatía ni amor, y que sus apegos son ocasionales y sus comportamientos, imprudentes. Muchos de sus rasgos –sobre todo su capacidad para tomar decisiones claras dejando a un lado las emociones– están presentes en las personas de éxito, sobre todo en los negocios y el deporte. La mayoría de estos psicópatas son hombres, y su trastorno no tiene que ver con el nivel cultural ni social.

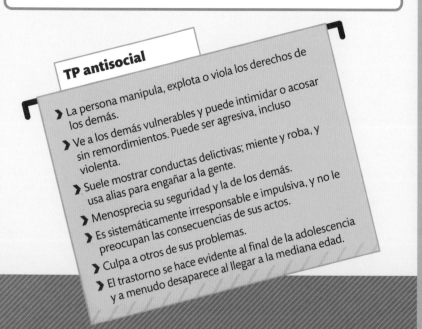

TP antisocial

> La persona manipula, explota o viola los derechos de los demás.
> Ve a los demás vulnerables y puede intimidar o acosar sin remordimientos. Puede ser agresiva, incluso violenta.
> Suele mostrar conductas delictivas; miente y roba, y usa alias para engañar a la gente.
> Menosprecia su seguridad y la de los demás.
> Es sistemáticamente irresponsable e impulsiva, y no le preocupan las consecuencias de sus actos.
> Culpa a otros de sus problemas.
> El trastorno se hace evidente al final de la adolescencia y a menudo desaparece al llegar a la mediana edad.

Grupo A

Grupo B

Grupo C

TP límite

> La persona se ve a sí misma frágil.
> Es emocionalmente inestable (desregulación emocional), tiene cambios de humor y muestras frecuentes e intensas de ira.
> Tiene relaciones intensas pero inestables.
> Le da miedo estar sola o que la abandonen, y experimenta sentimientos de vacío y soledad prolongados, lo que provoca irritabilidad, ansiedad y depresión.
> Tiene un modo de pensar y percibir las cosas distorsionado (distorsiones cognitivas o de percepción).
> Actúa de forma impulsiva y tiene tendencia a autolesionarse y pensamientos o tentativas suicidas.

PT histriónico

> La persona es egocéntrica y está continuamente llamando la atención.
> Se viste o comporta de forma inapropiada, y llama la atención por su aspecto físico.
> Su estado de ánimo cambia rápidamente, lo que le hace parecer superficial.
> Es excesivamente dramática, con un despliegue exagerado de emociones.
> Busca continuamente confirmación o aprobación.
> Es sugestionable (fácil de influenciar).
> Piensa que sus relaciones son más estrechas de lo que son.
> Puede funcionar muy bien en sociedad y en el trabajo.

TP narcisista

> La persona se da mucha importancia, espera que le reconozcan como superior y exagera sus habilidades.
> Le obsesionan las fantasías de triunfo, poder, esplendor, belleza o la pareja perfecta.
> Cree que solo puede relacionarse con personas igual de importantes.
> Espera favores especiales y respeto incondicional por parte de los demás, y se aprovecha de ellos para conseguir lo que quiere.
> Es incapaz de reconocer las necesidades y sentimientos de los demás.

⊕ TRATAMIENTO

> **Trastorno antisocial de la personalidad** Terapia cognitiva conductual (p. 125), pero puede que la persona solo busque ayuda cuando le obligan por ley tras cometer un delito.

> **Trastorno límite de personalidad** Terapia dialéctica conductual de mentalización que combine la psicodinámica (pp. 118-21), y las técnicas cognitiva-conductual (pp. 122-9), sistémica (pp. 138-41) y ecológica, y terapia artística (p. 137). Psicoterapia de grupo en síntomas leves; programa de atención coordinada en síntomas entre moderados y graves.

> **Trastorno histriónico de la personalidad** Psicoterapia de apoyo para buscar soluciones (pp. 118-41) para el control de las emociones; el tratamiento es difícil porque el individuo parece capaz de funcionar normalmente.

> **Trastorno narcisista** Psicoterapia para ayudarle a comprender la causa de sus emociones y enseñarle a controlarlas.

Grupo C: ansioso/temeroso

Este grupo de TP se caracteriza por pensamientos o comportamientos ansiosos o temerosos. La persona tiene sentimientos persistentes y abrumadores de miedo y ansiedad, y puede mostrar pautas de comportamiento que la mayoría considerarían como antisociales y retraídas. Incluye los trastornos de la personalidad dependiente, por evitación y OC (obsesivo-compulsivo). Para diferenciar el dependiente (abajo) del límite (p. 105) hace falta realizar un estudio psiquiátrico, ya que sus síntomas son parecidos.

TP dependiente

> A la persona le da miedo estar sola y tener que defenderse por sí misma.

> Trata constantemente de agradar a los demás y evita discrepar, ya que teme su desaprobación.

> Es excesivamente pesimista y sensible a las críticas.

> No confía en sí misma, es insegura, menosprecia sus habilidades y recursos, y puede considerarse «estúpida».

> Muestra conductas pasivas, sumisas y dependientes, y puede tolerar el abuso.

> Si rompe con la pareja se busca rápidamente otra.

> A menudo le cuesta empezar algo por miedo a fracasar.

TP por evitación

> La persona teme tanto las críticas, la desaprobación o el rechazo que le cuesta conectar con la gente.

> Es muy precavida a la hora de hacer amigos.

> Se muestra reacia a compartir sentimientos o información personal, por lo que le cuesta mantener las relaciones que tiene.

> Evita las actividades laborales que implican contacto interpersonal.

> Se mantiene alejada de las situaciones sociales porque está convencida de que es inadecuada e inferior.

> Tiene miedo constantemente de que la «descubran» y de que los demás la rechacen, la ridiculicen o la humillen.

Grupo A

Grupo B

Grupo C

Se estima que un **10**% de la población mundial **padece** algún tipo de trastorno de la personalidad

TP obsesivo-compulsivo

> A la persona le preocupa el orden, la perfección y el control mental e interpersonal.

> Es rígida y obstinada cuando se trata de poner en práctica sus principios.

> Se dedica en cuerpo y alma al trabajo, hasta el punto de desatender a sus amigos y otras actividades, por lo que no establece ni conserva relaciones sociales estrechas.

> Es muy concienzuda y escrupulosa, y es tan perfeccionista que puede llegar a entregar tarde un proyecto por repasarlo una y otra vez.

> Es inflexible en cuestiones de moralidad o ética.

> Es incapaz de tirar objetos inservibles o usados, aunque no tengan ningún valor sentimental.

¿TPOC O TOC?

La necesidad de realizar tareas de razonamiento o conductuales para disminuir la frecuencia e intensidad de los pensamientos obsesivos y compulsivos que causan ansiedad extrema es característica tanto del TPOC (trastorno de la personalidad obsesivo-compulsivo) como del TOC (trastorno obsesivo-compulsivo, pp. 56-7). El TPOC, no obstante, empieza al entrar en la edad adulta, mientras que el TOC puede aparecer a cualquier edad. El TPOC es una exageración de un tipo de personalidad y se convierte en un problema que interfiere en la vida diaria, mientras que el TOC se basa en la percepción exagerada de la responsabilidad ante todo daño que le ocurra a uno o a los demás. La gente con TPOC cree que su forma de pensar es totalmente racional. Quienes tienen un TOC son conscientes de que su forma de pensar está distorsionada y la ansiedad se debe a un círculo vicioso.

⊕ TRATAMIENTO

> **Trastorno dependiente de la personalidad** Psicoterapia, concretamente técnicas de asertividad para trabajar la confianza en uno mismo, y terapia cognitiva-conductual (p. 125), para desarrollar actitudes más sólidas y una visión de sí mismo en relación con los demás. Terapias psicodinámicas a largo plazo (pp. 118-21), para analizar estímulos de desarrollo precoces y ayudar a rehacer la personalidad.

> **TP por evitación** Terapia psicodinámica (p. 119) o terapia cognitiva conductual para identificar las falsas creencias sobre sí mismo y sobre cómo creen que les ven los demás, y para cambiar sus habilidades sociales y conductuales para mejorar en el trabajo y en su vida social.

> **TP obsesivo-compulsivo** Asesoramiento y psicoterapia adaptada para abordar sus falsas creencias desde todos los ángulos, sobre todo su rígida visión del mundo y de los demás. Terapia cognitiva conductual y terapia psicodinámica, para ayudarle a identificar lo que siente sobre una situación determinada, y a dejar de pensar por qué el control mantiene el problema en lugar de resolverlo.

Otros trastornos

Hay una serie de trastornos que tienen un origen fisiológico, evolutivo o cultural que también pueden tener un efecto negativo en el funcionamiento conductual y cognitivo de la persona.

¿En qué consisten?

Hay muchas dolencias físicas que afectan el rendimiento de la persona, limitan su funcionamiento y causan angustia suficiente como para provocar problemas conductuales, depresión y ansiedad. Por ejemplo, problemas de desarrollo (como el síndrome de Down), trastornos fisiológicos (como la dispraxia, que afecta al movimiento coordinado) y enfermedades degenerativas

NOMBRE	¿EN QUÉ CONSISTE?	SÍNTOMAS
TRASTORNO DE SÍNTOMAS SOMÁTICOS	Obsesión con algún síntoma físico, como el dolor o la fatiga, que causa ansiedad severa y problemas de funcionamiento	Tiene un nivel elevado de ansiedad y pánico con respecto a los síntomas físicos y cree que indican que sufre una grave enfermedad
SÍNDROME DE MUNCHAUSEN (TRASTORNO FACTICIO)	Inventar síntomas o autolesionarse, o mostrarse a los demás como enfermos, lesionados o deficientes, para conseguir atención médica	La persona o cuidador simula, causa o exagera síntomas físicos, y ve a muchos médicos a los que les pide que le pongan un tratamiento
SÍNDROME DE DOWN	Trastorno de desarrollo cuyo impacto en el funcionamiento intelectual, físico y social puede variar	Puede sufrir un trastorno generalizado de ansiedad, TOC, trastornos del sueño, TDAH en niños o trastorno del espectro autista
DISFORIA DE GÉNERO	Conflicto que surge del desajuste entre el sexo biológico de la persona y el género con el que se identifica	Muestra sentimientos y comportamientos propios del sexo opuesto; le angustia la pubertad; está asqueado con sus genitales
DISFUNCIÓN SEXUAL	Problemas físicos o psicológicos que impiden que la persona disfrute de la actividad sexual	El hombre tiene disfunción eréctil; eyaculación precoz o retardada. La mujer, falta de deseo o dolor durante el coito (dispareunia)
TRASTORNOS PARAFÍLICOS	La excitación sexual solo se produce en respuesta a determinados objetos inanimados o actos, o ante personas que no consienten	Tan solo consigue excitarse y quedar satisfecho con determinada parafilia; siente desprecio por el objeto del deseo sexual
TRASTORNOS DE ELIMINACIÓN EN LOS NIÑOS	Cuando la persona orina (enuresis) o hace deposiciones (encopresis) de forma continuada en un lugar distinto al baño, voluntaria o involuntariamente	Defeca u orina en lugares inapropiados; pérdida de apetito, dolor abdominal, retraimiento social y depresión
KORO (SÍNDROME DE RETRACCIÓN GENITAL)	Trastorno delirante en el que la persona tiene un miedo irracional a que sus genitales se retraigan o desaparezcan	Está convencido de que su pene (los pezones en las mujeres) se encoge pese a no haber pruebas, y que ello indica que está muriendo
SÍNDROME AMOK	Trastorno cultural poco común que se observa solo en los malayos; se caracteriza por un período de melancolía seguido de un arrebato frenético repentino	Se causa lesiones graves a sí mismo y a los demás en ataques repentinos y frenéticos, en los que a menudo va armado; luego no recuerda nada
TAIJIN KYOFUSHO	Comportamiento específico de Japón en el que la persona teme violentar a los demás estando en su presencia	Cree que es repugnante, demasiado llamativo y que atrae la atención de personas poco deseables

(como el parkinsonismo). Aunque no son de origen psiquiátrico, la angustia y la disfunción pueden ser lo bastante graves como para requerir tratamiento.

Algunos trastornos son específicos de ciertas culturas, como el koro o el amok, o surgen del conflicto entre un individuo y su sociedad o cultura. Algunos trastornos occidentales tienen sus equivalentes orientales, y viceversa, por ejemplo, el trastorno japonés Taijin Kyofusho se parece al trastorno de ansiedad social (p. 53).

El **10-20** %
de los japoneses sufren
Taijin Kyofusho

POSIBLES CAUSAS	IMPACTO	TRATAMIENTO
Genéticas; sensibilidad al dolor; rasgos de la personalidad negativos; conductas aprendidas; problemas para procesar las emociones	Está obsesionado con las causas negativas; tiene problemas con las relaciones; mala salud; depresión; desconfía de la opinión médica	Terapia cognitiva-conductual para analizar los pensamientos y comportamientos inútiles que le preocupan
Una combinación de factores psicológicos, experiencias estresantes y relaciones complicadas o traumáticas en la infancia	La decepción influye negativamente en las relaciones sociales; problemas graves de salud a causa de intervenciones médicas innecesarias	Psicoterapia para desarrollar visiones personales y hallar formas alternativas de lidiar con el estrés y la ansiedad
Anomalía cromosómica en la que todas o algunas de las células del cuerpo contienen una copia adicional del cromosoma 21	Deterioro cognitivo entre leve y moderado; pérdida de memoria; lenta adquisición de las destrezas físicas y lingüísticas	Apoyo y formación para los padres, junto a una intervención temprana con técnicas que fomenten el desarrollo del niño
Tal vez influencias hormonales prenatales e intersexualidad (anatomía reproductiva ni del todo masculina ni del todo femenina)	Estrés; depresión y ansiedad; autolesiones; pensamientos suicidas	Psicoterapia para que pueda vivir según el género que prefiera; transición física con intervención quirúrgica
Causas físicas como enfermedad, medicación y abuso de sustancias; estrés; ansiedad respecto al rendimiento, y depresión	Pérdida de confianza; ansiedad social; baja autoestima; depresión; ansiedad; ataques de pánico	Intervención específica para los problemas físicos; control del estrés y la ansiedad basado en la pareja y terapia sexual
Abusos sexuales o traumas infantiles; puede relacionarse con trastornos de la personalidad graves, como el TP antisocial o el TP narcisista	Efecto negativo en las relaciones íntimas; adopta actitudes peligrosas o ilegales	Psicoanálisis; hipnoterapia, y terapia conductual
Traumas y estrés; retraso en el desarrollo; problemas digestivos	Pérdida de confianza social; comportamiento reservado; aislamiento, acoso y otros problemas en el colegio	Programas conductuales de buenos hábitos para ir al baño; psicoterapia que ayude con la vergüenza, la culpa o la baja autoestima
Presencia de otros trastornos mentales; falta de educación psicosexual en la pubertad	Profunda vergüenza; miedo; comportamiento reservado; depresión; ansiedad	Psicoterapia y medicación para la depresión, el trastorno dismórfico corporal o la esquizofrenia
Aislamiento geográfico; prácticas espirituales que exacerban las profecías autocumplidas	Daños físicos crónicos; aislamiento social; internamiento en alguna institución psiquiátrica; encarcelamiento	Psicoterapia para los trastornos mentales o de personalidad asociados; tolerancia de los factores estresantes psicosociales
Se asocia con determinadas fobias, como a sonrojarse, a la deformación, al contacto visual y al mal olor corporal	Depresión; ansiedad; aislamiento social; falta de confianza en sí mismo	Terapia cognitiva conductual para ayudarle a analizar y reconsiderar sus opiniones exageradas

TERAPIAS CURATIVAS

En psicología hay tantos tipos de terapias como enfoques. Encontrar la terapia adecuada para la experiencia particular del trastorno que tiene un individuo es fundamental para que recupere la paz mental.

Salud y terapia

Los psicólogos que trabajan en el campo de la salud intentan mejorar la salud mental y la salud física asociada de los individuos, de grupos específicos y de la población en general. Eso implica idear y ofrecer terapias para prevenir y tratar los trastornos mentales y para promover el bienestar general. También se ocupan de evaluar cómo mejoran la salud dichas terapias y cuáles son las más eficaces. Eso influye en la aplicación de los tratamientos tanto a nivel individual como colectivo.

Cometidos de un psicólogo

Tanto si trabaja por su cuenta como si forma parte de un equipo médico interdisciplinar o trabaja en un centro de investigación, el objetivo del psicólogo es mejorar la salud mental y el bienestar general. Sus distintos cometidos muestran que existen formas diversas de lograr dichos objetivos, tanto si se trata de individuos como de grupos.

¿QUIÉN PUEDE DAR TRATAMIENTO?

Muchos especialistas pueden ofrecer evaluaciones psicológicas, terapias y asesoramiento, pero solo algunos pueden recetar medicación para tratar los trastornos.

Psicólogos

Estos profesionales realizan evaluaciones psicológicas y ofrecen una serie de terapias verbales o conductuales, dependiendo de lo que necesite el individuo o el grupo.

Psiquiatras

Son doctores en Medicina especializados en el tratamiento de trastornos mentales. Pueden recetar medicamentos psiquiátricos como parte del tratamiento.

Profesionales de medicina general

Médicos (de familia y especialistas), que pueden prescribir medicamentos u otras terapias.

Otros especialistas en salud mental

Trabajadores sociales, enfermeros psiquiátricos y orientadores psiquiátricos.

Psicólogo de la salud

¿En qué se especializa?

Analizan cómo se afronta la enfermedad y los factores psicológicos que influyen en la salud. Ofrecen estrategias para mejorar la salud y prevenir enfermedades, por ejemplo, fomentando la pérdida de peso o el abandono del tabaco, o pueden ayudar al individuo a gestionar determinadas enfermedades, como el cáncer o la diabetes.

¿Quién se beneficia de sus cuidados?

> **Enfermos crónicos** que necesitan tratar la enfermedad o el dolor.

> **Profesionales** de la salud que quieren mejorar sus servicios.

> **Grupos de personas** que necesitan mejorar su estilo de vida para prevenir enfermedades.

> **Grupos de pacientes**, como los diabéticos, que precisan ayuda para gestionar su enfermedad.

¿Dónde puedes encontrarlos?

Hospitales; departamento de salud pública; instituciones locales; institutos de investigación.

Cualificación profesional

Doctorado, seguido de formación práctica y de formación profesional permanente.

El **48** %
de los españoles han sentido estrés de manera frecuente o continuada en el último año

PSICOEDUCACIÓN

Sensibilizar a la gente sobre lo que implica vivir con un problema de salud mental se ha convertido en un elemento clave del proceso terapéutico. La psicoeducación ayuda a las personas que sufren un trastorno mental a comprender mejor dicho trastorno y los tratamientos disponibles, y también proporciona ayuda eficaz a sus familiares, amigos y cuidadores. Disponer de información detallada les permite tener un mayor control sobre sus vidas y adoptar medidas positivas para lidiar con los síntomas. También mejora la aceptación del tratamiento por parte de la persona y puede reducir el estigma que suele ir asociado a los trastornos mentales.

Psicólogo clínico

¿En qué se especializa?

Estos psicólogos ayudan a la gente a lidiar con cuestiones mentales y físicas como la ansiedad, la adicción, la depresión y las relaciones. Primero realizan un examen clínico del individuo usando test, conversaciones o la observación, y luego le ofrecen una terapia apropiada.

¿Quién se beneficia de su cuidado?

› **Personas con ansiedad** o depresión que necesitan sesiones de terapia individuales o en grupo.

› **Niños con dificultades** de aprendizaje o de comportamiento.

› **Adictos a sustancias** que necesitan ayuda para afrontar su adicción.

› **Pacientes con TEPT** que necesitan terapia para superar experiencias o traumas del pasado.

¿Dónde puedes encontrarlos?

Hospitales; equipos de salud mental; centros de salud; servicios sociales; escuelas; consultas privadas.

Cualificación profesional

Doctorados en psicología clínica.

Psicólogo terapeuta

¿En qué se especializa?

Ayuda a enfrentarse a temas difíciles, como la pérdida de un ser querido o la violencia doméstica, y a aquellos que sufren un trastorno mental. Establece una estrecha relación con el paciente para lograr que cambie, y puede someterse a terapia para ponerse al día.

¿Quién se beneficia de sus cuidados?

› **Familias** con problemas de relación.

› **Niños con problemas** sociales, emocionales o conductuales, o que hayan sufrido algún tipo de abuso.

› **Los que sufren estrés** y pueden recibir ayuda para abordar los problemas de fondo.

› **Individuos afligidos** que necesitan apoyo emocional y orientación.

¿Dónde puedes encontrarlos?

Hospitales; equipos comunitarios de salud mental; centros de salud; servicios sociales; cárceles; escuelas.

Cualificación profesional

Doctorado, seguido de formación práctica y formación profesional permanente.

Salud física y psicológica

Los estudios científicos cada vez vinculan más nuestra salud mental y nuestra salud física, y los psicólogos han desarrollado herramientas para determinar y mejorar nuestra conexión cuerpo-mente.

Establecer la conexión

Los psicólogos de la salud estudian cómo influye el estado de ánimo de la persona (alguien, por ejemplo, que sufre una situación de estrés en su día a día) en su cuerpo, y buscan cómo mejorar su salud física ayudándole a cambiar su forma de pensar. Eso puede implicar cambiar de estilo de vida, de entorno social, de actitud y de opinión. Desempeñan distintas funciones en la comunidad para ayudar a las personas enfermas o vulnerables, asesorando a las autoridades públicas sobre la política sanitaria, y en los hospitales.

Cuando asesoran a un individuo, examinan todos los factores que pueden contribuir a la enfermedad o el problema, y diseñan una estrategia para conseguir que cambien. Así, identifican comportamientos que perjudican su salud, como fumar o comer mal; fomentan actitudes positivas como el ejercicio físico, una buena alimentación, una buena higiene oral, revisiones médicas y autoexploraciones, mejorar los hábitos del sueño, y programan exámenes médicos preventivos. También fomentan cambios cognitivos y conductuales para que la persona tenga un mayor control sobre su vida.

Modelo biopsicosocial

El psicólogo de la salud usa este modelo para valorar tres fuerzas distintas que se combinan en la vida de una persona: la biológica –impacto de los rasgos físicos–; psicológica –patrones de pensamiento y actitudes–, y social –influencia de los hechos y los demás–. Los psicólogos reconocen que dichas fuerzas pueden tener un efecto positivo o negativo sobre la salud y el bienestar.

FUERZAS POSITIVAS PARA LA SALUD

PSICOLÓGICAS
Control del estrés, pensamientos positivos, resiliencia, disciplina mental, y dar y recibir amor.

BIOLÓGICAS
Una dieta sana, ejercicio físico, una vida sin adicciones, tiempo para relajarse y ausencia de predisposición genética a la enfermedad.

SOCIALES
Apoyo de grupos sociales, como de amigos, familiares y comunidades religiosas o de otro tipo, y acceso a cuidados médicos y educación en temas de salud.

Controlar los problemas de salud

Los psicólogos de la salud pueden ayudar cuando a alguien le diagnostican una enfermedad que requiere hospitalización o un tratamiento prolongado, como el cáncer o la adicción al alcohol o las drogas. El psicólogo analiza qué puede cambiar para que la persona pueda asumir mentalmente el dolor físico o el malestar, y el impacto que tenga en su vida dicha enfermedad.

Emplea una serie de estrategias para facilitar la rehabilitación. Desde un punto de vista psicológico, trabaja en la autoestima y la motivación del paciente, enseñándole a pensar más positivamente. Potenciar el apoyo de amigos, familiares y otros profesionales de la salud forma parte del proceso. En cuanto a la parte física, puede implementar terapias alternativas, como el yoga o la acupuntura, para potenciar el bienestar del paciente, ayudarle a controlar los antojos o superar la depresión. También puede aconsejar hacer ejercicio físico con regularidad, un programa nutritivo o terapia vitamínica.

VALORACIÓN DE LA SALUD MENTAL

Cuando hace falta una evaluación formal, los psicólogos utilizan un cuestionario para valorar o medir el estado mental del individuo, y diferencian la salud psicológica del bienestar emocional.

Preguntas sobre salud mental

❯ **Ánimo** ¿Sueles tener un estado de ánimo positivo?

❯ **Relaciones positivas** ¿Tienes amigos o lazos emocionales positivos?

❯ **Función cognitiva** ¿Puedes pensar y procesar la información de forma adecuada?

Preguntas sobre bienestar emocional

❯ **Ansiedad** ¿Tienes ansiedad?

❯ **Depresión** ¿Estás deprimido?

❯ **Control** ¿Sientes que has perdido el control o que no puedes controlar tus sentimientos?

FUERZAS NEGATIVAS PARA LA SALUD

PSICOLÓGICAS
Estrés, ansiedad, dificultad para enfrentarse a los problemas, pensamientos negativos y personalidad pesimista, desconfiada o muy agresiva.

BIOLÓGICAS
Mala alimentación, predisposición genética a la enfermedad, tabaco, contaminación y consumo excesivo de alcohol o drogas.

SOCIALES
Soledad, pobreza, explotación y exposición a la violencia, el abuso o las relaciones traumáticas.

CÓMO AFECTA EL ESTRÉS AL CUERPO

El estrés es la forma que tiene la naturaleza de alertar al individuo del peligro, poniendo su cuerpo en el modo de «lucha o huida» (pp. 32-3). Produce un cóctel de sustancias químicas que provocan cambios en todo el cuerpo.

NERVIOSO
Dolores de cabeza, irritabilidad, nerviosismo, hipersensibilidad

CARDIOVASCULAR
Ritmo cardíaco rápido, hipertensión

SISTEMAS DEL CUERPO

RESPIRATORIO
Respiración acelerada y poco profunda al tensarse los músculos

GASTROINTESTINAL
Diarrea, náuseas, estreñimiento, dolor estomacal, ardor de estómago

MUSCULO-ESQUELÉTICO
Dolores musculares, especialmente en el cuello, los hombros y la espalda

APARATO REPRODUCTOR
Mujeres: menstruación irregular, menor libido.
Hombres: impotencia

El papel de la terapia

Las psicoterapias usan una serie de estrategias para ayudar a las personas a modificar aquellos pensamientos, acciones y emociones que son perjudiciales para su salud física o mental, y a fomentar un mejor conocimiento de uno mismo.

Acción terapéutica

Las psicoterapias se conocen también como «terapias de conversación» porque el elemento clave para que se dé el cambio está en la comunicación con el terapeuta. El objetivo es gestionar la adversidad; clarificar los pensamientos; dar apoyo, ánimo y explicaciones, y cultivar la paz interior y la comprensión profunda. La terapia intenta que el paciente se comprenda mejor a sí mismo y a los demás y sus dinámicas relacionales. Puede usarse asimismo para definir las metas personales y organizar el comportamiento en objetivos alcanzables.

La psicoterapia puede destapar viejas heridas y ayudar al paciente a comprender que las experiencias pasadas negativas le afectan hoy de un modo perjudicial. También puede enseñarle a reaccionar ante los estímulos externos y a procesar e interpretar las experiencias de un modo distinto que le permita ir más allá de su forma actual de pensar y comportarse. La terapia puede preparar al paciente para analizar su psique y su yo espiritual, y para disfrutar más de la vida. Está pensada para que el paciente se acepte a sí mismo y confíe en él, y para disminuir los pensamientos negativos o críticos.

Tipos de terapia

Los métodos y enfoques terapéuticos son tan diversos y creativos como la propia mente; hay muchas formas de conseguir avances psicológicos. Los principales tipos de terapias se clasifican de acuerdo con la filosofía en la que se sustentan. La terapia puede ofrecerse en sesiones individuales, como terapia de grupo o mediante un programa de realización de tareas y orientación en línea.

El **28** % de las personas han consultado a un psicoterapeuta

PSICOANALÍTICAS Y PSICODINÁMICAS

Se basan en la idea de que las creencias inconscientes cimentan los comportamientos y los pensamientos inadaptados. Conocer dichas creencias nos ayuda a explicar y corregir los problemas. El terapeuta y el paciente trabajan conjuntamente para desarrollar formas más saludables de enfrentarse con esos sentimientos anteriormente reprimidos, y para alentar los recursos y capacidades del paciente para ocuparse de sus problemas.

COGNITIVAS Y CONDUCTUALES

Parten de que lo que trastorna a las personas no son las cosas que les ocurren, sino lo que piensan acerca de las cosas que les ocurren y el significado que otorgan a dichas experiencias. Las terapias cognitivas y conductuales muestran al paciente que tiene el poder de cambiar lo que piensa sobre las cosas, y también su forma de reaccionar y comportarse como consecuencia de lo que piensa.

TERAPIAS DE GRUPO

Programa en 12 pasos

El programa en 12 pasos es una terapia de grupo que se usa para combatir adicciones (a las drogas, el alcohol o el sexo) y comportamientos compulsivos como los trastornos alimentarios. Para superar una adicción es básico sentirse parte de y apoyado por un colectivo. La terapia de grupo disminuye el aislamiento y la vergüenza, muestra al paciente que no está solo y le proporciona una red de apoyo y ayuda.

Grupos de autoayuda

Estos grupos de apoyo se centran en la autorrevelación. Algunos están dirigidos por un profesional, pero otros lo llevan los propios afectados. Se valora más el hecho de compartir experiencias que los conocimientos profesionales.

COMPARTIR TUS EXPERIENCIAS en un grupo te permite dar y recibir apoyo y reunir estrategias para cambiar.

HUMANISTAS

Anteponen escuchar a observar. Los terapeutas usan preguntas abiertas y herramientas cualitativas para estudiar la personalidad del paciente y animarlo a analizar sus propios pensamientos, emociones y sentimientos. Para el terapeuta, el paciente es intrínsecamente capaz y responsable de lograr su crecimiento personal.

SISTÉMICAS

La teoría de «sistemas» permite resolver cuestiones que surgen de la interacción de las relaciones. El terapeuta consigue comprender mejor el problema trabajando con todos los implicados en el sistema (familia o grupo), escuchando distintos puntos de vista y observando cómo interactúan los distintos integrantes. Esto permite que la persona analice su identidad como parte de un grupo más amplio. Asimismo, tiene la ventaja de fortalecer la red comunitaria, algo muy útil en temas que empeoran con el aislamiento, como la adicción.

EL PAPEL MÉDICO

Comportamiento y cerebro se influyen mutuamente todo el tiempo. La medicación puede modificar la química del cerebro para mejorar estado de ánimo, memoria, concentración y motivación, aumentar la energía y disminuir la ansiedad. Esta mejora en el funcionamiento puede aliviar los síntomas de la enfermedad y hacer posible un cambio positivo.

Terapias psicodinámicas

La terapia psicodinámica, término genérico que incluye todas las terapias analíticas, es también un método en sí misma. Las terapias analíticas siguen el objetivo básico de Sigmund Freud: llevar la mente inconsciente a la conciencia.

¿En qué consisten?

La psicodinámica se basa en que el inconsciente esconde sentimientos y recuerdos, sobre todo de la infancia, que marcan el pensamiento y el comportamiento en la edad adulta. El terapeuta ayuda al paciente a hablar de estos sentimientos a menudo no deseados para llevarlos a la mente consciente. Enterrar recuerdos desagradables provoca ansiedad, depresión y fobias, y sacarlos a la luz permite resolver los problemas psicológicos como adulto.

Sacar a la luz recuerdos enterrados ayuda al paciente a identificar, afrontar y cambiar los mecanismos de defensa que ha desarrollado para evitar realidades dolorosas o afrontar cosas desagradables y pensamientos no deseados. Estas estrategias mentales (normalmente inconscientes) incluyen la negación (negarse a aceptar la realidad), la represión (enterrar un pensamiento o sentimiento no deseado), la compartimentación (separar mentalmente las creencias o emociones conflictivas), la formación reactiva (hacer lo contrario de lo que sientes) y la racionalización (autojustificar un comportamiento inaceptable).

En las terapias psicodinámicas, el terapeuta escucha al paciente hablar de sus problemas conscientes y busca pautas, comportamientos y emociones que sugieren sentimientos subconscientes. El objetivo es conseguir que el paciente pueda afrontar de forma positiva sus conflictos internos.

La sesión

Todas las terapias psicodinámicas se realizan en un entorno familiar, seguro, respetuoso e imparcial. Las sesiones suelen ser individuales y duran 50-60 minutos.

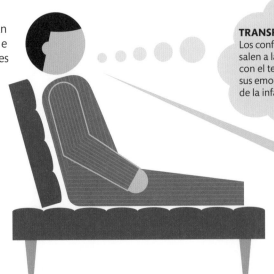

TRANSFERENCIA
Los conflictos inconscientes del paciente salen a la superficie durante su relación con el terapeuta. El paciente redirige sus emociones y sentimientos, a menudo de la infancia, hacia el terapeuta.

INTERPRETAR LOS SUEÑOS
Es un método para acceder al subconsciente. Los sueños pueden revelar asociaciones, emociones y motivaciones ocultas.

ASOCIACIÓN LIBRE
El paciente habla sobre lo primero que le viene a la mente, sin revisar lo que dice ni intentar darle una estructura lineal. Así emergen los auténticos pensamientos y sentimientos.

ANÁLISIS DE LA RESISTENCIA
Mostrar al paciente cómo y por qué se resiste a pensamientos, ideas o emociones puede explicar los mecanismos de defensa.

DESLIZ FREUDIANO
El paciente revela lo que realmente tiene en la mente (su pensamiento inconsciente) y dice cosas que no pretendía decir.

EL PACIENTE
En el análisis freudiano tradicional, el paciente se tumba en un diván, de modo que no puede ver al terapeuta. En otras versiones más interactivas, sí puede verlo.

El psicoanálisis

El propósito del psicoanálisis y de la terapia psicodinámica como método específico es parecido –integrar la mente consciente y la inconsciente–, pero difieren en la profundidad del proceso.

¿En qué consiste?

Sigmund Freud desarrolló su «terapia verbal» tras trabajar con Jean-Martin Charcot, un neurólogo que descubrió que los síntomas de sus pacientes se atenuaban tras hablar de traumas del pasado.

A principios del siglo xx, Freud desarrolló técnicas como la asociación libre, la interpretación de los sueños y el análisis de la resistencia, que siguen utilizándose hoy. En terapia, el silencio puede ser tan significativo como lo que se dice. El psicoanálisis cree que los problemas psicológicos proceden del subconsciente; que las cuestiones no resueltas o los traumas reprimidos ocultos en la mente inconsciente provocan síntomas como la ansiedad y la depresión, y que el tratamiento puede sacar esos conflictos a la superficie para que el paciente pueda resolverlos.

El psicoanálisis suele tardar años en deconstruir y reconstruir todo el sistema de creencias del paciente. Beneficia a los robustos de mente, con una vida aparentemente exitosa, pero conscientes de lo que les preocupa o atormenta, como la incapacidad de tener relaciones duraderas. La terapia psicodinámica, menos intensa, se centra en problemas actuales, como una fobia o la ansiedad.

INTERPRETACIÓN
El terapeuta permanece más bien callado, leyendo entre líneas, para ayudar al paciente a superar sus limitaciones subconscientes.

EL TERAPEUTA
Escucha pero sin juzgar, de modo que el paciente no teme decir algo chocante, ilógico o absurdo.

	PSICOANÁLISIS	TERAPIA PSICODINÁMICA
Frecuencia	2-5 sesiones semanales	1-2 sesiones semanales
Duración	A largo plazo: varios años	De corto a medio plazo: semanas, meses
Ejecución	El paciente suele estar tumbado en un diván, y el terapeuta detrás, fuera de su campo de visión	El paciente suele estar de cara al terapeuta, así que puede verlo
Relación con el terapeuta	El terapeuta es el experto; neutral y distante	El terapeuta se muestra más interactivo y actúa como agente de cambio
Objetivo	Promover una felicidad y un cambio más profundos y duraderos	Dar solución a los problemas inmediatos

Terapia junguiana

Carl Jung amplió las ideas de Freud: creía que la mente inconsciente iba mucho más allá de lo meramente personal y que estaba en el centro de las pautas de comportamiento.

¿En qué consiste?

Como Freud, Jung pensaba que la angustia psicológica aparece cuando hay un desequilibrio entre la parte consciente y la inconsciente. Pero según Jung los recuerdos forman parte de un todo mucho más amplio.

Jung vio que los mitos y símbolos se repiten al margen de la cultura. Pensó que debía de ser el resultado de la experiencia y el conocimiento compartido de la humanidad, lo que llamó inconsciente colectivo. Estos recuerdos, que están en lo más profundo del inconsciente, adoptan la forma de arquetipos: símbolos reconocibles al instante que marcan patrones de comportamiento. El ego consciente es la imagen que la persona muestra al mundo. Su arquetipo es la persona, que se identifica con su mejor

MUNDO EXTERIOR

La persona es la imagen pública que el resto de la gente ve.

EL VERDADERO YO
emerge cuando las distintas partes de la mente, la consciente y la inconsciente, funcionan en armonía.

EGO CONSCIENTE

INCONSCIENTE PERSONAL

El inconsciente colectivo es la capa más profunda de recuerdos, común a todos los seres humanos.

Ánima y animus son los aspectos femeninos del hombre y los masculinos de la mujer.

La sombra son los pensamientos y sentimientos que la persona oculta.

MUNDO INTERIOR

DEBES SABER

▶ **La asociación de palabras** El terapeuta menciona una palabra y el paciente dice lo primero que le viene a la mente.

▶ **Extrovertido** Alguien cuya atención se dirige hacia el exterior y la otra gente; sociable, receptivo, activo, incluso temerario, decisivo.

▶ **Introvertido** Alguien cuya atención se dirige hacia dentro, hacia sus propios pensamientos y sentimientos; tímido, reservado, contemplativo, ensimismado, indeciso.

---

comportamiento. Los aspectos más oscuros de la mente que la mayoría esconde, según Jung, serían la sombra. Otros arquetipos son el ánima (rasgos femeninos en los hombres) y el ánimus (rasgos masculinos en las mujeres), que suelen chocar con el ego consciente y la sombra. Para hallar el verdadero yo, todas las capas de la personalidad de la persona deben estar en armonía.

Mientras el psicoanálisis analiza la capa superior del subconsciente del paciente, los terapeutas junguianos exploran todas las capas. Su función es ayudar al paciente a usar los arquetipos para comprender y cambiar su propio comportamiento.

Los terapeutas junguianos usan técnicas como la interpretación de los sueños y la asociación de palabras para mostrar dónde colisionan los arquetipos internos con las experiencias del mundo exterior. Este proceso de análisis permite al paciente comprender qué capas de su mente están en conflicto y hacer los cambios pertinentes para restablecer el equilibrio. Igual que el psicoanálisis, esta terapia es un viaje fascinante al interior de la mente y puede durar años.

Psicología del sí mismo y relación de objetos

Ambas terapias son ramificaciones del psicoanálisis freudiano. El terapeuta usa la empatía para comprender la visión única que el paciente tiene sobre la vida y crea patrones de comportamiento que mejoren las relaciones.

¿En qué consisten?

Se centran en experiencias de los primeros años de vida con objeto de entender y mejorar sus relaciones adultas. La psicología del sí mismo se basa en la premisa de que los niños que no reciben apoyo ni empatía en los primeros años de vida no son autosuficientes ni tienen amor propio de adultos. El terapeuta satisface la necesidad del paciente de mirar a otros para satisfacer sus necesidades, dándole la autoestima y el conocimiento de sí mismo que precisa para sus propias relaciones. En la relación de objetos –las relaciones de la infancia que el adulto repite de forma inapropiada– el objetivo es usar la empatía con el terapeuta como plataforma para analizar las emociones e interacciones del pasado, y aplicar modelos de comportamiento nuevos y positivos.

EN LA RELACIÓN DE OBJETOS, el terapeuta ayuda al paciente a renunciar a las relaciones de la niñez y a reemplazarlas por modelos de comportamiento apropiados para la vida adulta.

Análisis transaccional

En vez de explorar el inconsciente para arrojar luz sobre la mente consciente, esta terapia se centra en los tres «estados del ego» de la personalidad del individuo.

¿En qué consiste?

En vez de preguntar al paciente sobre sí mismo, el terapeuta observa y analiza cómo interactúa. Luego le ayuda a desarrollar una estrategia para operar desde el estado de ego adulto, en lugar de reproducir cómo le trataba su cuidador cuando era un niño (estado de ego padre) o de representar cómo le hacía sentirse y comportarse de niño este trato (estado de ego niño).

El conflicto se produce cuando una persona opera simultáneamente desde distintos estados, por ejemplo, cuando una parte de su personalidad da órdenes desde su estado de padre y otra reacciona a la defensiva desde el de niño.

El análisis transaccional ayuda al paciente a reconocer estos tres estados y le orienta para que use su estado adulto en todas las interacciones. Le ayuda a comunicarse como desea, libre de los patrones formados durante la infancia. El estado adulto se sitúa en el presente y evalúa datos del estado niño y del estado padre para llegar a una conclusión lógica e inteligente que dirija su comportamiento.

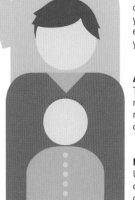

PADRE
Puede ser controlador y crítico o enriquecedor y solidario

ADULTO
Toma decisiones racionales relacionadas con el presente

NIÑO
Usa sentimientos y comportamientos de la infancia

**ESTADOS DEL EGO
(COMPONENTES DE UNA
SOLA PERSONALIDAD)**

Terapias cognitivas y conductuales

Lo que piensa un individuo condiciona su forma de sentir y de comportarse. Este grupo de terapias estudian cómo afectan los pensamientos al comportamiento e intentan ayudar a la persona a cambiar los patrones negativos.

¿En qué consisten?

Estas terapias parten de la idea de que lo que disgusta a una persona no es lo que le ocurre, sino lo que piensa de ello. Eso le puede hacer adoptar un comportamiento basado en una premisa falsa. La terapia cognitiva busca cambiar patrones de pensamiento negativo; la conductual, reemplazar comportamientos inútiles por acciones positivas que cambien sentimientos subyacentes. Muchas terapias toman elementos tanto de las teorías cognitivas como de las conductuales. El terapeuta ayuda a cuestionarse los pensamientos automáticos y a poner en práctica nuevas formas de reaccionar. Una vez que el paciente puede cambiar de punto de vista, puede modificar su forma de sentirse y de comportarse.

COMPORTAMIENTO Y PENSAMIENTOS IRRACIONALES

La realidad parece inmutable, pero en realidad es subjetiva y está influida por patrones de pensamiento individuales: dos personas en la misma situación pueden sentirse y reaccionar de modo muy distinto. Muchas personas dan por sentado cosas que son incorrectas y actúan de acuerdo con ellas. La terapia ayuda a cuestionarse esas cosas.

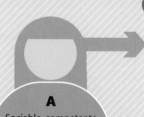

A

Sociable, competente y seguro, con una red social fuerte.

B

Inseguro, tímido y con una baja autoestima y una red de apoyo deficiente.

Estímulos emocionales

Dos amigas (A y B) se enteran de que una amiga común va a dar una fiesta, pero no las ha invitado. A pesar de que los estímulos emocionales son idénticos, A y B procesan la información de modo muy distinto, de acuerdo con sus respectivos patrones cognitivos. La amiga A analiza las posibilidades racionales de por qué no ha sido invitada o se enfrenta diplomáticamente a su amiga, mientras que la B llega automáticamente a la conclusión de que ha sido excluida de manera deliberada.

Pensamientos racionales

❯ **Error técnico** Tal vez la invitación se ha extraviado.

❯ **Ámbito de trabajo** Quizá es una fiesta solo para colegas del trabajo y exclusiva para los demás.

❯ **Lista de invitados limitada** Quizá se trata solo de una pequeña reunión para un grupo de viejos amigos del que no forma parte.

Pensamientos irracionales

❯ **Sentimientos personales negativos** El que no haya recibido una invitación refleja lo que esa amiga siente por ella.

❯ **Exclusión deliberada** La amiga no quería invitarla porque no tiene dotes sociales.

❯ **Patrones autodestructivos** No se merece que la inviten porque a ella nunca le pasan cosas buenas.

Enfoque colaborativo

En estas terapias el paciente debe implicarse de forma activa. El terapeuta no adopta el rol de líder; terapeuta y paciente trabajan conjuntamente para resolver los problemas. La intimidad y la sinceridad son fundamentales para progresar.

En muchos tipos de psicoterapia, el terapeuta dirige el proceso, diagnosticando al paciente y dirigiendo las sesiones y las conversaciones. Este enfoque autoritario resulta alienante para algunos pacientes, especialmente para aquellos que no responden bien al sentirse dirigidos o controlados, aquellos a los que les afecta que les juzguen o les evalúen, aquellos que tienen problemas con las figuras autoritarias o el personal médico, y quienes tuvieron malas experiencias terapéuticas en el pasado.

En la terapia colaborativa, no obstante, la relación entre el paciente y el terapeuta es equitativa, recíproca y flexible. Ambos hacen observaciones, dirigen las conversaciones y evalúan los progresos. Las conversaciones ayudan al paciente a ver sus problemas desde otra perspectiva, y le animan a actuar para cambiar sus pautas de comportamiento. Es un proceso de ensayo y error, así que si una línea de acción solo sirve para aumentar la angustia del paciente, pueden buscar comportamientos alternativos y reforzar los que sí funcionan. El paciente participa activamente y tiene también su parte de responsabilidad en el proceso curativo.

Comportamientos racionales

❭ **Ponerse en contacto** Llama o queda con la persona que da la fiesta para tener una conversación informal.

❭ **Recopila respuestas** Hace preguntas reflexivas y diplomáticas, sin hacer conjeturas, para descubrir cuál es la verdadera razón por la que no la ha invitado.

Comportamientos irracionales

❭ **Lo evita** No se enfrenta a los amigos o la situación porque le resulta demasiado duro.

❭ **Lo afronta con rabia** Se pone a la defensiva, se enfrenta airadamente a la amiga y la acusa de desconsiderada, de que no le importa o de ser deliberadamente cruel.

❭ **Actúa a la defensiva** Trata mal a la amiga como represalia.

Terapia

Independientemente de cuál sea la situación real, los pensamientos negativos de B crean un espejismo concreto de la realidad basado en sus percepciones. La terapia puede ayudar a:

❭ **Reconocer hábitos emocionales** En este caso, la tendencia a sentirse excluida y a criticarse y culparse a sí misma.

❭ **Conocerse a sí misma** Comprender cómo se forman los hábitos emocionales, tales como la ansiedad o la falta de autoestima, y qué situaciones desencadenan los pensamientos irracionales.

❭ **Estrategias conductuales** Usar técnicas de autoafirmación o trabajar en la capacidad de comunicación.

❭ **Practicar** Aprender a cuestionar y contradecir los pensamientos negativos e irracionales, y a reconocer que hay otras opciones más probables.

❭ **Cambiar** Practicar estrategias conductuales y cognitivas para crear un conjunto de herramientas que le permitan obtener resultados positivos en el futuro.

Terapia conductual

El comportamiento puede aprenderse y desaprenderse. A partir de esa idea, este enfoque basado en la acción quiere reemplazar comportamientos indeseados por otros positivos.

¿En qué consiste?

El enfoque se basa en dos conceptos: el condicionamiento clásico (aprender por asociación) y el operante (mediante refuerzo) (pp. 16-7).

En el condicionamiento clásico se relaciona un estímulo neutro con una respuesta incondicional y su meta es modificar el comportamiento.

Con el tiempo, el estímulo impulsa una nueva respuesta condicionada. Por ejemplo, un niño que se cae y se hace daño y a la vez oye ladrar a un perro (el estímulo neutro) puede acabar teniendo miedo a los perros. La terapia conductual puede invertir el proceso y desensibilizar al niño. El condicionamiento operante usa

sistemas basados en la recompensa que refuerzan los comportamientos recomendables, y desalientan y castigan los no deseados. Usa estrategias, como dar algo simbólico para premiar el buen comportamiento o conceder al niño una «pausa» para que se le pase la rabieta.

Repetir tareas que impulsan comportamientos positivos permite reaprender las respuestas. La terapia conductual permite superar fobias (pp. 48-51), TOC (pp. 56-7 y abajo), TDAH (pp. 66-7) y el trastorno por abuso de sustancias (pp. 80-1).

Terapia cognitiva

Desarrollada en los sesenta del siglo xx por el psiquiatra Aaron Beck, busca cambiar creencias y procesos mentales negativos que generan comportamientos problemáticos.

¿En qué consiste?

Beck decía que las opiniones y los pensamientos negativos o incorrectos sobre nosotros, sobre otros o sobre el mundo tienen un efecto adverso en las emociones y comportamientos. Eso puede crear un círculo vicioso

en el que los comportamientos refuerzan los pensamientos distorsionados del individuo.

La terapia se centra en romper ese patrón ayudando al paciente a identificar y cambiar pensamientos negativos por otros más flexibles y

positivos. Se enseña a observar y controlar los propios pensamientos, y a evaluar si representan la realidad o son irracionales. Tareas como escribir un diario pueden ayudar a identificar pensamientos negativos y a demostrar que son falsos. Al cambiar las opiniones de base también cambian los comportamientos asociados. La terapia cognitiva está indicada especialmente para la depresión (pp. 38-9) y la ansiedad (pp. 52-3).

LA TERAPIA EN LA PRÁCTICA

Con un trastorno como el TOC, que incluye elementos cognitivos y conductuales, puede ayudar tanto la terapia que trata de cambiar los pensamientos que provocan el trastorno como la que trata de cambiar lo que la persona hace en respuesta a dichos pensamientos, o ambas cosas.

Terapia conductual

❭ Adecuada ante el comportamiento compulsivo para reducir el miedo.

❭ Ayuda al paciente a romper el vínculo entre una situación u objeto y el miedo.

❭ El paciente aprende a afrontar la ansiedad sin realizar ningún ritual.

❭ Eso disminuye la ansiedad, de modo que los comportamientos enfermizos pueden cesar.

Terapia cognitiva

❭ Adecuada para aquellos que hacen verificaciones internas, practicando la evitación y rituales mentales y físicos.

❭ Ayuda a desaprender creencias y a reestructurar patrones de pensamiento.

❭ Cuestionar el significado que el paciente confiere a dichos pensamientos hace que pierdan su poder.

❭ El paciente no necesita realizar rituales.

SALIDA

FASE 1

Conocer al paciente, infundir confianza, explicar el círculo vicioso:

CÍRCULO PENSAMIENTO, SENTIMIENTO, COMPORTAMIENTO

Los pensamientos negativos crean sentimientos

El comportamiento refuerza los pensamientos

Los sentimientos provocan un comportamiento no deseado

TCC (terapia cognitiva-conductual)

Esta terapia ayuda al paciente a identificar, comprender y corregir los pensamientos distorsionados que pueden tener un efecto negativo en los sentimientos y el comportamiento.

¿En qué consiste?

Este enfoque práctico y estructurado de resolución de problemas emplea teorías de la terapia cognitiva (izquierda) para remodelar la forma de pensar y estrategias de terapia conductual (izquierda) para modificar la forma de actuar. El objetivo es cambiar el pensamiento negativo y los ciclos conductuales que hacen que el paciente sea infeliz.

Para entender la relación entre pensamientos y comportamientos, el terapeuta divide el problema en varias partes y analiza por separado las acciones, los pensamientos, los sentimientos y las sensaciones físicas de la persona. Así logra comprender cómo influye el diálogo interior del paciente, sus pensamientos automáticos (en general negativos y poco realistas) en su comportamiento. El terapeuta le ayuda a ver qué experiencias o situaciones desencadenan esos pensamientos, y le enseña a cambiar sus reacciones automáticas.

Aprender y practicar dichas habilidades es clave para que la terapia sea eficaz. El terapeuta fija unas tareas para que el paciente practique en casa. Implementando nuevas estrategias en su vida diaria, el paciente crea nuevos patrones de comportamientos positivos y pensamientos realistas, y aprende a aplicarlos.

FASE 2

Tratar de romper el círculo

Estudiar los comportamientos y pensamientos problemáticos del paciente

Analizar su efecto en el paciente y en los demás

Desarrollar juntos un plan para modificar estos pensamientos y acciones

FASE 3

Romper el círculo vicioso: técnica de relajación; resolución de problemas con el paciente; terapia de exposición (p. 128)

PLAN DE ACCIÓN

Realizar tareas entre sesiones, como una bitácora de reflexión, anotar los niveles de ansiedad o un diario de las actividades placenteras

Observar qué actividades ayudan al paciente

TCC

❯ Útil cuando se vincula una situación con el miedo e ideas exageradas.

❯ Ayuda a dejar las obsesiones mentales y conductuales.

❯ Se aprende a que no pasa nada malo por no comportarse compulsivamente.

❯ Su ansiedad disminuye y rompe el círculo vicioso, de modo que los comportamientos pueden cesar.

FASE 4

Animar al paciente a practicar las técnicas tras la terapia

Rumbo al cambio

El terapeuta ayuda al paciente a dar pequeños pasos estructurados y a adquirir las habilidades para afrontar los problemas por sí solo.

TCC de tercera generación

Este conjunto de métodos amplía los enfoques de TCC y cambia su finalidad. En lugar de centrarse en minimizar los síntomas, ayudan al paciente a alejarse de los pensamientos negativos.

¿En qué consisten?

Entre las TCC de tercera generación están la TAC (terapia de aceptación y compromiso) y la TDC (terapia dialéctico-conductual).

La TAC busca cambiar la relación del paciente con sus pensamientos. Más que querer modificar o detener los pensamientos no deseados, el paciente aprende a aceptarlos y observarlos. En vez de pensar: «Nunca hago nada bien», piensa: «Estoy pensando que nunca hago nada bien». Al convertirse en observador de sus pensamientos, disminuye el poder de estos sobre su estado anímico. El pensamiento ya no guía su reacción, y la persona puede optar por acciones basadas en sus valores.

Algunas personas experimentan reacciones emocionales muy intensas y no saben cómo afrontar dichos sentimientos. Eso puede llevarlos a hábitos perjudiciales, como el daño autoinfligido o el abuso de sustancias. La TDC enseña a aceptar y tolerar la angustia, y a controlar la estimulación emocional inquietante o provocativa. El proceso implica adquirir control conductual y luego experimentar en lugar de silenciar el estrés emocional: discutir y aceptar las experiencias traumáticas del pasado, y afrontar la culpa y los pensamientos disfuncionales.

Técnicas de *mindfulness* (p. 129) como la visualización ayudan al paciente a mantener una regularidad emocional en la vida diaria, a tener confianza para poder afrontar los problemas con calma y a aumentar su capacidad de disfrute.

EL MÉTODO TAC

La TAC enseña al paciente a desactivar el poder de sus juicios negativos sobre sí mismo.

❯ **Valores** Determinar qué es lo más importante para el paciente.

❯ **Aceptación** En lugar de intentar controlar o cambiar pensamientos, aceptarlos sin juzgarlos.

❯ **Desactivación cognitiva** Evitar las interpretaciones de la mente, y limitarse a observar.

❯ **El yo observador** Mantener un estado estable de conciencia y conocimiento interior al margen de los estímulos externos.

❯ **Compromiso** Fijarse metas para cambiar la conducta y obligarse a llevarlas a cabo, al margen de las emociones o pensamientos que intenten sabotearlas.

MINDFULNESS
Ser consciente de la experiencia emocional: observar en vez de reaccionar.

TOLERANCIA AL ESTRÉS
Usar técnicas de relajación en situaciones estresantes.

EFECTIVIDAD INTERPERSONAL
Conservar la calma y prestar atención respetuosa a los demás.

REGULACIÓN EMOCIONAL
Optar por actuar de forma positiva pese a las emociones negativas.

Las habilidades de la TDC

El desarrollo de aptitudes permite a quienes se sienten a merced de sus emociones aceptarse a sí mismos y sus pensamientos, y a reemplazar los comportamientos disfuncionales por acciones positivas.

TPC (terapia de procesamiento cognitivo)

Esta terapia ayuda al paciente a abordar y cambiar los pensamientos negativos basados en el miedo que reaparecen tras un acontecimiento traumático, para que se sienta más tranquilo y seguro.

¿En qué consiste?

La TPC es eficaz con quien tiene TPTE (p. 62), que suele tener pensamientos sesgados e inquietantes que retrasan su recuperación: de impotencia; pérdida de confianza, control y autoestima; reproches, y sentimiento de culpa. Estos «temas atascados» tienen a la persona atrapada en los síntomas de TPTE, y normalmente no tienen que ver con lo que realmente ocurrió.

La TPC ayuda a examinar estos temas y a preguntarse «¿Respaldan los hechos mis pensamientos?». El paciente examina de nuevo el trauma y con el terapeuta aprende a reconocer las distorsiones adquiridas y a reescribir su visión postraumática negativa. Esta reestructuración cognitiva le ayuda a diferenciar de forma precisa entre lo que es realmente peligroso y lo que es seguro, y a modificar los pensamientos negativos en el futuro.

FASES

Las fases del TPC están pensadas para ayudar al individuo a comprender cómo afecta el trauma a su cerebro.

PSICOEDUCACIÓN
Hablar de los síntomas del TPTE, los pensamientos y las emociones.

PROCESAMIENTO FORMAL DEL TRAUMA
Recordar el trauma para adquirir conciencia de los pensamientos.

USO DE NUEVAS HABILIDADES
Aprender habilidades para cuestionar los pensamientos y modificar los comportamientos.

TREC (terapia racional emotivo-conductual)

Con esta terapia los pacientes llegan a comprender que lo que piensan acerca de lo que les ocurre es más determinante que lo que les ocurre en sí.

¿En qué consiste?

La TREC intenta reemplazar las creencias irracionales que causan dolor y los comportamientos autodestructivos por pensamientos racionales más productivos. Rompe los rígidos patrones de pensamiento del paciente, que suelen estar regidos por palabras como «debería» o «tendría», e insistir exclusivamente en lo negativo, pensar que las cosas son blancas o negras, sobre todo en relación con uno mismo, y usar calificativos globales («idiota integral»). Al comprender la secuencia básica (derecha), el paciente aprende a aceptarse a sí mismo y a los demás, a diferenciar un enfado de una crisis y a afrontar los desafíos de la vida con tolerancia y asertividad. La TREC sirve para tratar la ansiedad, los trastornos de timidez (pp. 52-3) y las fobias (pp. 48-51).

SECUENCIA BÁSICA

EVENTO ACTIVADOR
El evento que activa los pensamientos irracionales, por ejemplo, ser ignorado como candidato para un ascenso.

CREENCIA
«Soy una persona horrible e inútil, que nunca hace nada bien y jamás seré feliz ni tendré éxito.»

CONSECUENCIA
Emociones nocivas, como la depresión, la ira, la culpa, la autoaversión y la falta de autoestima.

TERAPIA

DISPUTAS
«Nada es tan terrible, la vida tiene sus retos; Puedo lidiar con esta frustración y este desengaño.»

SENTIMIENTOS EFECTIVOS
«Me habría encantado que me ascendieran, pero soy una persona valiosa y capaz independientemente del resultado.»

Métodos usados en las TCC

Muchas personas empeoran el estrés o el miedo que sienten porque sus mecanismos de superación dejan mucho que desear. Hay dos métodos que ofrecen estrategias prácticas para mejorarlos: la TIE (terapia de inoculación del estrés) y la terapia de exposición.

¿En qué consisten?

La TIE ayuda a reconocer los desencadenantes y los procesos mentales distorsionados que motivan el estrés. Muchos pacientes sobrevaloran la amenaza de una situación y subestiman su capacidad para afrontarla.

El terapeuta muestra situaciones que provocan ansiedad mediante dramatizaciones, visualizaciones o listas de factores estresantes. El paciente por su parte aprende y practica nuevos mecanismos de superación, como la relajación y el *mindfulness* (derecha) y la autoafirmación. Poco a poco el paciente aprende a cambiar su reacción ante el estrés y a afrontarlo. Quienes han vivido una experiencia traumática o tienen una fobia intentan evitar situaciones, objetos o lugares («desencadenantes») que les dan miedo. Dicha actitud suele agravar el problema, dejando que el miedo crezca. En la terapia de exposición, el terapeuta expone al paciente de forma deliberada al estímulo que provoca ansiedad para socavar sus miedos.

La exposición se incrementa de forma gradual. Empieza con una exposición «imaginaria»: imaginando lo que se teme, o recordando el recuerdo traumático. Le sigue una exposición «en vivo»: exposición real en entornos que le provocan ansiedad pero no son realmente peligrosos. Pueden usarse distintos modelos (derecha).

EXPOSICIÓN

❯ **Desbordamiento** Exposición a los miedos de la persona para destruir la respuesta de miedo.

❯ **Desensibilización sistemática** Exposición gradual a los miedos para eliminarlos.

❯ **Exposición gradual** Graduar las situaciones que provocan ansiedad creando una jerarquía y dejando lo que más se teme para el final.

❯ **Exposición y prevención de la respuesta** Exponer al paciente con TOC a un factor desencadenante, sin permitirle que realice los rituales habituales; por ejemplo, a alguien que se lava compulsivamente las manos no se le permite lavárselas y ve que no ocurre nada, así que la obsesión desaparece.

❯ **Terapia de aversión** Emparejar un estímulo desagradable con el comportamiento no deseado para cambiarlo.

La terapia de exposición en la práctica

Los terapeutas consideran que la exposición resulta especialmente eficaz para tratar las fobias.

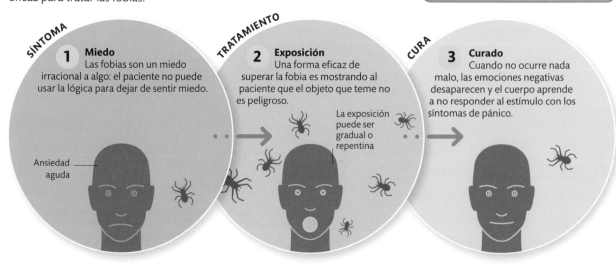

SÍNTOMA

1 Miedo
Las fobias son un miedo irracional a algo: el paciente no puede usar la lógica para dejar de sentir miedo.

Ansiedad aguda

TRATAMIENTO

2 Exposición
Una forma eficaz de superar la fobia es mostrando al paciente que el objeto que teme no es peligroso.

La exposición puede ser gradual o repentina

CURA

3 Curado
Cuando no ocurre nada malo, las emociones negativas desaparecen y el cuerpo aprende a no responder al estímulo con los síntomas de pánico.

Mindfulness

Aprender a centrar la atención en el presente, observar lo que el cuerpo, los pensamientos y los sentimientos experimentan en cada momento, puede ayudarnos a comprender y controlar las respuestas negativas.

¿En qué consiste?

El *mindfulness* ayuda a centrar la atención en lo que ocurre alrededor y en uno mismo. Observar y aceptar estas experiencias y sensaciones sin juzgar permite evaluar si los pensamientos y los comportamientos son o no disfuncionales, y modificar las propias respuestas. Entre las prácticas que fomentan el *mindfulness* están la respiración, la visualización y los ejercicios de audio, el yoga, el taichí y la meditación.

Beneficios del mindfulness

Aprender a observar, en lugar de dejarse controlar por los pensamientos, permite al individuo anticiparse a y afrontar de un modo más eficaz las experiencias estresantes y la ansiedad, y sustituir los patrones mentales negativos. Los ejercicios de *mindfulness* tienen un efecto calmante: desactivan las regiones del cerebro que el estrés activa, y activa las partes que se ocupan de la concienciación y la toma de decisiones. Así puede centrarse en las acciones positivas que fomentan el bienestar.

«... el *mindfulness* es el refugio de la mente».

Buda

PSICOLOGÍA POSITIVA

La psicoterapia tradicional se centra en abordar los trastornos y los comportamientos problemáticos; la psicología positiva, como las terapias humanísticas, se centra en la realización personal y el bienestar como catalizadores del cambio. Aprender a pensar en positivo y a centrarse en lo que nos proporciona felicidad alienta al individuo a buscar acciones positivas –desarrollar sus puntos fuertes, mejorar sus relaciones y conseguir sus metas– a nivel personal y social. El *mindfulness* suele usarse para ayudar al paciente a centrar su mente y sus comportamientos en acciones positivas.

El modelo PERMA

Desarrollado por el psicólogo Martin Seligman, define los elementos que fomentan el bienestar: emociones positivas, compromiso, relaciones positivas, sentido y logros. Comprender la importancia de estos elementos y dar los pasos necesarios para hacerlos realidad a través de los pensamientos y las acciones diarias permite desarrollar los puntos fuertes para alcanzar la felicidad.

ESTRATEGIAS PARA EL *MINDFULNESS*

MOVIMIENTO CONSCIENTE
Caminar y centrar la atención en lo que ves, oyes y hueles, en tus pensamientos y en la sensación física de caminar te permite conectar con el presente.

COMIDA CONSCIENTE
Tomarse el tiempo necesario para centrar toda la atención en las sensaciones y el proceso de comer ayuda a centrar la mente y puede modificar tus reacciones.

SER CONSCIENTE DEL CUERPO
Practicar yoga o un «escáner corporal» (centrar tu atención en todas y cada una de las partes de tu cuerpo, y notarlas) centra la mente y el cuerpo.

RESPIRACIÓN CONSCIENTE
Aprender a concentrarse en el flujo de la respiración es una técnica de relajación muy útil que ayuda a aliviar el estrés y la ansiedad.

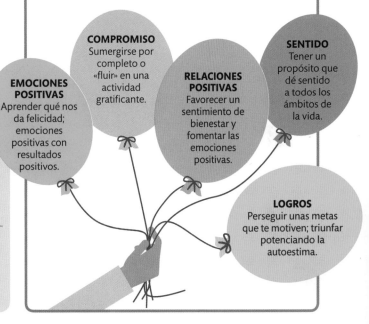

COMPROMISO
Sumergirse por completo o «fluir» en una actividad gratificante.

SENTIDO
Tener un propósito que dé sentido a todos los ámbitos de la vida.

EMOCIONES POSITIVAS
Aprender qué nos da felicidad; emociones positivas con resultados positivos.

RELACIONES POSITIVAS
Favorecer un sentimiento de bienestar y fomentar las emociones positivas.

LOGROS
Perseguir unas metas que te motiven; triunfar potenciando la autoestima.

Terapias humanistas

Este grupo de terapias animan al individuo a resolver sus problemas y a lograr una mayor satisfacción reconociendo, comprendiendo y usando su propia capacidad de desarrollo.

¿En qué consisten?

Antes de que se desarrollara el humanismo a mediados del siglo xx, los problemas psicológicos se consideraban defectos que requerían un tratamiento psicoanalítico o conductual intensivo. Las teorías psicológicas se centraban en la medición del comportamiento y estudios estadísticos que servían para evaluar y clasificar a la gente.

Los humanistas creían que este planteamiento tenía un alcance demasiado limitado para captar la particular experiencia humana. A diferencia del psicoanálisis, las terapias humanistas ven a la persona como un ser completo capaz de ejercer el libre albedrío y de tomar decisiones de forma activa, y no como una serie de impulsos, deseos y comportamientos predeterminados.

Los terapeutas destacan los puntos fuertes, los recursos y el potencial del individuo como punto de partida para examinar los problemas. La vida está llena de desafíos y desengaños, pero en esencia el ser humano es bueno y resiliente, y capaz de resistir y superar las dificultades.

Los humanistas extendieron el concepto de que la terapia que se usaba como tratamiento

Relación terapéutica

Los terapeutas humanistas buscan cultivar una relación positiva y constructiva valorando al paciente y mostrándole respeto genuino, positivo e incondicional. Este entorno facilita que el paciente se conozca a sí mismo, confíe en sus propias decisiones y se desarrolle en el plano emocional, de manera que puede autorrealizarse (desarrollar su potencial).

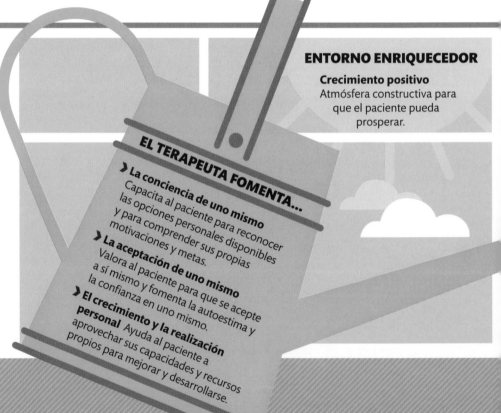

ENTORNO ENRIQUECEDOR

Crecimiento positivo
Atmósfera constructiva para que el paciente pueda prosperar.

EL TERAPEUTA FOMENTA...

❯ La conciencia de uno mismo Capacita al paciente para reconocer las opciones personales disponibles y para comprender sus propias motivaciones y metas.

❯ La aceptación de uno mismo Valora al paciente para que se acepte a sí mismo y fomenta la autoestima y la confianza en uno mismo.

❯ El crecimiento y la realización personal Ayuda al paciente a aprovechar sus capacidades y recursos propios para mejorar y desarrollarse.

para las neurosis severas también podía aplicarse a cualquiera que quisiera mejorar a nivel personal. Para ellos el deseo del hombre de solucionar los problemas, buscar la felicidad, querer mejorar el mundo y vivir una vida plena y satisfactoria es la motivación básica y fundamental del ser humano. La necesidad del individuo de realizarse plenamente y satisfacer sus metas se conoce como realización personal.

Los humanistas creían que la persona es capaz de cambiar las cosas y lograr un crecimiento personal, pero que además tiene el deber de hacerlo. Según esta idea, el individuo tiene pleno control sobre sus decisiones y sus metas.

Los enfoques humanistas son muy creativos y diversos, pero todos se basan en la comunicación y la confianza. El terapeuta hace preguntas abiertas y escucha lo que el paciente dice de su propio comportamiento y personalidad. Todos los terapeutas humanistas usan la empatía y la comprensión para ayudar al paciente a aceptarse a sí mismo.

✓ DEBES SABER

❯ **Relación terapeuta-paciente** Si el asesoramiento es colaborativo y estrecho, el terapeuta anima al paciente a usar sus propios recursos para encontrar soluciones.

❯ **Métodos cualitativos** En lugar de evaluar el comportamiento con un cuestionario (método cuantitativo), el terapeuta se dedica a escuchar al paciente, que es quien mejor conoce sus propias experiencias, y a guiarle.

«[Una persona es] una constelación permanente de posibilidades, no una cantidad fija de rasgos».

Carl Rogers, psicólogo humanista estadounidense

EL PACIENTE ALCANZA...

La realización personal Logra sus metas o deseos, explota su potencial y se convierte en su yo ideal.

EL PACIENTE SE IMPLICA EN EL PROCESO

Responsabilidad Adopta un papel activo respecto a su crecimiento personal; el terapeuta le ayuda a responsabilizarse de sus decisiones, comportamientos y desarrollo personal.

Centrada en el paciente

En la psicoterapia centrada en el paciente, la relación comprensiva entre este y el terapeuta hace que aquel crea en sí mismo, tenga confianza y crezca a nivel personal.

¿En qué consiste?

Fiel al humanismo, la psicoterapia centrada en el paciente sostiene que todo el mundo posee los recursos necesarios para adquirir conocimientos, experimentar un crecimiento personal y cambiar de actitud y comportamiento para alcanzar el máximo potencial: la realización personal.

Las sesiones se centran en el presente y el futuro, en vez de en el pasado, y el paciente es el que lleva las riendas de la conversación. El terapeuta escucha atentamente y responde sin juzgar.

La autenticidad y la coherencia de esta relación anima al paciente a expresar libremente lo que piensa y siente. El respeto incondicional y positivo del terapeuta valida la visión, las actitudes y los sentimientos del paciente, y su aceptación le permite aceptarse a sí mismo de verdad. Mejora la autoestima, la comprensión de uno mismo y la confianza; disminuye la culpa y las reacciones defensivas.

Gracias a la autoaceptación el paciente confía más en sus habilidades, se expresa mejor y mejora sus relaciones. Es también positiva para los que tienen un trastorno dismórfico.

EL PACIENTE

REALIZACIÓN PERSONAL
El paciente usa su capacidad innata y su deseo de cambiar y de crecer personalmente.

El terapeuta propicia un clima que facilite el cambio.

EL TERAPEUTA

RELACIÓN PACIENTE-TERAPEUTA
El terapeuta es el vehículo que hace posible que el paciente se supere.

CONGRUENCIA
El terapeuta es positivo, optimista y genuino.

RESPETO
El terapeuta ve al paciente de manera positiva, lo que facilita que al paciente le pase lo mismo.

EMPATÍA
El terapeuta comprende y ve el mundo a través de los ojos del paciente.

Terapia de la realidad

Pensada para resolver problemas, ayuda al paciente a valorar y modificar su pensamiento y comportamiento. Está indicada para problemas de relaciones.

¿En qué consiste?

El terapeuta ayuda al paciente a cambiar su forma de actuar y luego su forma de pensar, pues es más fácil controlar eso que su forma de sentir o de reaccionar. La terapia sostiene que el único comportamiento que podemos controlar es el nuestro, que está motivado por las cinco necesidades básicas (derecha). Se centra en el presente. El terapeuta rechaza las críticas, la culpa, las quejas y las excusas, porque todo ello perjudica las relaciones. Se trabaja conjuntamente para identificar y controlar los patrones de comportamiento, y confeccionar un plan de transformación viable.

Diversión
Placer, satisfacción y alegría

Fisiológica (supervivencia)
Comida, refugio y seguridad

CINCO NECESIDADES BÁSICAS

Libertad
Autonomía y control sobre la vida

Amor y pertenencia
Formar parte de una familia, red de amigos o comunidad

Poder
Para triunfar, dar, sentirse competente y ser reconocido por los logros

Terapia existencial

Esta terapia filosófica ayuda al individuo a aceptar los retos específicos e inherentes al hecho de existir, y le obliga a tomar decisiones y asumir la responsabilidad de sus actos.

¿En qué consiste?

La terapia existencial se basa en la premisa de que cuando una persona está en paz con los infortunios de la existencia (derecha), puede llevar una vida más plena y gratificante, libre de ansiedad. El existencialismo sostiene que las personas tienen voluntad propia y participan de forma activa en su propia vida. Se centra en potenciar el conocimiento de uno mismo con el análisis del significado, el propósito y el valor que tiene la vida del paciente, y en hacerle entender que es responsable, y no una simple víctima pasiva. En la sesión se abordan preguntas como: «¿Por qué estamos aquí?», «¿Cómo va a ser la vida algo bueno si implica sufrimiento?» y «¿Por qué me siento tan solo?».

Al asumir la responsabilidad por las decisiones que provocaron el trastorno emocional, el paciente asume el control de sus experiencias. El terapeuta le ayuda a encontrar soluciones individuales. Los temas clave son la aceptación, el crecimiento y saber apreciar las posibilidades futuras.

LOS INFORTUNIOS DE LA EXISTENCIA

> **Lo inevitable de la muerte** El impulso de existir choca con la certeza de una muerte inevitable.

> **Aislamiento existencial** Todos llegamos solos al mundo y también nos vamos solos. Pese a las relaciones o vínculos, el individuo está intrínsecamente solo.

> **Aislamiento concomitante** El individuo está solo, pero busca relacionarse.

> **Sinsentido** El individuo busca un propósito, pero es difícil entender el significado de la existencia.

> **Libertad y responsabilidad** Cada uno debe crear su propio propósito y su estructura.

Terapia gestalt

Esta terapia dinámica y espontánea libera al paciente y le ayuda a ser más consciente de sus pensamientos, sentimientos y comportamientos, y de su influencia sobre el entorno.

¿En qué consiste?

El término alemán «gestalt» significa «totalidad» y refleja la idea de que el individuo es algo más que la suma de sus partes y tiene una experiencia única del mundo exterior. Según la terapia gestalt, para aliviar la culpa, la ira, el resentimiento o la tristeza no basta con hablar. El paciente debe evocar y experimentar sentimientos negativos en el presente para poder resolverlos. El terapeuta puede recurrir a la dramatización, la fantasía, la visualización u otros estímulos para suscitar sentimientos negativos del pasado, para que el paciente descubra cómo reacciona ante determinadas situaciones. Así, el paciente puede identificar patrones y ver las verdaderas consecuencias de su comportamiento. La terapia gestalt se desarrolló para tratar la adicción, pero es útil también con la depresión, la pena, el trauma y el trastorno bipolar.

TÉCNICA DE LA SILLA VACÍA

El paciente se dirige a la silla como si fuera alguien importante en su vida y luego se intercambian los papeles para poder entender la opinión contraria. Expresar sentimientos y emociones hace que nos conozcamos mejor.

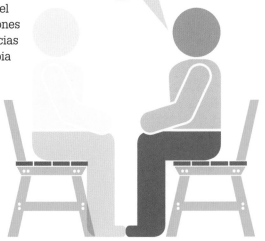

LA REPRESENTACIÓN LLEVA A LA CONCIENCIACIÓN

Terapia de las emociones

Ayuda al individuo a comprender mejor sus emociones y a reconocerlas, y a usar esa información para guiar su comportamiento.

¿En qué consiste?

Parte de la premisa de que las emociones constituyen la base de la identidad del individuo y determinan su comportamiento y su toma de decisiones. Se anima al paciente a debatir y analizar cómo se siente o se ha sentido en situaciones pasadas para identificar las emociones que le son útiles y las que no, y para entender sus respuestas emocionales.

Esa información le permite describir sus emociones claramente, decidir si los sentimientos son apropiados en esa situación y aprender a usar emociones positivas para guiar sus acciones. Reconocer lo negativas que son determinadas emociones, como las relacionadas con experiencias traumáticas o con comportamientos o decisiones perjudiciales, ayuda al paciente a regular dichos sentimientos y a desarrollar estrategias para modificar su estado emocional.

Entre dichas estrategias están la respiración, la visualización, la repetición de frases positivas o el uso de experiencias nuevas para suscitar emociones positivas.

LA TERAPIA CENTRADA EN LAS EMOCIONES

La terapia centrada en las emociones (que no debe confundirse con la terapia de las emociones) va dirigida a parejas y familias, a las que ayuda a comprender las emociones que rigen su interacción. Los conflictos y patrones de comportamiento negativo surgen si no se satisfacen las necesidades emocionales, por lo que el terapeuta ayuda al paciente a identificar sus sentimientos y los de su familia o pareja. Aprender a expresar y regular las emociones, a escuchar a los demás y a usar la emoción de forma positiva estrecha los lazos con la pareja o el resto de la familia, ayuda a resolver cuestiones del pasado y ofrece estrategias para el futuro.

Terapia breve de las soluciones

Anima al individuo a centrarse en sus puntos fuertes y a trabajar positivamente para conseguir metas alcanzables, en vez de insistir en el pasado o analizar lo sucedido.

¿En qué consiste?

Esta terapia parte de la creencia de que todo el mundo dispone de los recursos necesarios para mejorar su vida, pero a veces necesita ayuda para estructurar sus planes. El terapeuta hace la llamada pregunta milagro («¿Cómo sería tu vida si...?») para que la persona imagine cómo será su vida una vez resuelto el problema. Partiendo de eso, el individuo puede fijarse una meta, pensar en las posibles soluciones y diseñar pasos específicos para lograr dicha meta. Preguntas del tipo «¿Cómo lo gestionaste en el pasado?» ayudan a la persona a centrarse en éxitos anteriores, que le muestran que ya tiene las habilidades, los recursos y la resiliencia para lograr un resultado positivo.

La terapia suele durar unas cinco sesiones. El terapeuta proporciona respeto y apoyo. El paciente es el experto en sus propios problemas. Es especialmente eficaz con los jóvenes, que prefieren algo estructurado y breve.

ALCANZAR LA META/ SITUACIÓN DESEADA

VALORAR LO QUE YA SE HA LOGRADO

CONSIDERAR LO CERCA QUE ESTÁ DE LA META Y FIJARSE PEQUEÑOS PASOS REALISTAS

DESCRIBIR LA META EN DETALLE E IMAGINAR UNA POSIBLE SOLUCIÓN

FIJARSE UNA META CLARA Y REALISTA

Terapias somáticas

Estas terapias, basadas en la idea de que las cuestiones emocionales no resueltas se almacenan tanto fisiológica como psicológicamente, sirven para liberar la tensión negativa y para recuperar la salud mental.

¿En qué consisten?

A veces la curación psicológica se produce gracias a métodos que no pueden explicarse del todo, pero funcionan. Ocurre con muchas terapias curativas mente-cuerpo, o psicología energética, que tratan holísticamente el cuerpo y la mente.

Las terapias somáticas consideran que la inclusión del cuerpo y la mente es esencial para la salud mental. El masaje, el trabajo corporal, la respiración, el yoga, el taichí y el uso de aceites esenciales o esencias florales son ejemplos de terapias somáticas que sirven para liberar la tensión física y emocional.

Hay partes del cuerpo que se asocian con los problemas psicológicos. Mucha gente carga la tensión en los hombros y los traumas emocionales pueden causar dolor físico o problemas digestivos. Cambiar la postura del cuerpo puede modificar la experiencia psicológica: si te rompen el corazón sueles echar los hombros hacia delante, encorvándote para proteger el corazón, y si te sientes frustrado sueles mirar al suelo. Si el paciente echa los hombros hacia atrás, se sienta derecho y levanta la barbilla, se sentirá poderoso, más optimista y más dispuesto a enfrentarse con el mundo.

El trauma desestabiliza el sistema nervioso. El cuerpo y la mente almacenan las cuestiones psicológicas.

El yoga restaura el equilibrio liberando las emociones negativas reprimidas en el cuerpo.

El poder curativo mejora el estado mental de la persona y reduce los síntomas físicos de dolor.

TÉCNICA DE LIBERACIÓN EMOCIONAL

Esta terapia holística se aplica sobre los mismos meridianos (canales de energía) que la acupuntura y la acupresión. Los traumas pueden bloquearlos, causando un sufrimiento constante. El terapeuta golpea con la yema de los dedos los meridianos del cuerpo mientras el paciente piensa en un problema, imagen o sentimiento negativo concreto, y pronuncia afirmaciones positivas.

Según parece, golpear dichos puntos calma la amígdala –la parte del cerebro que procesa las emociones y controla la respuesta «lucha o huye»–. Con el tiempo, este proceso reprograma los pensamientos del individuo, eliminando las emociones negativas y sustituyéndolas por comportamientos y sentimientos positivos. El individuo puede aprender a aplicarse la técnica él mismo.

PUNTOS MERIDIANOS
Tras tocar el punto que se usa para dar un golpe de kárate, tocamos los puntos meridianos, desde la cabeza hacia abajo, 1-8.

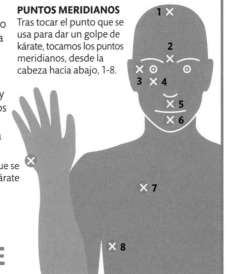

Punto con el que se golpea en el kárate

El 80 % de las personas ve algún efecto positivo en la TLE

Desensibilización y reprocesamiento por movimientos oculares (DRMO)

Esta terapia estimula el cerebro mediante movimientos oculares, reprocesa recuerdos traumáticos de modo que pierden la capacidad de perturbar y enseña al paciente técnicas para afrontar los problemas emocionales.

¿En qué consiste?

En esta terapia, el paciente evoca una imagen, escena o sentimiento de un trauma del pasado mientras se somete a una estimulación bilateral, por ejemplo siguiendo la mano del terapeuta que se mueve adelante y atrás por su campo de visión. El paciente piensa una afirmación negativa relacionada con el trauma («No me lo merezco», en un niño al que su padre desaprobaba) y la sustituye por otra positiva.

El sistema de creencias negativas se ha quedado atrapado en el sistema nervioso del paciente, aunque ya

DURANTE LA ESTIMULACIÓN BILATERAL, mover los ojos de un lado a otro ayuda al cerebro a digerir los recuerdos traumáticos y a reorganizar su almacenamiento mental.

hace mucho que el peligro pasó; la combinación de movimientos oculares y recuerdos psicológicos libera neurológicamente el recuerdo traumático y sus efectos negativos. De ese modo el recuerdo puede almacenarse de forma neutral y el paciente puede instalar un nuevo sistema de creencias más positivo.

El proceso imita el procesamiento de recuerdos y el movimiento físico que se cree que se produce durante la fase REM del sueño (movimiento ocular rápido). Resulta especialmente eficaz para los pacientes con TEPT (p. 62). Los síntomas pueden aliviarse de manera significativa en tan solo tres sesiones de 90 minutos.

Hipnoterapia

Durante la hipnoterapia, el paciente se sumerge en un profundo estado de trance que inhibe la mente consciente, permitiendo que el subconsciente esté más alerta y receptivo.

¿En qué consiste?

El terapeuta usa el poder de la sugestión hipnótica para acallar las partes analíticas del cerebro y centrar la atención del individuo en su mente subconsciente. Una vez que el paciente está bien relajado, le hace sugerencias que inspiran unas pautas mentales distintas, modificando así

percepciones, procesos mentales y comportamiento.

La hipnoterapia es útil para abandonar hábitos como fumar o comer en exceso. También puede usarse para disminuir el dolor en situaciones futuras que el paciente sabe que serán dolorosas, como el parto o alguna intervención

quirúrgica o dental. Se usa también para hacer aflorar recuerdos ocultos o reprimidos, y poder tratar los temas y emociones relacionados con ellos.

Entre sesión y sesión, el paciente aprende a relajarse profundamente, a menudo con la ayuda de una grabación con la voz del terapeuta, para consolidar el trabajo realizado.

Terapias basadas en el arte

Usan el arte y la música para fomentar el autodescubrimiento, la expresión y el bienestar. Pueden ayudar al individuo a articular pensamientos y sentimientos, y a regular sus emociones.

¿En qué consisten?

A algunas personas les cuesta hallar las palabras para expresar lo que sienten y piensan. La terapia artística les ayuda a describir su vida interior,

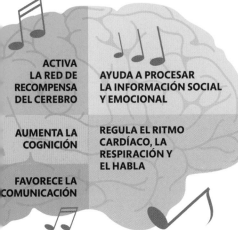

**ACTIVA
LA RED DE
RECOMPENSA
DEL CEREBRO**

**AYUDA A PROCESAR
LA INFORMACIÓN SOCIAL
Y EMOCIONAL**

**AUMENTA LA
COGNICIÓN**

**REGULA EL RITMO
CARDÍACO, LA
RESPIRACIÓN Y
EL HABLA**

**FAVORECE LA
COMUNICACIÓN**

a analizar y validar pensamientos y sentimientos, y a conocerse mejor. El acto físico de crear arte puede ser terapéutico en sí mismo, ya que consigue que mente y cuerpo se centren en una única meta creativa.

La terapia artística se centra en el proceso creativo como forma de comunicación, y no en la habilidad del artista. Mostrar su arte en público ayuda a superar la timidez y la autocrítica, a aceptarse mejor y a tener más autoestima.

La musicoterapia funciona de otro modo. Cuando la música estimula el cerebro (izquierda), activa infinidad de conexiones sensoriales, lo que puede cambiar el estado físico y emocional del individuo. La música actúa sobre

las vías neurales de todo el cerebro alterando la forma en que el individuo procesa la información, experimenta y expresa las emociones, usa el lenguaje, se relaciona con los demás y se mueve.

La música puede fomentar cambios emocionales y conductuales a largo plazo, entre ellos disminuir los síntomas de depresión y ansiedad. Entre sus efectos fisiológicos están la liberación de sustancias químicas que mejoran el estado de ánimo, como la dopamina, y la disminución de la frecuencia cardíaca.

Puede usarse cualquier estilo de música, y escucharla, usar instrumentos, cantar, improvisar o componer.

Zooterapia

Usa el vínculo entre personas y animales para mejorar las habilidades comunicativas, el control emocional y la independencia, y disminuye los sentimientos de soledad y aislamiento.

¿En qué consiste?

Interactuar con los animales aumenta los niveles de oxitocina, hormona que potencia la familiaridad y la confianza, y de endorfinas, que mejoran el estado de ánimo. Aprender a tratar a los animales mejora las habilidades conductuales y sociales y aumenta la autoestima.

Acariciar a un gato o cuidar a un perro o un caballo permite a los más

vulnerables aprender sobre límites, respeto y confianza, y desarrollar la autonomía y la independencia.

En el control de la ira y el abuso de sustancias, la presencia de animales en los grupos de apoyo puede animar a los participantes a abrirse y hablar de la pérdida de la inocencia y de un pasado violento, lo que a su vez lleva a una mayor aceptación y al perdón.

«Una mascota es un medicamento sin efectos secundarios».

Edward Creagan,
oncólogo estadounidense

Terapias sistémicas

Según estos enfoques, las personas forman parte de una red de relaciones que determinan sus comportamientos, sentimientos y creencias. Estas terapias buscan influir en todo el sistema, no solo en el individuo.

¿En qué consisten?

Las terapias sistémicas usan los conceptos de la teoría de sistemas, que sostiene que cualquier objeto individual no es más que una parte de un sistema mayor y más complejo. En términos humanos, este puede ser una familia, un lugar de trabajo, una organización o un colectivo social.

Si una parte del sistema se altera, otras partes pueden verse afectadas o sufrir un desequilibrio. Así, si una persona tiene depresión, eso puede alterar su relación con los miembros de la familia, pero también con los compañeros de trabajo o los amigos. En vez de tratar los problemas del individuo de forma aislada, las terapias sistémicas los abordan dentro del conjunto del sistema, buscando soluciones que sirvan a

todo el mundo. Cambiar una parte del sistema (como apoyar mejor al individuo en el trabajo) beneficiará a todos los miembros del mismo.

Además de considerar el sistema en su conjunto, estas terapias abordan dinámicas de sistemas, para identificar tendencias y patrones muy arraigados. Las dinámicas de muchas familias, por ejemplo, se rigen por una serie de reglas no escritas y de comportamientos inconscientes.

Estas terapias ayudan al individuo a hacer cambios positivos que beneficien las dinámicas del grupo. Eso implica tener en cuenta los puntos de vista, las expectativas, las necesidades y la personalidad de todas las personas implicadas, y fomentar el diálogo

para que cada persona pueda comprender el papel y las necesidades del resto del grupo.

Para solucionar los problemas, todos los miembros del grupo deben aceptar que el cambio es necesario y admitir que sus actos influyen a los demás. En muchos casos, los pequeños cambios a nivel individual pueden llevar a grandes modificaciones en el comportamiento del grupo.

Al examinar los problemas sistemáticamente se pone de manifiesto que cuestiones que aparentemente no tienen relación, en realidad están estrechamente ligadas. Por tanto, solucionar un tema puede ser beneficioso para otras partes del sistema.

> «El crisol de la familia debe tener una forma, una disciplina, y la función del terapeuta es dársela».

Augustus Napier, autor y terapeuta familiar estadounidense

Reajuste de las relaciones

Cuando dos personas tienen un conflicto a veces se centran en una tercera persona para intentar estabilizar la relación, en vez de resolver el problema entre ellas, de modo que la relación emocional parece triangular. Añadir un tercero a una relación existente (por ejemplo, la llegada de un bebé) no siempre resulta beneficioso y puede causar fricciones entre los dos primeros.

CONFLICTO ARMONÍA

TRIÁNGULO EMOCIONAL

ARMONÍA

Terapia de sistemas familiares

En este enfoque terapéutico que se centra en las dinámicas de grupo, las relaciones dentro de la unidad familiar se consideran la principal causa de los conflictos y el medio por el que pueden solucionarse.

¿En qué consiste?

Esta terapia se basa en las teorías del psiquiatra Murray Bowen, quien usaba ocho conceptos entrelazados para averiguar cómo afecta el orden entre los hermanos, el papel de cada uno en la familia, la personalidad y los rasgos hereditarios en el modo de relacionarse unos con otros dentro de la familia. Definía la familia a partir de sus miembros y de la forma en que interactuaban entre ellos.

El hecho de ver la familia como una unidad emocional permite que los individuos trabajen conjuntamente para solucionar los problemas: problemas emocionales que afectan a toda la familia, como una muerte o un divorcio, o cuestiones específicas relacionadas con uno de sus miembros, pero que afectan al resto de la unidad.

Los terapeutas estudian cómo ve y expresa cada miembro de la familia el papel que desempeña, para ayudarles a entender mejor que sus acciones afectan al resto, y que eso a su vez les afecta a ellos.

También es importante entender cómo influyen los factores externos en las relaciones familiares y cómo pueden repetirse los patrones de generación en generación. Por ejemplo, los niños con un sentido poco definido de la individualidad (debido quizá a padres autoritarios) pueden buscar una pareja con un nivel similar de diferenciación. Y luego ambos pasan a sus hijos conflictos o problemas relacionados con esos rasgos a sus propios hijos. Mejorar la comunicación, el conocimiento de uno mismo y la empatía puede ayudar a romper estos patrones generacionales, fortalecer la unidad familiar y permitir usar su interdependencia para realizar cambios positivos.

LOS OCHO CONCEPTOS ENTRELAZADOS DE BOWEN

Diferenciación del yo
La persona conserva su sentido de la individualidad sin dejar de funcionar dentro del grupo.

Triángulo emocional
Funcionamiento de la red más pequeña del sistema de relaciones; en muchos casos dos progenitores y un hijo.

Proceso de proyección familiar
Las emociones, conflictos o dificultades pasan de padres a hijos.

Corte emocional
Los individuos gestionan los conflictos dentro de la familia distanciándose.

Posición entre hermanos
El orden entre hermanos influye en cómo es tratado cada hijo: las diferentes expectativas les llevan a adoptar distintos roles.

Transmisión multigeneracional
Buscamos parejas con una parecida diferenciación, y las pautas se repiten de generación en generación.

Proceso socioemocional
Los sistemas emocionales familiares influyen en sistemas más amplios de la sociedad, como el lugar de trabajo.

Familia nuclear, proceso emocional
Las tensiones dentro de la familia influyen en los patrones de relación dentro de la unidad.

Terapia familiar estratégica

El terapeuta desempeña un papel clave: ayuda a las familias a identificar los problemas que alteran sus relaciones y a desarrollar planes estructurados e intervenciones dirigidas para solucionarlos.

¿En qué consiste?

Esta técnica centrada en las soluciones se basa en las teorías del terapeuta Jay Haley, y usa estrategias específicas para cada estructura familiar y dinámicas para lograr el resultado acordado. Se centra en los problemas actuales y sus soluciones, en vez de analizar hechos y causas del pasado.

El terapeuta desempeña un papel activo ayudando a la familia a identificar sus problemas. Juntos deciden una meta alcanzable en un tiempo relativamente corto. El terapeuta desarrolla un plan estratégico para ayudar a los miembros de la familia a adoptar nuevas formas de interactuar que no habían considerado hasta el momento. Puede animar a los individuos a repetir conversaciones o interacciones familiares habituales, con el fin de que la familia tenga más claro cómo funcionan y cómo surgen los problemas.

Las estrategias de cambio se basan en los puntos fuertes de los miembros. Así usan sus propios recursos para apoyarse unos a otros a la hora de hacer cambios positivos y de conseguir su meta.

> «[En la terapia estratégica] el terapeuta tiene la responsabilidad de influir directamente en la gente».
>
> Jay Haley, psicoterapeuta estadounidense

PAPEL ESTRATÉGICO DEL TERAPEUTA

> **Identificar el problema que hay que resolver** Observa la familia e identifica el problema (que el hijo adolescente Tom no se comunica).

> **Fijar una meta** Ayuda a la familia a fijar un objetivo claro: Tom debe decir a sus padres dónde está.

> **Diseñar una intervención** Desarrolla un plan que aborda el problema de la familia: Tom debe telefonearles con regularidad.

> **Poner en práctica el plan** Idea y revisa los roles, las discusiones y las tareas para que la familia comprenda por qué a Tom le cuesta ponerse en contacto.

> **Analizar el resultado** Se asegura de que tanto los padres como Tom hayan hecho cambios positivos.

Objetivos de la terapia
Identificar el problema
Fijar una meta para cambiar
Abordar el problema con un plan
Poner en práctica el plan
Hacer un cambio positivo

Terapia diádica del desarrollo

Su finalidad es proporcionar a los niños con algún trauma emocional una base firme a partir de la que puedan crear vínculos estables y relaciones afectuosas con padres y cuidadores.

¿En qué consiste?

Los niños que son abandonados, sufren abusos o no reciben los cuidados apropiados son más propensos a saltarse las reglas y comportarse de un modo agresivo; a tener trastornos del pensamiento, la atención y la personalidad; ansiedad; depresión, y problemas para establecer vínculos saludables.

El objetivo de la terapia diádica es crear un entorno seguro, empático y protector para niños con esos antecedentes, donde puedan aprender nuevas pautas de comunicación y comportamiento. El terapeuta necesita establecer una relación colaborativa tanto con el niño como con el cuidador para poder fomentar un vínculo fuerte entre el niño y su progenitor o cuidador. Para ello usa un enfoque lúdico, tolerante, curioso y empático con el niño. Así este se siente valorado, seguro y comprendido, y estará abierto a recibir cuidados y apoyo en sus relaciones.

EL TERAPEUTA ES LÚDICO, TOLERANTE, CURIOSO Y EMPÁTICO

EL PACIENTE SE SIENTE SEGURO, INCLUIDO, POSITIVO, ACTIVO, ESTIMULADO, RESPONSABLE Y RESPETADO

Terapia contextual

Su finalidad es restablecer el equilibrio dentro de la familia, de modo que se satisfagan plenamente, y de forma justa y recíproca, las necesidades emocionales de todos.

¿En qué consiste?

Los desequilibrios en las relaciones familiares surgen cuando algún miembro siente que los demás le tratan injustamente, no tienen en cuenta sus necesidades o no hay reciprocidad de sentimientos.

La terapia contextual usa el concepto de justicia y de que todos tenemos los mismos derechos y responsabilidades, la llamada ética relacional (derecha), como punto de partida para entender los problemas en las relaciones familiares. La ética relacional también ayuda a desarrollar estrategias para restablecer el equilibrio y la armonía.

La edad, el origen y las características psicológicas de cada miembro crean el contexto para las quejas. El terapeuta anima a cada uno de los miembros a expresar su versión del conflicto y a escuchar la de los demás. Les ayuda a ser conscientes del esfuerzo que hacen los otros y también a aceptar su parte de responsabilidad.

Comprender que todos los miembros merecen que se satisfagan sus necesidades y aceptar la responsabilidad mutua para lograrlo permite que la familia desarrolle nuevas pautas de comportamiento.

FACTORES DE LA DINÁMICA FAMILIAR

❯ **Contexto** Edad, factores sociales y culturales y experiencias que hacen que cada persona sea única.

❯ **Psicología individual** Personalidad y estructura psicológica de cada persona.

❯ **Transacciones sistémicas** Cómo se relacionan los miembros de la familia entre ellos: triángulo emocional, alineamientos y luchas de poder, incluidas las relaciones entre generaciones y los patrones de comportamiento heredados.

❯ **Ética relacional** El equilibrio entre dar y recibir, y la realización y la necesidad emocional que rigen las dinámicas familiares; para que haya equilibrio, todo el mundo debe responsabilizarse de sus actos y transacciones con otros miembros.

Bioterapias

Estas terapias se basan en la idea de que los factores biológicos o físicos influyen enormemente en los trastornos mentales. Su objetivo es modificar la estructura del cerebro, o su funcionamiento, para aliviar los síntomas.

¿En qué consisten?

A diferencia de las psicoterapias, que se centran en los factores ambientales y conductuales y usan la relación paciente-psicólogo como parte del tratamiento, las bioterapias las prescribe el psiquiatra y su objetivo es el funcionamiento mecánico del cerebro. Suelen administrarse en forma de medicamento o, en casos extremos, con intervenciones como la TEC (terapia electroconvulsiva), la EMT (estimulación magnética transcraneana) o la psicocirugía. Algunas de estas terapias tratan de corregir las irregularidades biológicas que se asocian con los síntomas de enfermedades mentales como el trastorno bipolar y la esquizofrenia. Esas irregularidades pueden deberse a la genética, malformaciones del cerebro o un defecto en la forma en que las distintas partes del cerebro interactúan.

Las bioterapias suelen usarse para controlar los síntomas y junto a enfoques no biológicos, como las terapias conductuales o cognitivas, ayudan a controlar los factores que contribuyen al trastorno.

Terapia farmacológica

La medicación se usa para reducir síntomas específicos, como las alucinaciones, el desánimo, la ansiedad o los cambios de humor. Los medicamentos psiquiátricos no solucionan el problema mental de fondo, pero pueden ayudar al paciente a afrontarlo y a funcionar mejor.

CATEGORÍA	SE USA PARA	TIPOS
ANTIDEPRESIVOS	Depresión, incluido el desánimo; anhedonia (incapacidad para experimentar el placer); desesperanza. A veces se da para la ansiedad.	ISRS (inhibidor de serotonina), inhibidores de la monoamino oxidasa, inhibidores de la seratonina-norepinefrina, tricíclicos.
ANTIPSICÓTICOS	Trastorno bipolar, esquizofrenia, alucinaciones, delirios, dificultad para pensar con claridad y cambios de humor.	Grupo de fármacos que bloquean la dopamina. Las versiones más antiguas se llaman «típicas»; nunca «atípicas».
ANSIOLÍTICOS	TAG (trastorno de ansiedad generalizada), trastorno de pánico, trastorno de ansiedad social, TEPT, TOC, y fobias.	Benzodiacepinas, buspirona, betabloqueadores, ISRS, inhibidores de la captación de la serotonina-norepinefrina.
ESTABILIZADORES DEL ESTADO DE ÁNIMO	Trastorno bipolar; también para tratar estados de ánimo relacionados con la esquizofrenia, la depresión y los trastornos convulsivos.	Litio (para manías), anticonvulsivos (como la carbamazepina, que se usa para la depresión), antipsicóticos (como la asenapina).
ESTIMULANTES	Narcolepsia y TDAH.	Anfetaminas, cafeína, nicotina.
SOMNÍFEROS	Trastornos del sueño.	Antihistamínicos, hipnóticos sedantes, benzodiacepinas, modificadores del ciclo vigilia-sueño.
MEDICAMENTOS PARA LA DEMENCIA	Mejorar los síntomas asociados con la demencia y frenar su evolución (no puede curar la causa subyacente).	Inhibidores de la colinesterasa.

Tratamientos

Los medicamentos psiquiátricos actúan sobre los neurotransmisores, como la dopamina y la noradrenalina (asociadas a la gratificación y el placer), y la serotonina (que regula el estado de ánimo y la ansiedad) (pp. 28-9). Pueden ser eficaces con los síntomas, pero tener efectos secundarios, como somnolencia, náuseas o cefalea.

Si los fármacos no son eficaces, se usan tratamientos que estimulan o alteran físicamente las señales eléctricas del cerebro. En la TEC y la EMT, se aplican pequeñas descargas eléctricas al cerebro. Muy de vez en cuando se usa la psicocirugía para modificar el funcionamiento del cerebro. Consiste en infligir pequeñas lesiones en el cerebro para interrumpir las conexiones del sistema límbico (pp. 26-7).

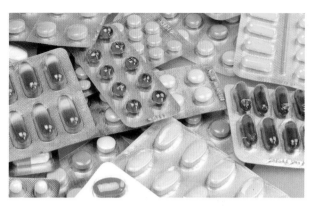

LOS MEDICAMENTOS bloquean o potencian la actividad de distintos neurotransmisores del cerebro. Pueden aumentar la producción de un neurotransmisor, interferir en su absorción por parte de los receptores del cerebro o actuar directamente sobre los receptores.

El uso de antidepresivos en España se triplicó entre los años 2000 y 2013

Agencia Española de Medicamentos y Productos Sanitarios, 2015

CÓMO FUNCIONAN	EFECTOS SOBRE LA PERSONA QUE LOS TOMA	EFECTOS SECUNDARIOS
Neurotransmisores para «sentirse bien» (serotonina, dopamina y noradrenalina) que el cerebro absorbe de forma gradual.	Mejora el ánimo y la sensación de bienestar; aumenta la motivación y el optimismo; eleva el nivel de energía; mejora las pautas de sueño.	Aumento de peso; somnolencia; inhibe la libido; alteración del sueño; boca seca; náuseas; dolores de cabeza.
Bloquea la absorción de la dopamina por el cerebro, ya que la sobreactividad del sistema dopaminérgico causa síntomas psicóticos.	Disminuye las alucinaciones auditivas y visuales; estabiliza el estado de ánimo; mejora la claridad de pensamiento.	Efectos emocionales como irritabilidad y malhumor; efectos neuromusculares; problemas de temperatura corporal; mareo.
Su acción varía mucho: algunos modifican los neurotransmisores; otros (betabloqueadores) combaten los síntomas físicos.	Ayuda a controlar el estrés y enfrentarse a los desafíos; disminuye la tensión muscular; atenúa la reacción ante desencadenantes psicológicos.	Mareo; falta de equilibrio o coordinación; problemas de dicción; problemas de memoria y concentración; síntomas de abstinencia.
Su acción varía: algunos modifican los neurotransmisores, como la dopamina; otros aumentan las sustancias químicas calmantes.	Reduce las manías; previene el ciclo de episodios maniaco-depresivos; alivia la depresión.	Aumento de peso; falta de afectividad; boca seca; acné; desasosiego; disfunción sexual; sensibilidad al sol.
Aumenta la disponibilidad en el cerebro de neurotransmisores como la dopamina y la noradrenalina, potenciando la actividad.	Mejora la atención y la concentración; aumenta la claridad y la organización de los pensamientos; eleva los niveles de energía.	Ansiedad; insomnio; pérdida de apetito; pérdida de peso; aumento de la frecuencia cardíaca; temblores de la mandíbula.
Bloquea las histaminas (antihistamínicos); potencia el GABA (p. 29) (hipnóticos, benzodiacepinas); actúa sobre la melatonina.	Induce el sueño: habilidad para dormirse y/o permanecer dormido.	Pérdida de memoria; somnolencia durante el día; mayor riesgo de caídas; riesgo de tolerancia y dependencia.
Inhibe la acción de las colinesterasas: unos enzimas que descomponen la acetilcolina, un neurotransmisor importante para la memoria.	Previene las apoplejías sucesivas; retrasa el deterioro de la función cognitiva.	Pérdida de peso; náuseas; vómitos; diarrea.

LA PSICOLOGÍA EN EL MUNDO REAL

Los psicólogos especialistas estudian todos los aspectos de la sociedad. Su objetivo es entender cómo interactúan las personas en la niñez y en la edad adulta, cuando trabajan y cuando juegan y, en último término, mejorar nuestra experiencia del mundo.

Psicología de la autoidentidad

El concepto de una persona sobre quién es y sobre cómo se relaciona con el mundo real forma su autoidentidad y se expresa a través de su personalidad. Los psicólogos que trabajan en el campo de las diferencias individuales parten de la hipótesis de que cada persona posee autoestima y desea desarrollar su conciencia de ella misma y de cómo se relaciona con el mundo. Con el tiempo, la identidad puede evolucionar y desarrollarse un autoconcepto más fuerte, incluso alcanzando la autorrealización.

La red de la identidad

Parte de la sensación que tiene una persona sobre quién es proviene de su identidad social o grupal. Los grupos a los que pertenece refuerzan sus creencias y valores y le proporcionan validación y autoestima. En el transcurso de su vida, esta red de identidades aumenta a medida que acumula experiencias, conoce gente nueva, cambia de trabajo, toma decisiones y adquiere compromisos. Las redes sociales y las nuevas tecnologías están cambiando la manera en que damos forma a nuestra identidad, pues la distinción entre el yo público y el yo privado se está volviendo borrosa.

IDENTIDAD INDIVIDUAL

SOCIALIZACIÓN
Las personas se ven a sí mismas en relación con los amigos y con otros grupos sociales con los que comparten opiniones e intereses.

RELIGIÓN
Pertenecer a un grupo religioso puede dar forma a la identidad cultural y social de una persona, así como a su sistema de creencias privadas.

SUBCULTURA
Identificarse con una tribu o un club en particular puede ser una forma de definirse a uno mismo dentro de una cultura o sociedad más amplia.

PARES
Un grupo de pares, especialmente durante la adolescencia, juega un rol formativo en establecer valores e identidad.

EDUCACIÓN
La forma, el lugar y el nivel en que se educa a una persona conforma su identidad y sus valores.

AFICIONES
Pertenecer a un grupo de personas con los mismos intereses alimenta la autoestima y la identidad.

REGIÓN
El lugar donde una persona nace o elige vivir puede introducir ciertas características en su identidad.

ESTATUS
El estatus social y económico influye en lo que uno siente sobre sí mismo y en cómo percibe que lo ven los demás.

AUTOESTIMA Y AUTOCONOCIMIENTO

▶ **Autoestima** Sentido de la valía personal basado en la estimación que se hace de los propios pensamientos, creencias, comportamientos, emociones, elecciones y apariencia. Se considera un rasgo de personalidad, por lo que es estable y duradera.

▶ **Autoconcepto privado** Los pensamientos, las emociones y los sentimiento de una persona (que no pueden verse), incluido el modo en que se ve a sí misma y a los demás, cómo querría ser y su autoestima.

▶ **Autoconcepto público** Ligado a los atributos físicos de una persona: su concepto de belleza, lenguaje corporal, habilidades físicas, acciones públicas y posesiones materiales. Relacionado también con el grado en que se está dispuesto a ajustarse a las normas culturales y sociales de la expresión personal en público.

«La recompensa del conformismo es que le caes bien a todo el mundo excepto a ti mismo».

Rita Mae Brown, escritora y activista estadounidense

NORMAS
El que una persona se esfuerce por seguir o por incumplir las normas sociales o culturales define su identidad.

POLÍTICA
Las afiliaciones políticas reflejan un sentido de comunidad y son una expresión pública de valores y creencias personales.

CULTURA
La cultura dominante influye en la propia identidad a través de imaginería, valores, creencias y códigos sociales.

CLASE
La categorización social de pertenecer a una clase social o estar excluido de ella forma parte de la identidad.

EDAD
El grupo de edad de una persona refleja lo que piensa sobre sí misma y cómo ve a los demás.

ROLES
Los diferentes roles públicos que desempeña una persona (niño, hermano, abogado, esposa, capitán del equipo de tenis) se incluyen en su autoconcepto.

FAMILIA
La familia nos da nuestra identidad genética y también un conjunto de valores y un entramado social del que formar parte.

REDES SOCIALES
La tecnología permite que la gente se conecte con subgrupos que reflejan sus intereses y creencias particulares.

GÉNERO
El género de una persona define cómo se ve a sí misma y cómo ve sus relaciones y su lugar en la sociedad.

VALORES
Los niños adoptan los valores de sus padres; más tarde puede que adopten sistemas de valores de otros grupos.

TRABAJO
El lugar y los compañeros de trabajo pueden definir a una persona en términos de estatus, autoestima, intereses y elecciones.

Formación de identidad

La individuación (la formación de la identidad) comienza en la niñez, se pone a prueba en la adolescencia a medida que el joven explora su autoconcepto y su papel en el mundo, y se desarrolla en la edad adulta.

¿Qué es?

Preguntas como «¿Quién soy?» y «¿Qué me hace especial?» forman la base del desarrollo de la identidad personal. Para un bebé, el modo en que lo tratan sus cuidadores es la respuesta a estas preguntas. A los 3 años, un niño desarrolla una visión de sí mismo y de su lugar en el mundo según sus atributos y habilidades personales, además de factores como edad, género, entorno social o religioso e intereses. Los niños que reciben apoyo durante este período desarrollan un sentido de identidad fuerte y positivo que fomenta su confianza y autoestima. Una identidad segura fomenta también la tolerancia, la disposición a aceptar la diferencia y a no sentirse amenazado por esta. A medida que el niño se forma una idea más detallada de sí mismo, empieza a compararse con otros (en aspecto, personalidad y habilidad), así como a interiorizar la forma en que lo ven los demás. Los adolescentes pueden cuestionar sus nociones previas sobre la identidad, lo que puede provocar un período de confusión. Las nuevas influencias externas y los cambios físicos y mentales les animan a redefinir su autoconcepto. Su autoidentidad se ve reforzada por la creciente independencia y por su desplazamiento desde sus vínculos familiares hacia sus relaciones con amigos. Al llegar a la edad adulta, la identidad o el autoconcepto pueden estar fijados en ciertos aspectos, pero en otros pueden seguir evolucionando. Además de características únicas, los factores internos o externos pueden alterar las actitudes, las metas y los entramados sociales y profesionales de una persona, modificando así aspectos de su identidad pública y privada.

Fases del desarrollo de la identidad

El psicólogo Erik Erikson afirmaba que la identidad se desarrolla en ocho fases influidas por las interacciones de una persona con su entorno. En cada fase tiene lugar alguna forma de crisis psicológica (conflicto). El desarrollo personal (el logro de una «virtud») depende de cómo se resuelva este conflicto.

Primeros años

Los niños desarrollan su «concepto de sí mismos»: habilidades, atributos y valores que creen que los definen. La interacción con cuidadores, pares y profesores influye en ese autoconcepto, y en el desarrollo de su confianza y su autoestima.

1. Edad
2. Conflicto
3. «Virtud»

0-18 MESES
CONFIANZA FRENTE A DESCONFIANZA
«ESPERANZA»

El bebé está inseguro en el mundo. La confianza reemplaza el miedo si recibe buenos cuidados.

1-3 AÑOS
AUTONOMÍA FRENTE A VERGÜENZA
«VOLUNTAD»

El niño empieza a practicar cómo ser independiente, pero teme fracasar.

3-6 AÑOS
INICIATIVA FRENTE A CULPA
«PROPÓSITO»

El niño comienza a reivindicar cierto control, pero se siente culpable si sus cuidadores lo contienen.

Años de adolescencia

Durante esta fase crucial en la formación de la identidad, el adolescente explora quién es y experimenta con diferentes roles, actividades y comportamientos, lo que le causa confusión (crisis de identidad) a medida que recorre las diferentes opciones. Resolver esta crisis ayuda al adolescente a formarse un autoconcepto fuerte en la edad adulta.

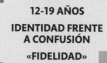

65-MUERTE
ENTEREZA FRENTE A DESESPERACIÓN
«SABIDURÍA»

La persona puede deprimirse si siente que no ha conseguido sus objetivos.

26-64 AÑOS
GENERATIVIDAD FRENTE A ESTANCAMIENTO
«CUIDAR»

El adulto se siente improductivo si no contribuye a la sociedad en general.

20-25 AÑOS
INTIMIDAD FRENTE A AISLAMIENTO
«AMOR»

El joven adulto empieza a preocuparse por encontrar a un compañero adecuado y a temer el aislamiento.

12-19 AÑOS
IDENTIDAD FRENTE A CONFUSIÓN
«FIDELIDAD»

El adolescente busca su autoconcepto explorando una variedad de creencias y valores.

6-12 AÑOS
APLICACIÓN FRENTE A INFERIORIDAD
«COMPETENCIA»

El niño compara sus habilidades con las de sus pares y pueden sentirse inadecuados.

TEORÍA DEL ESTATUS DE IDENTIDAD

A partir de las teorías de Erikson sobre la adolescencia, el psicólogo James Marcia sugirió que la identidad se desarrolla cuando los jóvenes resuelven crisis (evalúan sus opciones) en áreas como el colegio, las relaciones y los valores, y cuando finalmente se comprometen (eligen roles o valores específicos). Marcia describe cuatro estatus en el desarrollo de la identidad:

❯ **Dispersión de identidad** El adolescente aún no se ha comprometido con una identidad en particular ni se ha marcado metas o una dirección para su vida.

❯ **Cierre prematuro de identidad** Se compromete con una identidad de forma prematura, adoptando valores tradicionales o impuestos sin explorar sus propias opiniones.

❯ **Moratoria de identidad** Explora de forma activa distintos roles y opciones, pero no se compromete aún con una identidad concreta.

❯ **Logro de identidad** Explora una gama de opciones y resuelve sus cuestiones de identidad comprometiéndose con un conjunto de metas, valores y creencias.

Personalidad

Los psicólogos llevan mucho tiempo tratando de entender cómo se desarrolla la personalidad, es decir, cómo se expresa la propia identidad. La genética, las experiencias vitales y el entorno son solo algunos de los factores.

¿Qué es?

La personalidad consiste en una serie de patrones característicos de pensamiento, sentimiento, motivación y comportamiento que determinan cómo se ve una persona a sí misma, a los demás y el mundo que la rodea. Esto decide la forma en que se siente una persona, cómo piensa, qué quiere y cómo se comporta. La personalidad es lo que hace que cada persona sea única e influye en

Principales planteamientos sobre la personalidad

Estos planteamientos intentan entender y explicar las complejas cuestiones en torno a la personalidad. Algunos se centran en cómo se desarrolla, mientras que otros se preocupan de explicar las diferencias individuales.

Biológico

Psicólogos como Hans Eysenck han puesto énfasis en el papel de los factores genéticos y biológicos en la formación de la personalidad. Sugieren que las características y los rasgos están determinados por las estructuras y funciones cerebrales y se heredan, es decir, que lo innato pesa más que lo adquirido.

Conductista

Según este planteamiento, la personalidad se desarrolla con la interacción de una persona con su entorno y sigue evolucionando a lo largo de su vida. Las nuevas experiencias, conocer gente nueva y las nuevas situaciones influyen en las reacciones y los rasgos de la personalidad.

Psicodinámico

Este planteamiento, que abarca las teorías de Freud y Erik Erikson, propone que la personalidad de un individuo está formada por impulsos inconscientes y por el grado de éxito con el que estos resuelven los conflictos psicosociales de ciertas etapas de la vida.

Humanista

Los humanistas creen que la personalidad se forma mediante el deseo innato de realizar nuestro potencial con el libre albedrío y las experiencias personales que acumulamos. Esta visión sugiere que cada persona puede responsabilizarse de lo que quiere ser.

Evolutivo

Este planteamiento sugiere que los rasgos de personalidad evolucionan a nivel genético en respuesta a factores ambientales. Los distintos rasgos son, por tanto, adaptaciones evolutivas resultado de la selección natural o de la selección sexual. Esos son los rasgos que aumentan las posibilidades de supervivencia o de reproducción en un entorno concreto.

Aprendizaje social

La teoría del aprendizaje social, ligada al conductismo, dice que interacción social y el entorno moldean la personalidad. Los rasgos se desarrollan al ver comportamientos en otros y a través del condicionamiento. Las personas interiorizan acciones y reacciones que entran a formar parte de su personalidad. Por ejemplo, un niño al que se le dice constantemente que es malo, interioriza este mensaje y asume gradualmente esa personalidad.

Disposicional (del rasgo)

La teoría del rasgo propone que la personalidad está hecha de disposiciones o rasgos. El modo en que estos se combinan e interactúan es único para cada persona (sus «rasgos centrales») aunque muchas personas de la misma cultura pueden compartir rasgos comunes (como la extroversión). Los rasgos «cardinales» son aquellos tan dominantes que definen a una persona, por ejemplo, el altruismo y Nelson Mandela.

todos los aspectos de su vida, desde sus relaciones a su carrera profesional. Hay varias teorías sobre cómo se desarrolla la personalidad individual que clasifican los rasgos y tipos de personalidad. La perspectiva biológica afirma que los rasgos de personalidad son fijos, pero otros enfoques, como las teorías humanista y conductista, indican que el entorno y las experiencias modifican la personalidad con el tiempo. Estudios con gemelos indican que tanto lo innato (biología) como lo adquirido (entorno)

juegan un papel. La teoría de la personalidad de los Cinco Grandes (abajo) se usa para categorizar y medir las diferentes características o rasgos que constituyen la personalidad de un individuo. Esta teoría implica que la personalidad es maleable: mientras que algunos rasgos permanecen estables y consistentes, otros pueden cambiar la forma en que se manifiestan o adoptar una mayor prominencia, dependiendo del tipo de situación en la que se encuentra el individuo.

Teoría de los Cinco Grandes

El modelo de personalidad de los Cinco Grandes, el más aceptado, propone que la personalidad consta de cinco dimensiones. Cada personalidad individual se encuentra en algún lugar del espectro de estos cinco rasgos, que se conocen con el acrónimo OCEAN por sus iniciales en inglés.

BAJA PUNTUACIÓN	RASGO		ALTA PUNTUACIÓN
Práctico; inflexible; prefiere la rutina; convencional	**O**	**Apertura** Incluye imaginación, perspicacia, sentimientos e ideas	Curioso; creativo; aventurero; abierto a los conceptos abstractos
Impulsivo; desorganizado; no le gusta la estructura; despreocupado	**C**	**Responsabilidad** Incluye consideración, competencia, control de impulsos y creación de objetivos	Fiable; trabajador; organizado; detallista
Callado; introvertido; reservado; prefiere la soledad	**E**	**Extroversión** Incluye sociabilidad, asertividad y expresividad	Extrovertido; elocuente; afectuoso; amigable; hablador
Crítico; suspicaz; no colabora; insolente; manipulador	**A**	**Amabilidad** Incluye cooperación, fiabilidad, altruismo y bondad	Servicial; empático; confiado; solícito; amable; afable
Tranquilo; seguro; emocionalmente estable; relajado	**N**	**Neurosis** Incluye niveles de calma y de estabilidad emocional	Ansioso; se disgusta fácilmente; infeliz; estresado; malhumorado

CASO PRÁCTICO: EXPERIMENTO DE STANFORD

En 1971, psicólogos de la Universidad de Stanford realizaron una simulación de la vida en prisión. Un grupo de jóvenes adoptó el papel de guardas y otros, el de prisioneros. El experimento finalizó a los seis días porque los guardas se comportaron de forma en extremo abusiva y brutal y los prisioneros aceptaban su sufrimiento con sumisión. El estudio implica no solo que todos albergamos rasgos desagradables, sino que entorno y circunstancias conforman el comportamiento y las actitudes y alteran la personalidad.

«Yo consideraba a los prisioneros prácticamente como ganado».

«Guarda de prisión» del experimento

Autorrealización

Este concepto intenta describir lo que motiva a las personas. Explica los objetivos vitales que conforman el comportamiento y cómo pueden los individuos realizar su potencial al completo.

¿Qué es?

La autorrealización, en la psicología humanista (pp. 18-9), es el deseo del individuo de realizar todo su potencial. En 1943, el psicólogo Abraham Maslow planteó que la autorrealización es la cúspide de una «jerarquía de necesidades» que cada persona trata de satisfacer. En la parte inferior de la jerarquía están las necesidades básicas de supervivencia; una vez cubiertas estas, los individuos aspiran a satisfacer metas particulares más abstractas. Estas pueden ser necesidades sociales (amor y pertenencia), de reconocimiento y respeto y, finalmente, un sentido de propósito en la vida que solo se alcanza cuando la persona realiza todo su potencial (creativa, espiritual, profesionalmente) en cualquier ámbito que sea significativo para ella.

Jerarquía de necesidades

Para Maslow, el comportamiento está motivado por el deseo de satisfacer una serie de necesidades. Una vez cubiertas las inferiores, la persona ya no está motivada por deficiencias, sino por el deseo de realizarse y crecer. La experiencia «cumbre» es posible si se logra el nivel más alto de crecimiento personal.

Autorrealización

Realización
Si una persona llega a un estado de autorrealización, es que está haciendo todo lo que es capaz de hacer.

PÉRDIDA DE ESTATUS

Reconocimiento
El individuo se esfuerza por obtener consideración por parte de los demás, prestigio y un sentimiento de éxito, lo que le proporciona confianza en sus habilidades y fomenta su autoestima.

DIVORCIO

Psicológicas

Pertenencia y amor
El individuo se esfuerza por satisfacer su necesidad psicológica de amor y pertenencia a través de las relaciones íntimas, la familia, los amigos y la comunidad.

FAMILIA

PÉRDIDA DE EMPLEO

Seguridad
La necesidad de estabilidad, seguridad física, empleo en el futuro cercano, recursos, salud y propiedad debe estar satisfecha para que una persona se sienta segura y libre de miedo.

INGRESOS SUFICIENTES

HOGAR

Básicas

Fisiológicas
La persona debe satisfacer sus necesidades básicas de aire, comida, bebida, refugio, abrigo, etcétera. Estas necesidades suelen estar satisfechas durante la infancia y deben cubrirse en la edad adulta antes de empezar a buscar otras más elevadas que den significado a la vida.

COMIDA/AGUA

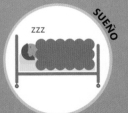
zzz
SUEÑO

Barreras al crecimiento personal

Maslow creía que toda persona desea autorrealizarse y es capaz de ello, pero que solo un 1 % llega a lograrlo. A lo largo de la vida reaparecen las necesidades de nivel inferior, lo que hace imposible el progreso hacia la autorrealización. Experiencias vitales como el divorcio, la muerte de seres queridos o la pérdida del trabajo hacen que la persona pueda tener problemas para satisfacer sus necesidades de estabilidad financiera, seguridad, amor o consideración y no pueda realizar su potencial psicológico, creativo y personal. Las presiones de la hipercompetitiva sociedad de la información también obran en contra de la autorrealización. Cada persona recibe constantemente el mensaje de que tiene que hacer más, trabajar más, ganar más o socializar más, lo cual la priva del tiempo de reflexión sosegada necesario para el crecimiento personal.

PASOS HACIA LA AUTORREALIZACIÓN

❯ **No compares** En lugar de medirte con otros, concéntrate en tu propio progreso personal.

❯ **Acepta** En lugar de ser autocrítico, acepta tus fuerzas y tus debilidades.

❯ **Líbrate de los mecanismos de defensa** Negar hechos o sentimientos desagradables o tener comportamientos infantiles son ejemplos de mecanismos que te impiden avanzar. Encuentra otras formas de afrontar problemas.

❯ **Toma decisiones honestas** Examina tus verdaderos motivos para tomar decisiones y actúa con integridad.

❯ **Vive la vida al completo** Sumérgete en el momento para disfrutar verdaderamente de las experiencias.

❯ **Confía en tus habilidades** Ten una postura positiva y sentirás que tienes control ante los desafíos de la vida.

❯ **Sigue creciendo** La autorrealización es un proceso continuo, así que busca nuevos desafíos.

PRESTIGIO/RESPETO

PERDER SER QUERIDO

AMIGOS/COMUNIDAD

ENFERMEDAD

SEGURIDAD FUTURA

SALUD

REFUGIO/ABRIGO

ROPA

«Lo que un hombre puede ser, debe serlo. Esta necesidad la llamamos autorrealización».

Abraham Maslow, psicólogo estadounidense

✓ DEBES SABER

❯ **Experiencia cumbre** Momento de trascendencia o de verdadera realización: autorrealización.

❯ **Propósito** Sensación de sentido que conlleva la autorrealización.

❯ **Necesidad de «déficit»** La de supervivencia no cubierta.

❯ **Necesidad de «ser»/crecimiento** La ligada al desarrollo personal.

Psicología de las relaciones

Los psicólogos especializados en relaciones se ocupan principalmente de cómo funcionan estas y de por qué florecen o fracasan. La visión psicológica moderna sobre las relaciones está basada en que las personas eligen a su pareja debido a una combinación de factores biológicos, sociales y ambientales, y en que un impulso clave para que los individuos tengan aventuras románticas y formen familias es su impulso genético de tener y mantener relaciones.

Teorías del apego

El psicólogo John Bowlby desarrolló la teoría del apego en 1958, tras estudiar las relaciones humanas y de otras especies. Según Bowlby, las primeras experiencias de un niño dictan cómo será de adulto. Numerosos estudios apoyan esta teoría, por ejemplo los experimentos de Harry Harlow con macacos Rhesus en los años cincuenta y sesenta. Sus hallazgos mostraron que los monos a los que sus madres negaban afecto se convertían en adultos tímidos, menos seguros sobre cómo comportarse con otros monos y con menos posibilidades de aparearse. En los años setenta, Mary Ainsworth se basó en experimentos previos y observó las interacciones entre madres humanas y sus bebés a través de un espejo unidireccional. Concluyó que los niños con madres altamente sensibles a sus necesidades desarrollan un sentido de seguridad en sus relaciones afectivas del que carecen los niños con madres menos sensibles. Esta seguridad, o falta de ella, forma los cimientos de sus relaciones adultas (pp. 156-7).

«La calidad de tu vida es [...] la calidad de tus relaciones».

Anthony Robbins, escritor y *life coach* estadounidense

TERAPIA DE PAREJAS

En los noventa, cuando apareció la terapia de parejas, estaba enfocada en que dos individuos acordaran enterrar sus diferencias. Sin embargo, hoy en día, tras los extensos estudios de John Gottman en la Universidad de Seattle, los terapeutas reconocen que el conflicto en una pareja es inevitable. Por tanto, las parejas deben intentar:

> **Aceptar los conflictos** y reparar las desavenencias.
> **Mejorar la comunicación** en lugar de ocultar sentimientos y volverse distantes emocionalmente.
> **Ser emocionalmente abiertos** y superar el miedo a expresar la necesidad de cercanía.

LAS PAREJAS QUE JUEGAN JUNTAS PERMANECEN JUNTAS, ya que ambos disfrutan juntos de los pequeños momentos de la vida diaria, lo que ayuda a construir una relación sólida.

La ciencia del amor
Varios compuestos químicos del cerebro influyen en las acciones y los sentimientos de una persona a medida que avanza a través de las fases del enamoramiento: deseo, atracción y apego profundo.

Citas
Los psicólogos creen que no existe un arte de las citas. Alguien que se equipa con las herramientas adecuadas y aprende a reconocer las señales más comunes aumenta sus posibilidades de éxito.

Los primeros apegos
El estilo de los apegos en la infancia de un individuo influye sobre la elección de pareja y sobre la evolución de sus relaciones.

Desarrollo de una relación
A medida que una pareja progresa en una nueva relación hacia un nivel estable, atraviesa diversas etapas, como experimentación, intensificación y vinculación.

Fracaso de una relación
Las relaciones rara vez terminan por una catástrofe única. Normalmente se van desintegrando poco a poco, desmoronándose por etapas.

Las fases del amor

Los psicólogos tienen explicaciones para lo que ocurre en cada fase de una relación, desde los peligros emocionales de las citas y el embriagador sentimiento inicial del enamoramiento, hasta la realización plena o el desengaño. Las habilidades para iniciar y mantener una relación se adquieren muy pronto en la vida, en el desarrollo de apego hacia los padres o cuidadores, aunque pueden perfeccionarse y expandirse en la edad adulta.

Psicología y apego

Una de las teorías dominantes en psicología de las relaciones es que la experiencia de apego en la infancia de una persona, y en particular el apego hacia su cuidador, influye en cómo se comportará con su pareja de adulto.

Crear vínculos en la primera infancia

La tesis de que los vínculos que crea el niño marcan cómo serán los del adulto la propuso John Bowlby. Al igual que el psicoanalista Sigmund Freud, Bowlby estaba interesado en cómo influyen las primeras experiencias en la vida adulta. Bowlby, cuyas teorías se publicaron en los años cincuenta y sesenta, pensaba que cada persona nace con la necesidad instintiva de formar apegos para sobrevivir. También pensaba que todo el mundo necesita tener un apego íntimo y continuo durante los primeros dos años de vida y que, si eso no es así, en la infancia y adultez puede aparecer depresión, agresión intensificada, inteligencia reprimida y dificultad para mostrar afecto. En las décadas siguientes, se refinaron las hipótesis de Bowlby con experimentos para observar cómo se comportan los bebés con sus

ESTILOS DE APEGO

Apego en la infancia		Apego en la edad adulta
SEGURO Cuando un niño siente que sus necesidades están cubiertas, desarrolla un apego seguro. El cuidador es sensible a sus necesidades y responde a ellas de forma rápida y regular. El niño está lo bastante feliz como para explorar su entorno y se siente seguro.	CONDUCE A	**SEGURO** De adulto, se siente confiado en las relaciones y está dispuesto tanto a pedir ayuda a su pareja, como a ofrecer apoyo y consuelo a esta cuando es necesario. Mantiene su independencia pero se muestra cariñoso con su pareja.
AMBIVALENTE El niño no confía en que su cuidador vaya a cubrir sus necesidades. El comportamiento del cuidador es inconsistente: a veces es sensible y otras veces negligente. El niño se vuelve ansioso, inseguro e irritable.	CONDUCE A	**ANSIOSO-PREOCUPADO** El miedo al rechazo hace que el adulto sea una persona dependiente, exigente, obsesiva y que no soporta separarse ni un momento de su pareja. La relación está marcada por el hambre emocional en lugar de por el amor y la confianza verdaderos.
EVASIVO Si el cuidador es distante e indiferente a las necesidades del niño, este se vuelve también distante, pues de forma inconsciente detecta que probablemente sus necesidades no serán cubiertas. El niño no desarrolla un apego seguro.	CONDUCE A	**DESDEÑOSO-EVASIVO** El adulto, distante, es independiente. Pero esa independencia es una ilusión: es solo el resultado de negar la importancia de sus seres queridos. Si su pareja se enfada y amenaza con terminar la relación, él aparenta que no le importa.
DESORGANIZADO El cuidador impredecible asusta al niño, bien porque es agresivo o por su pasividad y miedo propios. El angustiado niño se vuelve reservado, indiferente y aturdido, pues carece de estrategias para cubrir sus necesidades.	CONDUCE A	**MIEDOSO-EVASIVO** El adulto pasa de un extremo a otro, es emocionalmente impredecible y puede terminar en una relación abusiva. Se siente dividido entre el deseo de buscar consuelo en su pareja y el miedo a acercarse demasiado y que le hagan daño.

madres o cuidadores. Estas investigaciones revelaron que el bebé forma apegos no con quien lo alimenta y le cambia los pañales, sino con quien se comunica y juega con él. También mostraron que los individuos desarrollan diferentes modos de apegarse a otras personas. Estos estilos de apego emergen durante la primera infancia y siguen dando forma a las elecciones de relaciones y de comportamiento en la edad adulta. Hoy en día, los psicólogos han descrito cuatro estilos de apego en la infancia y cuatro apegos ligados en la edad adulta.

APEGOS SENTIMENTALES

Para formar una relación sentimental satisfactoria, es útil entender cómo actúan en una pareja los diferentes estilos de apego adulto. Las personas con estilos de apego seguros tienen por lo general relaciones más estables, mientras que aquellas con estilos más inseguros necesitan esforzarse más para cimentar una relación sentimental. Los emparejamientos de abajo están basados en los tres estilos de apego originales que revelaron los experimentos psicológicos de Mary Ainsworth en los años setenta (p. 154). Una minoría de personas posee cualidades a la vez ansiosas y evasivas, por lo que deberían aprender cómo se comportan tanto los tipos ansiosos-preocupados como los desdeñosos-evasivos en los diferentes emparejamientos.

ANSIOSO-PREOCUPADO + **ANSIOSO-PREOCUPADO**

Este emparejamiento puede tener una relación apasionada, debido a la intensidad emocional de ambos miembros, pero también puede haber extremos altibajos que finalmente los separen.

ANSIOSO-PREOCUPADO + **DESDEÑOSO-EVASIVO**

Este difícil emparejamiento refuerza la autoimagen de ambos integrantes. La persona ansiosa teme el rechazo, por lo que debe hacerse más fuerte. La persona evasiva teme la intimidad, por lo que debe acercarse a su pareja.

ANSIOSO-PREOCUPADO + **SEGURO**

En esta relación, el miembro seguro puede ayudar al miembro ansioso a que lo sea menos, ya que ambos buscan intimidad y la persona segura puede ayudar a calmar las ansiedades del otro y a cubrir sus necesidades.

DESDEÑOSO-EVASIVO + **DESDEÑOSO-EVASIVO**

Este emparejamiento raramente da una relación larga, pues ninguno de los dos se compromete. La mayoría de los evasivos desean conectar con alguien, pero es difícil que otro evasivo cumpla ese cometido.

DESDEÑOSO-EVASIVO + **SEGURO**

Es un emparejamiento potencialmente fuerte, pues la persona segura puede dar espacio a la evasiva para que se sienta menos atrapada, lo cual hace que esta se relaje, disfrute y aprenda a perder miedo a la intimidad.

SEGURO + **SEGURO**

Como ambos tienen facilidad para compartir su intimidad y comunicar sus necesidades y preocupaciones, esta puede ser una pareja perfecta en la que ambos integrantes tienen la posibilidad de realizarse.

La ciencia del amor

Los psicólogos han llevado a cabo numerosos estudios científicos para tratar de entender el proceso del enamoramiento y para analizar cómo funciona la mente de una persona cuando está enamorada.

Las recompensas del romance

Un planteamiento científico sobre las razones que llevan a las personas a enamorarse o a comprometerse en una relación puede parecer incompatible con la idea romántica del amor, pero los psicólogos han propuesto algunas interesantes explicaciones. En los años sesenta, Robert Zajonc expuso una teoría llamada efecto de mera exposición, basada en observaciones de los habitantes de un solo bloque de apartamentos. La teoría proponía que una de las razones principales de que una persona se sienta atraída por otra es la cercanía física regular. En otro estudio de los años ochenta, Caryl Rusbult observó las relaciones de sus compañeros de la universidad y elaboró una explicación matemática de por qué las personas elegían comprometerse o no y de por qué permanecían en una relación infeliz. Su modelo de

La teoría triangular del amor de Sternberg

Según el psicólogo Robert Sternberg, la forma ideal de amor combina intimidad, pasión y compromiso para formar el amor consumado. Sternberg planteaba los tres componentes como lados interactivos de un triángulo. Por ejemplo, un mayor compromiso puede llevar a una mayor intimidad, mientras una mayor intimidad puede llevar a una mayor pasión. Las relaciones pueden constar de una combinación de cualquiera de los tres componentes, dando como resultado uno de los ocho tipos diferentes de amor.

Compromiso
Dos elementos clave para satisfacer a nuestra pareja son la decisión a corto plazo de amarla y la promesa a largo plazo de mantener ese amor, pero el compromiso por sí mismo es una forma vacía de amor.

Amor sociable

Amor fatuo

Amor consumado
El amor ideal tiene los tres componentes: intimidad, compromiso y pasión.

Intimidad
Sentirse cercano y conectado forma parte de una relación amorosa, pero si es el único componente es más simpatía que verdadera intimidad.

Amor romántico

Pasión
La atracción física que puede haber iniciado la relación es un componente primario para mantener vivo el amor, pero por sí mismo es solo encaprichamiento.

No amor
Ninguno de los componentes está presente.

dedicación daba la ecuación Compromiso = Dedicación + (Recompensas – Costes) – Alternativas atractivas.

Más recientemente, la antropóloga Helen Fisher y sus colegas han identificado tres fases del enamoramiento –lujuria, atracción y apego– que, en parte, provienen del deseo innato en cada ser humano de reproducirse para la supervivencia de la especie, aunque por lo general no seamos conscientes de este arraigado impulso. Cada fase del amor está impulsada por compuestos químicos que afectan tanto a las emociones como al comportamiento.

La química del amor

Muchos estudios muestran el papel que desempeñan las reacciones químicas del cerebro en el enamoramiento de una persona. Los científicos creen que los neurotransmisores inundan el cerebro con sustancias químicas como adrenalina, dopamina y serotonina que hacen que la persona sienta euforia y provocan que piense continuamente en su pareja. Esta reacción física se refleja en su comportamiento. Según los estudios, a los primeros minutos de conocerse, el deseo se expresa por medio del lenguaje corporal y en el tono y la velocidad de la voz y no tanto en lo que se dice.

En un estudio llevado a cabo en Italia, unos psicólogos tomaron muestras de sangre de parejas recién enamoradas y revelaron que sus niveles de serotonina eran similares a los de personas con TOC (pp. 56-7) El olor tiene también su papel: un estudio suizo descubrió que las mujeres preferían el olor de hombres cuyo sistema inmune era genéticamente diferente al suyo. Aunque no era una preferencia consciente, esa elección de hombres con un sistema inmune genéticamente diferente, en un emparejamiento real, produce hijos más sanos.

«El amor romántico es [...] una pulsión. Proviene del motor de la mente, la parte que desea de la mente, su parte anhelante».

Helen Fisher, antropóloga e investigadora estadounidense

ATRACCIÓN QUÍMICA

Los científicos toman muestras de sangre de sujetos de investigación en diferentes fases de sus relaciones para medir los cambios en los niveles de hormonas que tienen lugar en cada una de esas fases, desde la primera descarga de deseo hasta la atracción profunda y el compromiso.

〉 **Lujuria** Las hormonas sexuales –testosterona en los hombres y estrógenos en las mujeres– impulsan esta primera fase del amor.

〉 **Atracción** La adrenalina provoca una descarga de excitación que acelera el pulso; la dopamina otorga más energía y menos necesidad de dormir, y la serotonina fomenta el deseo sexual y un sentimiento de felicidad.

〉 **Apego** La oxitocina, que se libera durante el orgasmo, hace que una persona se sienta más cercana a su pareja después del sexo; la hormona antidiurética también se libera tras el sexo y se cree que ayuda a que un individuo desarrolle un sentido de devoción hacia su pareja.

EL SENTIDO DEL OLFATO y las reacciones químicas del cerebro son dos factores invisibles en el juego del apareamiento y pueden provocar una rápida reacción: una persona necesita entre 90 segundos y 4 minutos para decidir si se siente atraída por alguien.

Cómo funciona una cita

La mayoría de las relaciones comienzan con una cita, pero esto a veces está lleno de ansiedad. Comprender la psicología tras el proceso de las citas puede ayudarnos a tener éxito y a identificar a un compañero adecuado.

La búsqueda de amor

Los consejos sobre encontrar pareja pueden pertenecer al dominio de la psicología pop, pero la investigación científica de las relaciones da pistas útiles sobre el comportamiento de las personas en las citas y sobre cómo mejorar las posibilidades del romance.

Los psicólogos recomiendan adoptar el mismo patrón al buscar pareja de forma tradicional o a través de internet. Encontrar pareja es cuestión de números, por lo que las posibilidades de dar con un compañero compatible son escasas. La primera cita debería ser breve –una exploración inicial–, ya que la

mayoría de las relaciones solo comienzan a florecer a partir de la segunda o tercera cita. Aunque no hay fórmula infalible para el éxito, los psicólogos destacan la importancia de mantener una mente abierta. La atracción física es normalmente evidente a los pocos minutos de conocer a alguien, pero, según los estudios, alrededor del 20 % de las personas casadas no se sintieron atraídas del todo por su pareja al principio y solo la aceptaron en citas posteriores.

Para una persona que busca una relación seria, existe una estrategia psicológica útil: revelar de forma

gradual sus gustos y esperanzas y observar cómo reacciona la otra persona para evaluar si es una pareja potencial. Sin embargo, los malentendidos y la sensibilidad intensificada pueden estropear las citas haciendo que se llegue a conclusiones equivocadas, por ejemplo interpretar la tardanza en responder a un mensaje de texto como falta de interés o pensar que porque alguien no esté preparado para decir «Te quiero», no quiere seguir en la relación.

Signos de que ambos se gustan

Algunos signos obvios saltan a la vista en una primera cita, pero otros son tan inconscientes que pueden pasar desapercibidos. Hay varias teorías sobre qué nos atrae de una persona y no de otra, aparte del lenguaje corporal y el habla.

EL LENGUAJE CORPORAL DE LA ATRACCIÓN

- ❯ **Dilatación** de pupilas
- ❯ **Inclinar** ligeramente la cabeza
- ❯ **Mirar** ojos-labios-ojos («triángulo del flirteo»)
- ❯ **Sonreír** para dar sensación positiva
- ❯ **Imitación** de lenguaje corporal
- ❯ **Acariciarse el pelo**, jugar con un colgante, sonrojarse

- ❯ **Inclinarse** hacia el otro
- ❯ **Subir la manga:** mostrar la muñeca
- ❯ **Contactos** accidentales
- ❯ **Apuntar con los pies** hacia el otro
- ❯ **Variar el volumen** o el tono de la voz (en mujeres)
- ❯ **Reír**, interrumpir y variar el volumen de la voz (en hombres)

Emparejamiento

La teoría del emparejamiento de Elaine Hatfield y sus colegas indica que una persona tiene más posibilidades de desarrollar relaciones con quien se parece a ella y tiene un nivel social y de inteligencia similares. Estos individuos son más accesibles que alguien que se encuentra «fuera de nuestra liga».

Modelo de filtros

Según Alan Kerckhoff y Keith Davis, las relaciones atraviesan tres filtros. El primero consiste en identificar similaridades en historia personal, educación y origen; el segundo, en buscar creencias y actitudes similares, y el tercero, en complementar las necesidades de cada uno. Las personas demasiado diferentes se descartan.

Teoría de recompensa/ necesidad

Según Donn Byrne y Gerald Clore, nos atraen más quienes pueden cubrir nuestras necesidades de amistad, sexo, amor y bienestar.

Transacción social

Según Caryl Rusbult (p. 158), las personas mantienen sus relaciones si los beneficios superan los costes, como el tiempo y el dinero invertidos.

Revelaciones en la primera cita

Si una persona confiesa algo sobre sí misma, espera que el otro haga lo mismo. Si este no muestra reciprocidad, la persona puede estar revelando demasiado o quizá el otro no está interesado. Sin embargo, si este sí muestra reciprocidad, probablemente a la primera persona le gustará aún más por ello.

DATING COACH

A quienes les cuesta atraer a una pareja duradera o piensan que atraen al tipo de persona equivocado, les puede ser útil un *dating coach* psicológicamente cualificado. Los *dating coaches* enseñan a sus clientes a comunicarse con más confianza y a pulir sus habilidades para ligar, como el flirteo, el lenguaje corporal, la presentación personal y el ritmo de las revelaciones personales. Un *dating coach* también puede explorar las posibles barreras emocionales que puede estar creando su cliente, así como ayudarlo a desarrollar un perfil realista del tipo de persona que querría conocer y darle estrategias para conocer posibilidades más compatibles.

La psicología y las fases de una relación

Los psicólogos han desarrollado sistemas para explicar cómo crecen y se descomponen las relaciones y así ayudar a la gente a reconocer las fases y a guiarse a través de ellas.

Las fases de una relación

Tras décadas de estudio, los psicólogos han descrito lo que la mayoría experimenta pero no ve a causa de la ceguera del amor. Las relaciones se construyen en distintas fases y cada fase conlleva cambios y desafíos a los que ambas partes deben hacer frente antes de seguir adelante al siguiente nivel.

Uno de los modelos de relaciones más citados es el del psicólogo Mark Knapp, que representó con unas escaleras ascendentes la construcción de la relación, con un rellano la conservación del vínculo y con una escalera descendente el

El modelo de relaciones de Knapp

La escalera de Knapp, una metáfora para las relaciones que crecen y se desintegran, tiene cinco escalones de subida para una relación que crece paso a paso y cinco de bajada para una relación que se desintegra. Su modelo proporciona una forma de entender qué puede ir mal y los diferentes desafíos a los que se enfrenta una pareja.

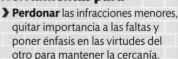

Herramientas para

❯ **Perdonar** las infracciones menores, quitar importancia a las faltas y poner énfasis en las virtudes del otro para mantener la cercanía.

❯ **Pasar tiempo** juntos como pareja.

Vinculación

Las vidas de ambos están por completo entrelazadas. Hacen público su amor y quizá hablan de boda u otro vínculo permanente.

Integración

La relación se hace más íntima y la pareja integra aspectos de sus vidas. Ambos están dispuestos a mostrarse vulnerables, por ejemplo con declaraciones de amor.

Intensificación

Ambos comienzan a revelar más información personal y a bajar la guardia. Los sentimientos se intensifican a medida que la relación crece y ambos comienzan a esperar compromiso.

Experimentación

Las dos personas descubren más cosas la una de la otra sondeando en busca de información e intereses comunes para tomar la decisión de continuar o no con la relación.

Inicio

Suele ser una etapa corta. Aquí es donde cuentan las primeras impresiones. Los dos expresan interés y se examinan mutuamente, tomando en cuenta la apariencia, la ropa, el lenguaje corporal y la voz.

RELACIONES SENTIMENTALES

UNIRSE

deterioro de la relación. Al segmentar estos procesos en etapas claras, el modelo de Knapp ofrece a las parejas herramientas para saber en qué lugar se encuentran en cualquier momento, predecir adónde se dirigen y tomar las medidas necesarias. La velocidad a la que recorren estas fases puede variar. También pueden saltarse etapas enteras si la relación se desarrolla o se descompone muy rápidamente.

Progreso y declive

Tras analizar su propio matrimonio, la psicóloga Anne Levison desarrolló un sencillo modelo de cinco etapas para describir el progreso y el declive de una relación. Aplicó también su modelo a las relaciones de consumo y comparó la compenetración entre compañeros sexuales con la relación entre una marca y sus clientes, que son seducidos, conquistados, se comprometen durante un tiempo y después siguen comprometidos o se alejan por diferentes motivos. La primera etapa de su modelo es la atracción, seguida por el crecimiento y el compromiso. Después, si la relación no funciona, viene el deterioro y, por último, el final.

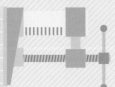

mantener la relación
> **Unir** las dos redes de amigos.
> **Hacerse favores**; estar dispuestos a poner las propias necesidades en espera para apoyar o ayudar al otro.
> **Mantener** niveles de afecto mutuos.

Diferenciación
Las presiones de la vida causan un mayor estrés y los dos empiezan a verse como individuos y no como una pareja. Sus vínculos se han roto.

Restricción
Albergar resentimientos crea barreras y reduce los niveles de comunicación. La pareja puede incluso dejar de comunicarse de forma significativa por miedo a discutir.

Estancamiento
La relación degenera rápidamente y tiene pocas opciones de mejorar. La comunicación está aún más limitada. Algunas parejas pueden mantenerse juntas por sus hijos.

Evasión
No hay comunicación y la pareja lleva vidas separadas, aunque sea bajo el mismo techo. Puede que intenten volver juntos para evitar la dolorosa realidad de una ruptura permanente.

Terminación
La relación se ha terminado. Las parejas casadas acaban en divorcio. Ambos componentes se mudan a hogares distintos y llevan vidas separadas, si es que no lo hacían antes.

El **48** % de los hombres se enamora a primera vista, frente al **28** % de las **mujeres**

SEPARARSE

Hablarse mutuamente

El modo en que se comunica una pareja puede tener un gran efecto en su relación y la conciencia de sus patrones de conversación marca la diferencia entre el crecimiento de la relación y su deterioro. Una persona puede aumentar la capacidad de decisión de su pareja y mejorar la calidad de la relación entendiendo los mecanismos de comunicación y fijándose en las señales de aviso.

Desde los primeros instantes de conocer a una potencial pareja, la cantidad de información que revela un individuo sobre sí mismo (lo que los psicólogos llaman autorrevelación) tiene un impacto significativo en lo que ocurre después. Desde el inicio, muchas parejas comparten toda la información que pueden, empezando por temas superficiales y llegando a temas más personales, como sus esperanzas para el futuro. Sin embargo, si uno de los dos revela mucha más información que el otro, eso puede significar que este está menos interesado en la relación. Revelar información íntima muy pronto también puede intimidar cuando ninguno de los dos está preparado para comprometerse.

La buena comunicación es crucial para impedir que una relación se deteriore, pero a veces eso no es suficiente. El psicólogo Steve Duck ha identificado cuatro formas de que una pareja se rompa: «fatalidad preexistente», por incompatibilidad básica; «fallo mecánico», por mala comunicación; «pérdida de proceso», por no alcanzar todo el potencial, de nuevo por falta de comunicación; y «muerte súbita», a causa de una quiebra de la confianza. El experto en relaciones John Gottman también explica la ruptura de las parejas como una consecuencia directa de la mala comunicación (abajo y derecha).

La línea de meta

La comunicación negativa puede matar el amor de una pareja en cuatro fases, según los estudios de John Gottman y de sus compañeros Coan, Carrere y Swanson. Su explicación de por qué ocurre esto se llama Los Cuatro Jinetes del Apocalipsis, como los heraldos bíblicos del fin del mundo, pues cada fase es un presagio de la muerte de la relación.

El **65%** de los **divorcios** se produce por **problemas de comunicación**

LA COMUNICACIÓN EN LAS RELACIONES

El profesor estadounidense de psicología John Gottman es famoso por sus estudios sobre sistemas familiares y sobre el matrimonio. Sus ideas han sido muy influyentes en la psicología de las relaciones y en la terapia de parejas, y forman la base del método Gottman de terapia de parejas. Tras observar a miles de parejas, Gottman sostiene que un estilo de comunicación amable, que conlleve una escucha activa, no reactiva, permite a las parejas recobrarse y reparar el daño tras una fuerte discusión.

Escucha reactiva

Tomarse de forma personal lo que dice nuestra pareja y ponerse a la defensiva es un gran riesgo para inflamar la conversación. En lugar de negar de inmediato lo que se está diciendo, con respuestas como «Eso no es verdad» o «No, yo no he dicho eso», la clave, según Gottman, es que la persona sea realista y reflexione sobre si su comportamiento puede ser irritante. Hay que evitar ponerse vengativo con comentarios como «Al menos yo no...» o «Estás exagerando».

Escucha activa

La persona debería centrarse en expresar cómo se siente sobre la situación en lugar de hacer comentarios generales. Al responder, Gottman recomienda, para mitigar una posible conversación volátil, comenzar las frases en primera persona en lugar de en segunda persona, como: «Siento que no me estás escuchando» en lugar de «No me estás escuchando». Controlar el tono de voz y el volumen refuerza este acercamiento conciliador y constructivo a la resolución de diferencias.

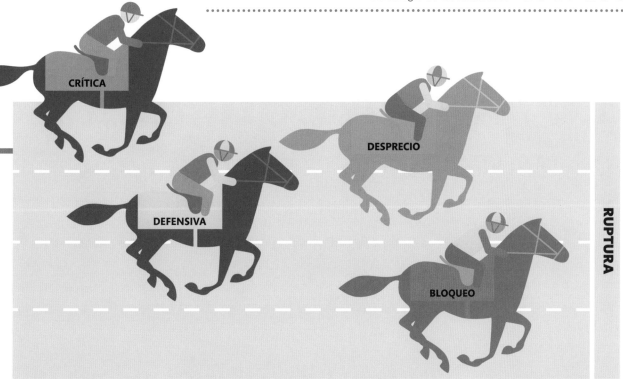

CRÍTICA

Fase 1 Atacar verbalmente el carácter o la personalidad de la otra persona en lugar de centrarse juntos en el comportamiento irritante. Esto puede hacer que la otra persona tenga sentimientos negativos sobre sí misma.

Alternativa constructiva

Escucha a tu pareja y expresa tus sentimientos sobre ella en lugar de atacarla directamente. Céntrate en explicar por qué te irrita su comportamiento, no sus cualidades personales.

DEFENSIVA

Fase 2 Reaccionar de manera negativa ante las críticas poniendo excusas y culpando a la otra persona en lugar de responsabilizarse de una parte del conflicto. Eso aumenta la insatisfacción.

Alternativa constructiva

Debes estar en disposición de pedir disculpas y aceptar la responsabilidad por tu comportamiento. Escucha a tu pareja y trata de entender su insatisfacción; no te lo tomes personalmente.

DESPRECIO

Fase 3 Ser grosero y faltar al respeto a través de expresiones faciales como girar los ojos. Los dos miembros de la pareja deben trabajar mucho para ganarse de nuevo el respeto mutuo.

Alternativa constructiva

Piensa en las causas de tu comportamiento y en por qué es difícil expresar el enfado de manera constructiva. Céntrate en los atributos positivos de tu pareja en lugar de llevar la cuenta de sus defectos.

BLOQUEO

Fase 4 Encerrarse en sí mismo y cortar todo contacto físico y emocional con la pareja, la cual se siente abandonada y rechazada. El bloqueo puede ocurrir cuando las tres primeras fases son abrumadoras.

Alternativa constructiva

Dile a tu pareja que necesitas tiempo para pensar y reanuda la conversación cuando estés preparado o preparada. Así tu pareja entenderá que tu intención no es rechazarla.

La psicología en la educación

El principal objetivo de la psicología educacional es identificar las formas más efectivas de aprender. Los psicólogos educacionales investigan cómo procesa información y resuelve problemas el cerebro, cómo funciona la memoria y cómo afectan a los alumnos factores externos como sus pares o la distribución del aula. Sus investigaciones pueden aplicarse para ayudar a niños y adultos en proceso de aprendizaje y a aquellos con problemas de comportamiento y aprendizaje.

Estrategias para mejorar el aprendizaje

Los psicólogos educacionales sugieren diferentes estrategias para ayudar a los alumnos a mejorar su forma de adquirir y retener información. Animar a los alumnos a trabajar solos para lograr sus metas puede ser beneficioso, pero también es importante compartir conocimientos y trabajar con otros para mejorar la solidaridad de grupo y fomentar la confianza.

CÓMO APRENDEMOS

Cuando estamos motivados para aprender y nos comprometemos a mejorar nuestras habilidades, las personas retenemos mejor la información. Trabajar solos fomenta la independencia y una sensación de logro personal.

«La principal meta de la educación en la escuela debería ser crear hombres y mujeres [...] capaces de hacer cosas nuevas».

Jean Piaget, psicólogo clínico suizo

DÓNDE TRABAJAN LOS PSICÓLOGOS EDUCACIONALES

❯ **Colegios** El entorno laboral común de los psicólogos educacionales son las escuelas y otras instituciones educativas. Allí asesoran sobre cómo mejorar la efectividad de la enseñanza mediante análisis y programas. También enseñan mejores métodos para gestionar las aulas, formar al profesorado, identificar alumnos con problemas y aplicar educación especial cuando es necesaria.

❯ **Empresas** En un entorno corporativo, los psicólogos educacionales trabajan como internos o actúan como consultores externos para empresas que quieren mejorar la efectividad de su personal. Allí desarrollan y realizan pruebas psicométricas para comprobar la habilidad y la honestidad de los nuevos empleados, y dan cursos especializados para mejorar la motivación y el rendimiento.

❯ **Gobierno** Aquí, los psicólogos dan un apoyo vital, pues asesoran sobre política educativa. Desarrollan planes de estudios y estrategias educativas para profesores del sistema público de enseñanza, asesoran para ayudar a los niños con dificultades de aprendizaje y forman al personal para que dé apoyo. También ayudan a formar personal especializado, sobre todo en puestos militares.

ESTRUCTURA DEL AULA

Las actividades en grupos pequeños animan a los alumnos a hacer preguntas y fomentan la confianza en sí mismos. Si un entorno educativo es seguro física y emocionalmente, es más fácil que los alumnos prueben ideas nuevas.

MÉTODOS DE ENSEÑANZA

Los profesores usan diferentes herramientas para reforzar el aprendizaje, como por ejemplo explicar cada concepto de formas distintas, segmentar la información en bloques y fomentar la participación activa.

Teorías educacionales

Los complejos métodos mediante los cuales las personas procesan, memorizan y recuperan información para desarrollar pensamiento independiente pueden interpretarse según diversas teorías.

En el aula

A medida que la ciencia y la investigación avanzan, también avanzan las ideas sobre cómo la mente capta nueva información y la retiene. Aplicar estas ideas en el aula puede ser beneficioso. Una idea temprana que aún prevalece es la teoría cognitiva del aprendizaje (TCA), basada en la obra del influyente psicólogo Jean Piaget. La TCA plantea que el aprendizaje es el

Teoría del desarrollo cognitivo de Piaget

Jean Piaget pensaba que, a medida que las personas se desarrollan desde la primera infancia a la edad adulta, construyen una enorme serie de unidades de conocimiento que dan forma a su manera de entender el mundo. Cada vez que se encuentran con algo nuevo, utilizan su conocimiento previo para asimilarlo. Cuando no pueden, se ven forzados a hacer sitio para la nueva información.

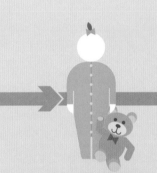

**FASE SENSORIOMOTORA
(0-2 AÑOS)**
El primer conocimiento que se desarrolla es la comprensión de que un objeto puede existir incluso aunque no se vea, lo que se conoce como permanencia del objeto. Por ejemplo, saber que un juguete está simplemente oculto bajo una manta.

**FASE PREOPERATIVA
(2-7 AÑOS)**
Los niños comienzan a desarrollar habilidades de lenguaje pero aún no dominan la lógica. Sin embargo, comienzan a usar símbolos y a comprender que un objeto puede representar otra cosa. Por ejemplo, pueden fingir que una muñeca es una persona.

EXPERIENCIA

LLEVAR IDEAS A LA PRÁCTICA

OBSERVACIONES/REPETICIONES

Ciclo de aprendizaje experiencial de Kolb
En 1984, David Kolb publicó su teoría, que estaba basada en los estudios de Piaget. Su ciclo de aprendizaje consta de cuatro etapas interconectadas que forman un proceso continuo. En primer lugar, las experiencias concretas conducen a reflexiones sobre lo que se ha experimentado. Estas reflexiones se traducen en conceptos abstractos, es decir, en ideas. La cuarta etapa consiste en poner en práctica esas ideas. Kolb la llamó «experimentación activa».

DESARROLLO DE IDEAS

Teoría de las ondas de Race
El modelo de ondas del profesor Phil Race es una alternativa al ciclo de Kolb. Consiste en cuatro procesos integrados que se cruzan como las ondas en un estanque en cuyo fondo hay una necesidad o deseo básicos.

❯ **1. Motivación** El aprendizaje comienza con una aspiración.

❯ **2. Práctica** El proceso de prueba y error lleva a la acción y el descubrimiento.

❯ **3. Dar sentido** Se asume lo descubierto.

❯ **4. Ver los resultados** La valoración afecta a la motivación.

4. VALORAR

3-DIGERIR

2-HACER

1-NECESITAR/ DESEAR

resultado de procesos mentales bajo el influjo de factores externos e internos. Un ejemplo de factor interno es la creencia de una persona en su propia aptitud: a los estudiantes que creen que pueden mejorar sus capacidades les resulta más fácil progresar en su aprendizaje, mientras que aquellos que no confían en pasar de un cierto nivel intelectual raramente aprenderán de forma tan efectiva. Los factores externos pueden ser un profesor alentador o

unos padres que ponen en práctica lo que han aprendido, reforzándolo. La práctica y la repetición son partes cruciales del aprendizaje, como también la reproducción, es decir, replicar un comportamiento recién aprendido y, si es necesario, ajustarlo basándose en las valoraciones de otros.

PERÍODO DE OPERACIONES CONCRETAS (7-11 AÑOS)
Los niños empiezan a pensar de forma lógica. Por ejemplo, entienden que una cantidad es igual aunque cambie de apariencia, como una cantidad de agua que se vierte de un vaso en dos vasos.

PERÍODO DE OPERACIONES FORMALES (ADOLESCENCIA-EDAD ADULTA)
A medida que un adolescente se convierte en un adulto, adquiere la habilidad de pensar de forma abstracta y comprobar hipótesis de manera lógica. Puede imaginar resultados potenciales de situaciones, lo que le permite resolver problemas y hacer planes.

LOS ADULTOS SIGUEN APRENDIENDO
Los adultos usan todo lo que han adquirido durante su fase de desarrollo y siguen expandiendo su aprendizaje. Ir más allá de la teoría de Piaget y seguir aprendiendo nuevas habilidades en la edad adulta puede fortalecer la cognición y la memoria.

TEORÍA DEL APRENDIZAJE SOCIAL

Esta teoría de Albert Bandura se centra en cómo se aprende el comportamiento y combina el planteamiento cognitivo (los procesos mentales internos influyen en el aprendizaje) y el conductivo (el aprendizaje es el resultado de estímulos ambientales). Concluye que los niños copian a personas que les sirven de modelos y pueden influir en su comportamiento de forma positiva o negativa. La teoría sugiere cuatro requisitos para aprender comportamientos positivos:

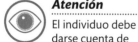

Atención
El individuo debe darse cuenta de los comportamientos a los que está expuesto. Si el comportamiento es nuevo o diferente de alguna forma, es más probable que atraiga su atención.

Retentiva
Debe formarse un recuerdo del comportamiento o de la actitud observada para que pueda recuperarse después y que la persona actúe en consecuencia en una situación similar.

Reproducción
La práctica de lo observado es clave para mejorar y cambiar el comportamiento. Con ella, un individuo puede reproducir el comportamiento aprendido si es necesario.

Motivación
El individuo debe tener una razón para reproducir lo que observa. Si sabe que será castigado o recompensado por comportarse de una forma, es más probable que altere su conducta.

La neurociencia y la psicología se han ido fusionando a medida que se han hecho descubrimientos sobre la química del cerebro que ayudan a entender cómo procesamos la información. Nuevas tecnologías como la IRMf (imagen por resonancia magnética funcional) permiten crear un mapa de la actividad cerebral para revelar cómo cambia esta cuando aprendemos.

Los estudios pioneros de Nathan Spreng han visto que practicar una tarea puede cambiar la estructura del cerebro. El área del cerebro que sirve para prestar atención (el área consciente) se usa al aprender algo nuevo, pero al repetir una tarea en particular, la actividad cambia al área inconsciente del cerebro. Las neuronas también comienzan a transmitir con mayor frecuencia cuando una habilidad se practica correctamente de forma repetida, haciendo que los mensajes que pasan de una a otra sean más fuertes.

Los estudios muestran que cambios en el estilo de vida, como el control de la dieta y del estrés, afectan al rendimiento del cerebro, y asimismo que el modo en que una persona aprende también puede aumentar de forma significativa la habilidad del cerebro para absorber y retener nueva información (derecha).

Ejercicio

La actividad física estimula la producción de compuestos químicos neurotransmisores (pp. 28-9) como la dopamina, que el cerebro usa para crear señales, interpretarlas y transferirlas al resto del cuerpo.

«Imaginar ciertos comportamientos cambia la estructura del cerebro».

John B. Arden, escritor estadounidense y director de programas de salud mental

JERARQUÍA DE APRENDIZAJE DE GAGNÉ

El psicólogo estadounidense Robert Gagné diseñó una escala de clasificación para distintos tipos de aprendizaje que aumenta en complejidad de 1 a 8. Si se completa cada fase en orden, los alumnos mejoran sus habilidades y aumentan su compromiso y su capacidad de retención.

1 APRENDIZAJE DE SEÑALES
Se puede condicionar a los individuos para que respondan de un modo concreto a un estímulo que normalmente no produciría esa respuesta. Por ejemplo, al ver un objeto caliente, automáticamente retiran la mano (ver condicionamiento clásico, pp. 16-7).

2 ESTÍMULO-RESPUESTA
Se usa un sistema de recompensas y castigos para reforzar la respuesta deseada. Por ejemplo, un niño aprende a decir gracias cuando su madre se lo pide y recibe un halago como recompensa (ver condicionamiento operante, pp. 16-7).

3 ENCADENAR
Las personas aprenden a unir varias reacciones no verbales a estímulos aprendidos con anterioridad. Por ejemplo, agarrar una regla, alinearla sobre dos puntos en un papel y dibujar una línea entre los dos.

4 ASOCIACIÓN VERBAL
La siguiente fase en el sistema de Gagné es ser capaz de unir habilidades verbales aprendidas por separado. Por ejemplo, un niño que dice «Mi suave osito de peluche» en lugar de solo «Mi osito». Esto es crucial para desarrollar el lenguaje.

5 DISCRIMINACIÓN CONDICIONAL
Los individuos aprenden a diferenciar o discriminar entre cadenas de información tanto físicas como conceptuales. Un ejemplo de esto es un hablante español que aprende italiano, idioma que tiene muchas palabras parecidas.

6 APRENDIZAJE DE CONCEPTOS
En esta fase, se aprenden las relaciones y diferencias entre los distintos conceptos. Los individuos desarrollan habilidades para aprender por medio del ejemplo de otros y gracias a que son capaces de generalizar y categorizar.

7 APRENDIZAJE DE REGLAS
El aprendizaje de reglas, necesario para el funcionamiento básico diario, conforma el comportamiento para que podamos hablar, escribir y llevar a cabo actividades rutinarias, todas las cuales están gobernadas por reglas básicas.

8 RESOLUCIÓN DE PROBLEMAS
Esta es la tarea de aprendizaje más compleja y requiere que los individuos seleccionen y organicen conjuntos de reglas aprendidos, los conecten con un nuevo conjunto de reglas, las testen y decidan la mejor solución a un nuevo reto.

Muchas horas de sueño

Los estudios muestran una conexión directa entre las horas de sueño y las notas en el colegio. Para los adolescentes, el número óptimo es de 9 horas y 15 minutos, según el doctor James Maas, experto en sueño.

Repetición y práctica

La neurociencia ha demostrado que cuanto más practica algo una persona -con valoraciones de otros para corregirse-, más fuertes y rápidos son sus impulsos nerviosos a causa de la mayor producción de un recubrimiento especial de las neuronas llamado mielina.

Introducción lenta del material

El material nuevo debe aprenderse en pequeñas cantidades para maximizar la habilidad de procesarlo y retenerlo. Se recomiendan períodos de aprendizaje de 15 minutos seguidos de un breve descanso antes de seguir con la siguiente cantidad.

Visualización

Cuantos más sentidos se usan para recordar una información, mejor puede absorberla el cerebro. Por ejemplo, imaginar nuestras manos sobre el piano mientras leemos una partitura para aprender una nueva composición puede mejorar la memorización.

Cambiar el cerebro

Los psicólogos interesados en la educación han investigado cómo puede reprogramarse el cerebro para mejorar los resultados del aprendizaje. Unas pocas y simples estrategias pueden marcar la diferencia, pero solo en las últimas décadas se han realizado experimentos para respaldar esas hipótesis.

La psicología de la enseñanza

Un área importante para los psicólogos educacionales es la formación de profesorado. Existe una gran cantidad de bibliografía fruto del desarrollo y la adaptación de ideas para ayudar a los profesores a ser más efectivos en el aula.

¿Qué pueden hacer los profesores?

Los profesores pueden ayudar a los alumnos a mejorar su forma de aprender haciendo que se centren en la idea de aptitud en lugar de en su inteligencia innata. Al incrementar la confianza de un estudiante en su potencial de mejora (o autoeficacia), los psicólogos creen que el funcionamiento cognitivo del estudiante y su motivación mejoran. Los estudiantes con una alta autoeficacia tienen más probabilidades de enfrentarse a retos y tener éxito si creen que pueden hacerlo. Los estudiantes con baja autoeficacia ven cada fracaso como un grave revés y, por tanto, no se pondrán metas muy elevadas en su camino. Esto conlleva un rendimiento académico pobre, lo que perpetúa el ciclo de duda. Si el profesor ayuda al estudiante a entender que su éxito o fracaso no están relacionados con la habilidad sino con la práctica y el esfuerzo, eso lo mantendrá motivado.

Objetivos de aprendizaje

Los profesores pueden fijarse dos tipos de objetivos de aprendizaje: objetivos de rendimiento y objetivos de dominio. Los objetivos de rendimiento se basan en la aptitud del alumno para alcanzar un nivel en concreto, como por ejemplo sacar un sobresaliente en Francés. Los objetivos de dominio enfatizan la perseverancia del estudiante y su deseo de aprender, por ejemplo de hablar francés con fluidez. Los objetivos de dominio son mejores que los objetivos de rendimiento, pues gracias a ellos el alumno se centra en perfeccionar sus habilidades, mientras que con los objetivos de rendimiento se enfatiza la competitividad como motivación para rendir correctamente basándose en el nivel de inteligencia del individuo.

LA PIRÁMIDE DEL APRENDIZAJE

Los estudios muestran que hay métodos de enseñanza mejores que otros. Un aprendizaje que requiere que los estudiantes participen de forma activa da lugar a mejores niveles de retención, mientras que otras actividades que involucran menos a los alumnos dan lugar a niveles de retención más bajos.

Construir una enseñanza de éxito

Hay un número de herramientas prácticas que los profesores pueden usar para fomentar la confianza en sí mismos de los alumnos y su amor por el aprendizaje. Los profesores deben poner en funcionamiento a la vez estos métodos para crear un entorno de aprendizaje progresivo.

«La creencia sobre las propias habilidades influye en las habilidades mismas».

Albert Bandura, psicólogo cognitivo social canadiense

Haz conexiones positivas

Ofrece apoyo a los estudiantes, fomenta las relaciones positivas con otros estudiantes y profesores, y fija expectativas claras sobre la conducta en clase.

Enseña técnicas concretas

Ayuda a los estudiantes a transferir una idea aprendida a otro contexto y dales actividades de práctica, como exámenes de prueba, ejercicios y problemas para afianzar lo aprendido en la memoria a largo plazo.

Fomenta su creatividad

Pide a los estudiantes que diseñen sus propios proyectos de investigación, que muestren las tareas y construyan modelos para explicar los conceptos. Permíteles explorar y esforzarse al tiempo que les das apoyo.

Evalúalos a tiempo

Sigue el progreso de los estudiantes en cada lección y redirígelos cuando lo necesiten. Asegúrate de que los elogios y las críticas constructivas están en proporción con su nivel de práctica y esfuerzo.

Fija objetivos a corto plazo

En lugar de abrumar a los estudiantes con una gran tarea, dales objetivos graduales y permíteles completar con éxito cada fase de la tarea.

Controla su nivel de estrés

Haz que tu clase esté organizada con un horario diario, permite los suficientes descansos como para que los estudiantes procesen cada cantidad de información y mantén un entorno seguro.

Promueve la enseñanza y la discusión en grupo

Incentiva a otros estudiantes a expresar sus preocupaciones, preguntas e ideas para dotar al grupo de un sentido de solidaridad y permitir a los individuos que sientan suficiente confianza para expresarse.

Incentiva la motivación

Fija expectativas altas pero realistas para tus alumnos, refuerza el valor de la práctica y el esfuerzo sobre la inteligencia innata, incentiva la autoevaluación y adopta una actitud empática.

Evaluar problemas

Para ayudar a las personas a aprender de forma más efectiva, los psicólogos educacionales deben primero identificar los problemas a los que se enfrentan, cómo los han desarrollado y cómo afectan a su proceso de aprendizaje.

¿Cómo funciona?

Los psicólogos educacionales, gracias a su trabajo de investigación, comprenden que el proceso de aprendizaje está influido por factores como problemas emocionales y sociales y trastornos fisiológicos concretos. Si está claro desde una edad temprana que el niño tiene problemas de aprendizaje, los padres podrían consultar con un psicólogo educacional en esa fase. Un problema de aprendizaje puede no salir a la luz hasta que el niño está en preescolar, en cuyo caso los profesores tienen un papel clave en percibir sus dificultades al jugar o al realizar tareas básicas. En algunos casos, los problemas pueden no identificarse hasta la edad adulta al no haberse detectado cuando el individuo estaba en el colegio.

Descubrir dificultades

La identificación temprana de un problema de aprendizaje se produce a menudo cuando un profesor tiene sospechas tras observar diariamente al estudiante. Un psicólogo educacional puede realizar una evaluación completa y desarrollar un plan para ayudarlo.

CÓMO EVALÚAN PROBLEMAS LOS PSICÓLOGOS

Habla con los profesores

Los profesores de un alumno tienen experiencia concreta y de primera mano de las dificultades que experimenta. Hablar con ellos suele ser el primer paso.

Habla con los padres

Hablar con los padres de un niño puede arrojar luz sobre cómo realiza el niño ciertas tareas en casa y cómo se relaciona con los miembros de su familia.

Observa al niño en el aula

Esto puede señalar indicadores clave, como su forma de manejar bolígrafos o botones y de seguir instrucciones.

Habla con el niño

El niño no siempre necesita estar involucrado en la valoración de su problema, pero hablar con él puede revelar cómo comprende y pronuncia las palabras.

Problemas de aprendizaje

Es difícil señalar la causa exacta de una dificultad en el aprendizaje, tanto si es ambiental, biológica o una combinación de ambas, pero es posible identificar los síntomas. Los cuatro ejemplos resumidos aquí empiezan todos con el prefijo latino *dis-*, que significa «dificultad».

DISLEXIA
Dificultades al leer y escribir y con la ortografía. Pueden ser muy creativos.

DISGRAFÍA
Dificultad para escribir las letras en las palabras y problemas de coordinación.

DISCALCULIA
Deficiencias en aritmética básica y al hacer cálculos.

DISPRAXIA
La mala coordinación ocasiona movimientos torpes y una falta de habilidad básica necesaria para las actividades diarias.

Tomar medidas

Es crucial para los psicólogos comprender completamente la naturaleza del problema y así emplear distintas estrategias para crearse una imagen precisa de cómo se comporta y procesa información en un entorno educativo. Anteriormente, esto conllevaba un test de inteligencia oral o escrito. Hoy en día, aunque un test formal aún puede ser importante para que un psicólogo educacional evalúe a un alumno –especialmente cuando existe sospecha de una discapacidad concreta como dislexia–, el enfoque suele ser más holístico.

Los psicólogos educacionales a menudo trabajan con psiquiatras, trabajadores sociales, logopedas y profesores y aplican en el aula ideas de psicología conductiva, cognitiva y social. Estas aplicaciones son fundamentales para entender por qué un estudiante se comporta de cierta manera en clase, cómo procesa y retiene información y cómo se ve afectado su aprendizaje por su familia y sus pares. Los psicólogos pueden aplicar estos enfoques en cualquier entorno educativo, desde preescolar y primaria hasta centros para adultos y cursos de formación corporativos.

Analiza sus tareas escolares

Un selección de sus tareas suele desvelar patrones en las respuestas del niño y si su problema se limita a un área en particular, como las matemáticas, o a varias áreas.

Cuestionario de evaluación específica

Hay varios test estandarizados para medir aspectos de los problemas de aprendizaje, desde aquellos que están enraizados en problemas sociales o emocionales hasta los que tienen origen neurológico o de desarrollo.

1 millón
de niños en España tienen alguna necesidad educativa especial.

Problemas de conducta

Los psicólogos pueden ayudar a los profesores a enfrentarse a las interrupciones en el aula al evaluar a un niño con problemas de conducta e intentar descubrir los detonantes y cómo resolverlos. Esto a menudo conlleva colaborar con los padres para examinar problemas de estilo de vida como dieta, estrés y presión social.

TIPOS DE EVALUACIÓN

Con distintos test, los psicólogos pueden hacerse una idea equilibrada de los problemas de un estudiante y comenzar a implementar modos de enfrentarse a ellos.

❯ **Los test cognitivos y del desarrollo** miden la habilidad de un alumno para procesar e interpretar información y comparan los resultados con la norma de su edad.

❯ **Los test sociales, emocionales y conductivos** identifican problemas sociales y emocionales subyacentes. Revelan el nivel de estrés de un individuo, su autoestima y su habilidad para sobreponerse a la adversidad.

❯ **Los test motivacionales** miden los incentivos para aprender. En educación superior se utiliza la escala de evaluación motivacional para el aprendizaje, que usa un formato de cuestionario.

❯ **Los test académicos** son pruebas más formales que pueden identificar si un estudiante está en la clase apropiada para su nivel académico y detectar si existe algún problema de aprendizaje. También están los test de inteligencia, pero sus resultados son limitados.

La psicología en el trabajo

Los psicólogos del trabajo y de las organizaciones exploran el comportamiento de las personas en el lugar de trabajo y aplican principios psicológicos a la comprensión de las organizaciones y a mejorar la vida de los empleados. Se ocupan de los elementos humanos que subyacen a las estructuras y los procesos de la actividad profesional y asesoran sobre contratación, objetivos, cambios organizativos y liderazgo efectivo.

Mejorar las organizaciones

Las organizaciones requieren la visión compartida y los esfuerzos coordinados de muchas personas. La psicología juega un papel muy importante en ayudar a los directores de empresa a contratar a empleados eficaces, fijar los objetivos adecuados, crear equipos competentes, asegurar un buen liderazgo y hacer frente a los desafíos que suponen los cambios en las organizaciones.

Valoración

Las valoraciones regulares permiten a los empleados desarrollar sus puntos fuertes y ocuparse de las áreas en las que necesitan mejorar y crecer.

Contratación

Escoger a la persona adecuada para el trabajo es un proceso de vital importancia, pues el éxito de una organización está directamente relacionado con el éxito de sus empleados.

Motivación

Promover el entusiasmo ayuda a las empresas a tener éxito. Los empleados deben estar motivados (tanto por sí mismos como mediante recompensas) para alcanzar sus objetivos.

Entrevista

Evaluar a los potenciales empleados a través de entrevistas es el método más usado porque permite respuestas largas y espontáneas.

90 000

es el número **aproximado** de **horas** que una **persona** común pasa **trabajando** en toda su **vida**

RAMAS DE LA PSICOLOGÍA

La psicología del trabajo se ocupa de gestionar a los trabajadores para conseguir la máxima eficiencia organizativa. Presta atención al diseño del trabajo, a la selección de personal, a la formación de los empleados y a la valoración del rendimiento para canalizar el potencial de las personas que trabajan dentro de una organización.

Por otra parte, la psicología de las organizaciones surgió del movimiento de las relaciones humanas y se concentra en mejorar la experiencia y el bienestar de los trabajadores. Pretende entender y gestionar las actitudes y el comportamiento de los empleados para reducir el estrés laboral, así como diseñar prácticas de supervisión efectivas.

Desarrollo del equipo

Animar a los empleados a trabajar juntos aumenta la coordinación en equipo y beneficia el rendimiento de la compañía.

Fijar objetivos

Fijarse objetivos exigentes pero realistas influye mucho en la motivación, la cual a su vez influye en la efectividad y en los logros.

Liderazgo

Definir la cultura y los objetivos de una organización obliga a los líderes a responsabilizarse de motivar a sus empleados para lograr esos objetivos.

PSICOLOGÍA POSITIVA DEL LUGAR DE TRABAJO

El movimiento de la psicología del trabajo humanitario anima a los psicólogos del trabajo y de las organizaciones (PTO) a ayudar a reducir la pobreza y promover el bienestar en el trabajo. Los psicólogos de PTO ayudan a desarrollar habilidades valiosas para conseguir trabajo, diseñan programas para enseñar a las personas desempleadas a regresar al mundo laboral, promueven la ayuda humanitaria para las comunidades que más la necesitan y diseñan iniciativas de sostenibilidad ambiental.

Cambio

Para lograr objetivos, a menudo se necesita un cambio en la estructura y las normas de la organización. Los psicólogos también pueden ayudar a las compañías en esto.

Seleccionar al mejor candidato

El rendimiento de los empleados determina el éxito de una organización, por lo que es crucial elegir a la persona adecuada para cada puesto. Los psicólogos han creado diversas herramientas para ello.

Análisis de trabajo

Antes de evaluar a los aspirantes, se analiza el puesto vacante. Esto consiste en una descripción completa del puesto, incluyendo la experiencia y los atributos necesarios para las distintas tareas y responsabilidades. Los psicólogos del trabajo y de las organizaciones y los especialistas en recursos humanos obtienen información de varias fuentes: analistas de trabajo, trabajadores en el mismo puesto, supervisores y observadores. Estos observan a las personas mientras realizan su trabajo (o incluso realizan el trabajo ellos mismos), llevan a cabo entrevistas y usan cuestionarios.

Hay dos categorías generales de análisis de trabajo: análisis orientados al puesto, que se centran en las tareas que exige el trabajo, y análisis orientados a la persona, que se centran en las habilidades necesarias para desempeñarlo. Los análisis de trabajo orientados a la persona dan una lista de conocimientos, habilidades, destrezas y otras características (CHDO) necesarias. Una lista de CHDO para un puesto de trabajo normalmente consta de las características que se esperan previamente de los aspirantes más otras que deberán desarrollar más tarde mediante formación.

El análisis puede ayudar a identificar competencias clave en cada uno de los escalafones de una empresa. También puede servir como base para una evaluación de rendimiento, fijando estándares con los que medir el rendimiento de los empleados.

EL MEJOR TRABAJO PARA CADA TIPO DE PERSONALIDAD

El Indicador de Tipos Myers-Briggs (MBTI, por sus siglas en inglés), basado en las teorías de Carl Jung sobre la personalidad, es un test que se usa a menudo en el proceso de selección de personal, aunque también pueden usarlo los estudiantes para escoger una carrera adecuada. El MBTI evalúa a las personas según cuatro conjuntos de rasgos opuestos: extroversión o intraversión, sensación o intuición, pensamiento o sentimiento y juicio (calificación) o sensación. Como resultado, hay 16 tipos posibles de personalidad, cada uno con tendencias generales y puntos fuertes y débiles que se prestan mejor a ciertos puestos de trabajo.

OCUPACIÓN ESPECÍFICA

Un ESTJ puede ser un buen abogado o un farmacéutico, mientras que un ISFP puede ser un gran diseñador o un fisioterapeuta.

E S T J   **I S F P**

PERCEPTIVO
Espontáneo; flexible; le gusta tener opciones abiertas.

EXTROVERTIDO
Ritmo rápido; le gustan las multitareas; lo motiva la gente.

CALIFICADOR
Organizado; planificador; se siente cómodo siguiendo las normas.

INTROVERTIDO
Prefiere trabajar solo o en grupos pequeños; se centra en una sola tarea.

EMOCIONAL
Toma decisiones basadas en valores personales; sensible; cooperador.

SENSORIAL
Orientado al hecho y al detalle; realista y práctico; aplica el sentido común.

RACIONAL
Toma decisiones de forma lógica y valora la imparcialidad.

INTUITIVO
Creativo e innovador; abierto a posibilidades.

P E
J I
F S
T N

Selección de talento

La capacidad de atraer y retener a las personas adecuadas ayuda a mejorar una organización. Si los empleados son los adecuados para sus puestos, es más probable que les guste lo que hacen y el entorno de trabajo. La selección de talento conlleva un conjunto de procedimientos para determinar cómo se adecuan los aspirantes a sus puestos. Además, se usa un formulario estándar con preguntas sobre educación, aptitudes, características y experiencia laboral.

Tipos de evaluación

Se usan cinco técnicas principales para evaluar candidatos, a menudo varias a la vez. Estos procedimientos revelan los puntos fuertes y débiles del aspirante en diferentes áreas, lo que proporciona a la organización información útil sobre cómo será su rendimiento una vez contratado.

MUESTRA DE TRABAJO

Una muestra de trabajo es una simulación en la que el candidato realiza parte de un trabajo para demostrar que puede llevar a cabo correctamente las tareas relevantes bajo condiciones normalizadas. Se le dan los materiales y las herramientas necesarios e instrucciones para completar la tarea. Estas muestras son buenos indicadores del rendimiento futuro por sus similitudes con el trabajo real.

INFORMACIÓN BIOGRÁFICA

Los cuestionarios biográficos piden información sobre anteriores experiencias profesionales o educativas relevantes. Las preguntas son más detalladas que en un cuestionario normal y pueden tratar sobre experiencias específicas en el colegio o en el trabajo. También puede haber preguntas sobre hechos verificables y sobre experiencias subjetivas.

ENTREVISTA

Las respuestas del candidato y su comportamiento dan información importante sobre su adecuación al puesto y su capacidad de relación. Incluso el contacto visual o la firmeza de un apretón de manos pueden afectar a la puntuación. La mayoría de las organizaciones realizan entrevistas porque así los candidatos pueden dar respuestas detalladas y mostrar sus aptitudes interpersonales.

CENTROS DE EVALUACIÓN

En un centro de evaluación, se usan ejercicios y simulación de tareas para medir si una persona puede hacer el trabajo. Los ejercicios son de varias clases y pueden llevar varios días. Estos centros valoran a los candidatos en cuanto a comunicación oral y escrita, resolución de problemas, relaciones interpersonales y planificación. Los puntúan en varias áreas y con una nota general, que sirve para tomar la decisión de contratarlos o no.

TEST PSICOMÉTRICOS

A menudo se pide a los candidatos que realicen un test psicométrico (pp. 246-7) en condiciones controladas que se compone de solución de problemas, preguntas y pruebas de destreza manual. Así se puede evaluar su personalidad, su capacidad cognitiva, su conocimiento, sus aptitudes, su inteligencia emocional y sus intereses vocacionales. Las preguntas pueden ser de opciones o para que los candidatos generen sus propias respuestas.

FIABILIDAD DE LAS ENTREVISTAS

La entrevista se ve afectada por los prejuicios del entrevistador: raza, género y atracción personal pueden afectarla. El entrevistador debe:

❱ Estar cualificado para entrevistar.

❱ Hacer preguntas normalizadas.

❱ No evaluar al candidato hasta que la entrevista haya terminado.

❱ Calificar a los candidatos según elementos individuales, como títulos académicos.

Gestionar el talento

Gestionar de forma efectiva el rendimiento de los empleados es crucial para el éxito de una organización. Esto puede lograrse implementando prácticas que aumentan la motivación y realizando ciclos regulares de evaluación.

Motivación

La motivación, a menudo relacionada con el deseo de alcanzar un objetivo, es un estado interno que impulsa a una persona a llevar a cabo tareas y comportamientos concretos. Cada persona tiene una motivación distinta para trabajar: ganar dinero, ayudar en una causa social, ser admirado. Se ha demostrado que la motivación de los empleados está directamente relacionada con la satisfacción y el rendimiento en el trabajo, e indirectamente relacionada con el éxito de la organización. Si se tienen las aptitudes adecuadas, un buen nivel de motivación conducirá a un gran rendimiento en el trabajo, algo esencial para cumplir los objetivos de una organización.

Las teorías psicológicas de la motivación laboral estudian las razones por las que unas personas están más motivadas en el trabajo que otras y permiten a la dirección de una organización ver qué necesita para dar la máxima motivación y obtener el mayor

UN PLAN DE CARRERA LABORAL motiva más a un empleado a rendir más, así como que sus esfuerzos se vean recompensados.

rendimiento. La teoría de la jerarquía de necesidades sostiene que el comportamiento de la persona está orientado a satisfacer sus necesidades y que su motivación es de origen interno. La teoría del refuerzo asume que el comportamiento surge del deseo de ganar recompensas y, por tanto, se genera de forma externa. La teoría de la autoeficacia examina cómo afecta al rendimiento de una persona su creencia en su propia capacidad, y la teoría de fijación de objetivos explica cómo afectan a la motivación y al rendimiento los objetivos y cómo se los fija.

Fijar objetivos

Edwin Locke creó la teoría de la motivación por objetivos, que afirma que trabajar con un objetivo aumenta la motivación y el rendimiento. Descubrió que los objetivos específicos y exigentes son los que mejor funcionan.

Claridad
Los objetivos deben ser claros, específicos y medibles, con plazos claros, para que el empleado sepa qué se espera de él y cuándo.

Retos
Un objetivo exigente motiva más, pues la persona anticipa una recompensa mayor. Pero no debe ser tan exigente que sea poco realista.

Compromiso
Tanto jefe como empleado deben entender los objetivos y estar de acuerdo en ellos. Esto hace que el empleado se comprometa más a cumplirlos.

Valoración de rendimiento

Dar a los empleados valoraciones de su trabajo ayuda a motivarlos para que alcancen sus objetivos, les proporciona reconocimiento y es una oportunidad para ofrecerles críticas constructivas y consejos en caso de que su rendimiento sea bajo. Una valoración de rendimiento es un proceso en dos fases que consiste, primero, en definir los criterios para un buen rendimiento y, después, en implementar un procedimiento de valoración del rendimiento. Esto puede beneficiar a la organización y al empleado, pues proporciona información que facilita las decisiones administrativas (como contratar y despedir) y también el desarrollo del empleado, lo cual le permitirá mejorar y mantener su rendimiento laboral. Las organizaciones a menudo cuentan con una estructura de valoración anual que incluye fijación de objetivos y sesiones periódicas de evaluación entre el empleado y el supervisor.

EVITAR ERRORES Y PREJUICIOS

La capacidad de juicio humana es imperfecta y los supervisores muestran de forma inintencionada prejuicios y errores. Los estudios demuestran que las valoraciones pueden estar afectadas por el conocimiento que el supervisor tenga de un empleado y de si le cae bien o no, así como por el estado de ánimo del empleado y por cuestiones culturales y raciales. Los supervisores también pueden ser víctimas del efecto halo (dar a un empleado la misma puntuación en todas las áreas), o del error distribucional (puntuar igual a todos sus supervisados). Para evitarlo, las organizaciones les ofrecen formación para mostrarles los errores que deben evitar. Una evaluación de 360 grados la realizan varias personas de un mismo empleado, y reduce los efectos de los prejuicios.

OBJETIVO

- 👁 **CONTACTO VISUAL**
- 🤝 **LENGUAJE CORPORAL**
- 📈 **RITMO DE LOGRO**

OBJETIVO ALCANZADO

Valoración
Los informes de progreso son cruciales para clarificar las expectativas, ajustar la dificultad de los objetivos y reconocer los logros.

Complejidad
El éxito depende de si los objetivos son alcanzables en el plazo acordado. Se necesita tiempo para aprender las aptitudes necesarias para lograr los objetivos.

Logros
Las condiciones para el éxito se dan si el objetivo está claro y es apropiadamente complejo, y si el compromiso es fuerte y se dan valoraciones regulares.

El **60 %** de los empleados querrían que se elogiara su trabajo más a menudo

Desarrollo de equipos

Los equipos pueden ser dinámicos y ayudar a las organizaciones a crecer. Hay muchas maneras de desarrollar los puntos fuertes, la efectividad y el potencial de las personas que trabajan en grupos y de los grupos en conjunto.

¿Cómo funciona?

El trabajo en equipo se beneficia de que el rendimiento en grupo es a menudo mejor que el individual, pues los puntos fuertes de cada miembro se combinan para crear algo más efectivo. En un equipo de éxito –por ejemplo, un grupo de cirujanos que realizan una compleja operación–, las acciones de cada miembro se coordinan y se orientan a lograr un objetivo común. Cada miembro tiene una tarea específica, pero todos dependen del resto para realizar con éxito su tarea. Este nivel de cooperación requiere confianza, que puede construirse mediante buena comunicación, competencia, compromiso y colaboración. Sin embargo, no todos los equipos rinden tan bien como debieran. Esto se denomina pérdida de proceso, que se debe a la holgazanería social (p. 241), en la que las personas se esfuerzan menos como parte de un equipo que si trabajasen solos, o a la llamada tormenta de ideas dañada, que es cuando un grupo genera menos ideas de las que producen solas las mismas personas.

CONCEPTOS CLAVE PARA LOS EQUIPOS

> **Cometido** Cada miembro del equipo tiene una tarea característica y separada.

> **Normas** Los miembros aceptan reglas tácitas de comportamiento (como hasta qué hora se trabaja) que influyen poderosamente en el comportamiento individual.

> **Cohesión de grupo** Un sentido de unidad y confianza, entre otras variables, une a los miembros y les permite seguir trabajando juntos.

> **Compromiso de equipo** La aceptación por un individuo de los objetivos de un equipo y su voluntad de esforzarse reflejan su implicación en el equipo.

> **Modelo mental** Un buen equipo tiene una comprensión compartida sobre la tarea, el equipo y la situación.

> **Conflicto de equipo** El hecho de que un equipo sea cooperativo o competitivo al lidiar con los conflictos internos determinará su efectividad.

Modelo de cinco fases

El psicólogo Bruce Tuckman planteó las cinco fases que son necesarias para el crecimiento de un equipo. Superar estas fases hace que el equipo afronte unido los retos y encuentre soluciones.

Las aves ascienden y establecen sus posiciones de vuelo.

2. Conflicto

En las primeras fases, los miembros compiten unos con otros por estatus. Las diferentes opiniones sobre lo que hay que hacer y cómo hacerlo pueden crear conflictos.

Las aves migratorias deben trabajar como un equipo para sobrevivir a su largo viaje.

1. Creación del equipo

Los miembros se conocen entre sí. Comparten datos sobre sí mismos, se informan sobre el proyecto y sobre su cometido, y establecen reglas básicas para trabajar juntos.

Mejorar los equipos

Se pueden usar varias técnicas para mejorar el trabajo en equipo. Crear equipos autónomos responsables de un proceso puede mejorar la eficiencia. Algunas empresas crean círculos de calidad, en los que los grupos de empleados se reúnen para discutir problemas y proponer soluciones. Los colegas también pueden tomar parte en actividades de construcción de equipo, a menudo guiadas por un consultor. Algunas actividades tienen como objeto fortalecer la capacidad del equipo de realizar una tarea, mientras que otras se centran en aptitudes personales y ayudan a mejorar la confianza, la comunicación y la interacción. La construcción de equipo pretende crear una mejor coordinación y rendimiento del equipo, desarrollar las aptitudes de sus miembros y generar unas actitudes más positivas en el equipo en conjunto.

PENSAMIENTO GRUPAL

Cuando la gente trabaja en grupo, su proceso de toma de decisiones puede quedar perjudicado por el pensamiento grupal, fenómeno que consiste en que el grupo toma decisiones que los miembros saben que son erróneas. Suele darse en grupos muy cohesionados con líderes fuertes y donde hay una gran presión por adecuarse a la norma. Las personas dejan de lado sus percepciones y racionalizan sus dudas para encajar con el resto. Si el grupo se aísla de las influencias externas y nadie se atreve a llevar la contraria al líder, las posibilidades de pensamiento grupal aumentan. Para evitarlo, el líder debe actuar como moderador imparcial.

Las aves vuelan en V. Las que van delante deben trabajar más.

3. Normalización

Los miembros comienzan a sentirse parte del equipo. Están menos centrados en objetivos individuales y más en trabajar juntos de forma efectiva, creando procesos y procedimientos.

Las aves intercambian puestos de forma regular, turnándose en la delantera.

4. Rendimiento

El equipo funciona a alto nivel y sus miembros colaboran y generan una atmósfera abierta y de confianza. Se apoyan unos en otros y se centran en lograr los objetivos del grupo.

Al llegar, las aves se dispersan en busca de comida.

5-9
es el número de miembros ideal para un equipo exitoso

5. Disolución

Cuando un proyecto se acerca a su final, el equipo hace una evaluación de su trabajo, celebra su éxito y ve qué puede mejorarse. Los miembros del equipo se dicen adiós y se marchan a otros proyectos.

Liderazgo

Los líderes son muy influyentes dentro de su organización y su enfoque puede afectar a la productividad y al éxito. Los buenos líderes usan su conocimiento y su autoridad para inspirar y motivar a los empleados.

Tipos de líder

Los líderes influyen en las actitudes, las creencias, los comportamientos y los sentimientos de los demás, y su estilo de liderazgo forma la base de la dinámica del equipo. Hay dos tipos principales de líder en el trabajo: líderes formales, que ocupan puestos de supervisión, y líderes informales –a menudo el tipo más influyente–, que emergen a través de la interacción con los colegas.

Un líder informal puede poseer poder experto (se percibe su pericia), y poder referente (sus subordinados sienten simpatía y se identifican con él). Un líder formal tiene otros poderes: el poder legítimo es inherente al cargo, mientras que el poder de recompensa le permite elogiar a los empleados, subirles el sueldo y darles un ascenso. Si el líder castiga a un empleado con reducción de salario o el despido está usando el poder coercitivo.

Un buen líder usa el poder de manera apropiada, se preocupa por el bienestar de sus subordinados y fija las expectativas de forma que estén claras. Los psicólogos y las empresas los pueden identificar con el enfoque del rasgo (ciertos rasgos los convierten en líderes natos, pp. 150-1), el enfoque del liderazgo emergente (se los escoge de entre un grupo por su potencial como líderes) o el enfoque del comportamiento de liderazgo (lo que importa no es quiénes son sino qué hacen).

Teoría del camino-meta

Este modelo, creado por Robert House, está diseñado para ayudar a los supervisores a mejorar el rendimiento laboral de sus empleados haciendo que les sea más fácil completar tareas y lograr objetivos. Los líderes pueden elegir entre cuatro estilos diferentes según el empleado, el entorno y el objetivo.

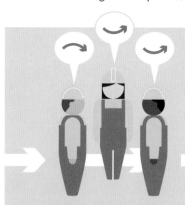

FIJAR UN RETO
El liderazgo orientado a los logros es el mejor enfoque para subordinados de alto rendimiento que se enfrentan a tareas complejas.

Orientado a los logros

Los líderes orientados a los logros fijan objetivos exigentes y requieren unos altos estándares que ellos mismos observan. Muestran fe en sus subordinados.

CUALIDADES DE LOS BUENOS LÍDERES

Una ética fuerte	Empoderar a otros	Sentido de pertenencia	Apertura a nuevas ideas	Hacer crecer
Un líder ético transmite y espera honestidad y su fuerte sentido de la ética crea un entorno seguro y de confianza en el que los empleados trabajan mejor.	Ningún líder puede hacerlo todo solo. Contar con una valoración externa es muy valioso, por lo que es importante delegar y distribuir el trabajo.	Las personas pasan mucho tiempo en el trabajo, y necesitan sentirse conectadas a la organización y a sus colegas para mejorar su bienestar y su productividad.	El progreso requiere innovación y voluntad de resolver problemas. Un líder que está abierto a nuevas ideas crea un ambiente en el que el progreso es posible.	Las personas están más motivadas si se las hace desarrollarse. Los líderes que fomentan el crecimiento acaban teniendo empleados más motivados y leales.

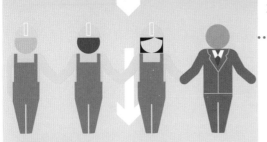

Solidario

El liderazgo solidario se caracteriza por tener en consideración las necesidades de los empleados, mostrar preocupación y crear un ambiente de trabajo alentador.

TENDER UNA MANO

El liderazgo solidario es el mejor enfoque cuando la tarea es peligrosa, aburrida o estresante.

«La clave del liderazgo de éxito hoy es la influencia, no la autoridad».

Ken Blanchard, experto estadounidense en dirección de empresas

PEDIR CONSEJO

El liderazgo participativo es el mejor enfoque cuando se necesita el consejo de subordinados experimentados.

Participativo

Los líderes participativos consultan con sus subordinados y tienen en cuenta sus ideas y sugerencias al tomar decisiones.

Directivo

Los líderes de tipo directivo dicen a sus subordinados lo que hay que hacer y les ofrecen buenos consejos, como calendarios y plazos para que guíen su trabajo.

DAR ÓRDENES

El liderazgo directivo es el mejor enfoque para subordinados sin mucha experiencia, sobre todo si llevan a cabo tareas poco estructuradas.

LIDERAZGO TRANSFORMADOR

Algunos líderes saben motivar a los demás para que se unan a una causa, adopten unos objetivos y trabajen para un objetivo. Tienen carisma y ejercen una gran influencia. Inspiran a los demás con su creatividad, su autoridad, su espíritu innovador y su visión compartida. Se ganan la confianza de los demás poniendo ante todo el desarrollo y el bienestar de los empleados y construyen así un equipo leal, motivado y de alto rendimiento. Al igual que ocurre con líderes políticos y activistas como Martin Luther King, el carisma y la visión de futuro son cualidades importantes para que un individuo se convierta en un líder transformador.

Cultura y cambio organizativo

La cultura es una de las bases de toda organización y se compone de creencias y comportamientos compartidos. Para mejorar la productividad, puede que tenga que cambiar para hacer sitio a nuevas personas, ideas y tecnologías.

Cultura

La cultura de una organización consiste en cómo ven los empleados su lugar de trabajo y cómo se ven entre sí y contribuye al peculiar entorno social y psicológico de la organización. La cultura se define por los valores que unen a equipos de trabajadores y por patrones de comportamiento consistentes y observables. Incluye las normas de la organización, sus sistemas, su lenguaje, sus asunciones, sus visiones de futuro y sus creencias, e influye de manera directa en cómo una organización trata a los empleados y en cómo toma decisiones. La cultura también está definida por el liderazgo y por las estructuras de incentivos y compensaciones.

Un cambio organizativo no es fácil de implementar debido a las ataduras de los empleados a la cultura, pero es necesario si las estructuras y los procesos existentes ya no cumplen con los objetivos fijados. Las ataduras a los contratos psicológicos (las expectativas tácitas de los empleados) pueden también causar resistencia al cambio, pues este remodela las expectativas.

Hacer cambios

Un cambio exitoso tiene lugar en varias fases y hay que presentarlo con argumentos convincentes. Ayudar a los empleados ansiosos a entender por qué el cambio es necesario puede reducir su resistencia durante la implementación y acelerar su aceptación de la nueva estructura y los nuevos procesos.

1. Evalúa

Llevar a cabo una evaluación del estatus actual de una organización es el primer paso hacia el cambio. Esto ayuda a determinar qué sistemas y procesos no están rindiendo de forma adecuada y a establecer cuáles son las principales áreas de mejora.

2. Valora

Mediante una valoración se examina el alcance del cambio, como cuántos empleados se verán afectados, así como el tipo de cambio que se necesita. Su éxito depende de la participación de las personas cuyas vidas laborales diarias van a cambiar.

EL PROBLEMA
La valoración es vital para un cambio. Un nuevo puente debe ser bastante fuerte para soportar tanto el tráfico como el río.

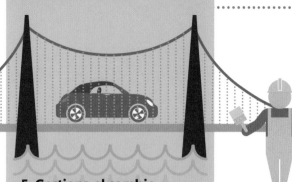

TRAS EL CAMBIO
Los directores valoran
si la nueva estructura
funciona bien y hacen
ajustes si es necesario.

5. Gestiona el cambio

Los líderes deben estar al tanto de
las reacciones de los empleados al
cambio, ocuparse de los problemas
a medida que surjan y valorar el
éxito de la implementación.

4. Implementa

Aplicar cambios en las fases hace
que la transición sea más fácil para
los empleados, que a menudo se
resisten al cambio. La organización
debería poder comunicarse bien
con sus empleados y hacer que
se sientan involucrados para que
acepten los nuevos sistemas.

HERRAMIENTAS
Para construir una nueva estructura
se necesitan herramientas adecuadas.
Para que los empleados colaboren
pueden utilizarse la formación, los
incentivos e incluso la amenaza.

DIRECTRICES PARA FACILITAR EL CAMBIO

Se pueden tomar varias medidas
para ayudar a los empleados a
enfrentarse al cambio organizativo.

> **Liderazgo fuerte** Los jefes
deben mostrar su apoyo al
cambio para fomentar el
entusiasmo en sus subordinados.

> **Involucración de los empleados**
Los miembros del personal
deberían incluirse en el proceso
de decisión para que tengan un
mayor sentimiento de propiedad.

> **Comunicación** La naturaleza
específica del cambio debería
comunicarse de forma sistemática
y estructurada, así como la
implementación y los plazos.

> **Celebración** Cada éxito debe
celebrarse durante el proceso
para fomentar la positividad.

3. Planea

Se planea una estructura
que cumpla con los
requisitos de las nuevas
estrategias y objetivos
de la organización.
Este plan identifica las
actividades clave, crea
nuevos departamentos y
establece relaciones entre
los departamentos.

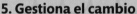

✓ DEBES SABER

> **Kaizen** Un objetivo organizativo
común es establecer el kaizen, un
sistema originado en Japón que
posibilita una mejora continua.
Se pide a los empleados de todos
los niveles que sugieran mejoras
cada día con el objetivo de
librarse de las tareas innecesarias
e incrementar la productividad.

PROCESO
Hace falta tiempo para planear
una nueva estructura. Un cambio
no tiene lugar de repente. El
proceso normalmente conlleva
varias etapas, en general con
ayuda de un agente externo.

Ingeniería del factor humano

La ingeniería del factor humano (IFH), o psicología de la ingeniería, ayuda a los trabajadores a hacer frente a su entorno laboral, haciéndolo más seguro, productivo y fácil de usar. En esencia, es el estudio de cómo las personas interactúan con las máquinas y la tecnología, y la mejora de esa interacción con mejores sistemas, productos y dispositivos. La IFH se encuentra en el cruce entre psicología y tecnología y se centra sobre todo en la seguridad.

La IFH en la práctica

A un nivel práctico, los psicólogos de IFH usan su conocimiento sobre cómo interactúan las personas con las máquinas para diseñar prácticas y productos de trabajo más efectivos. Esto conlleva el estudio de cómo funcionan la mente, los reflejos, la visión y los demás sentidos de una persona en entornos particulares, desde una fábrica hasta un quirófano. Al estudiar los comportamientos de las personas en el lugar de trabajo, los psicólogos de IFH pueden asesorar a responsables de empresas, dueños de fábricas y gobiernos sobre estrategias para evitar accidentes y mejorar la productividad.

Una aplicación clave de este tipo de psicología es la aviación comercial, una industria que ha estado usando IFH desde los años sesenta para mejorar las estadísticas de seguridad de las aerolíneas. Otros objetivos son disminuir la mortalidad debida a errores humanos en los hospitales y reducir riesgos en actividades peligrosas, como la energía nuclear. Incluso las humildes bicicletas se han visto beneficiadas, pues ahora son más rápidas, más fáciles de usar y más cómodas gracias a la IFH.

FACTORES DE LA VIDA REAL

RASGOS HUMANOS
Valorar las aptitudes físicas, perceptivas y psicológicas de los trabajadores

DISEÑO DE EQUIPOS
Diseñar tecnología para que se adapte a cuerpos de distintas alturas y proporciones

ORGANIZACIÓN
Fortalecer las relaciones entre trabajadores para mejorar la cooperación y la productividad

ENTORNO DE TRABAJO
Atención a la seguridad y control de la luz y la temperatura para optimizar las precauciones

TAREAS Y FUNCIONES
Estudiar las actividades de los trabajadores y su interacción con la tecnología

FORMACIÓN Y DESARROLLO
Formar a los trabajadores para que aprovechen mejor los equipos y sistemas

El **70** % o más de los accidentes de aviación se deben a errores humanos

MEDICIÓN Y DISEÑO DE PRODUCTOS

Dos importantes áreas de la IFH son la antropometría –la medida del cuerpo humano y sus proporciones– y la ergonómica –el diseño de productos que se adaptan al cuerpo–. Ambas son esenciales para crear una tecnología fácil de usar. Productos como sillas de oficina diseñadas con completas mediciones que tienen en cuenta las proporciones, promueven la eficiencia del trabajador y lo protegen de daños físicos a corto y largo plazo. Entre las mediciones hay algunas obvias como la altura de los ojos al sentarse y algunas distancias proporcionales, por ejemplo entre las nalgas del trabajador y los dedos de sus pies.

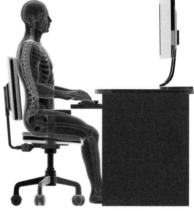

UN ASIENTO ERGONÓMICO considera la altura del codo y el asiento, la distancia entre muslos, el nivel de los ojos y el apoyo de la espalda.

FACTORES PSICOLÓGICOS

TOMA DE DECISIONES
Ocuparse de cada fase del proceso de decisión para reparar los fallos técnicos

ESTRÉS Y ANSIEDAD
Usar equipamiento bien diseñado para evitar la frustración de los trabajadores

CONCIENCIA DE LA SITUACIÓN
Formar al personal para valorar las situaciones laborales de forma objetiva

CARGA DE TRABAJO
Equilibrar el trabajo de los empleados para que estén alerta y tengan el mejor juicio

ERRORES HUMANOS Y SEGURIDAD
Analizar las causas de los errores y mejorar la seguridad

TRABAJO EN EQUIPO
Fomentar la relación para que los miembros del equipo colaboren entre sí

Proceso bidireccional

La IFH aplica un enfoque científico a la comprensión de cómo se comportan las personas al interactuar con la tecnología. Es un proceso bidireccional: la eficiencia del trabajador puede verse perjudicada por equipos mal diseñados y, a su vez, defectos en el comportamiento de las personas pueden socavar la eficiencia de la tecnología. Para afrontar estos problemas y predecir el rendimiento futuro, se estudia cómo los individuos perciben los estímulos y las acciones, los evalúan para determinar un curso de acción y toman las medidas necesarias.

Diseñar visualizadores

Los psicólogos usan sus conocimientos sobre cómo procesan información nuestras mentes para trabajar con diseñadores de productos y crear mejores máquinas.

Tecnología fácil de usar

Un cometido crucial de la IFH es diseñar máquinas, signos y sistemas que puedan ser operados de forma más efectiva por sus usuarios. Tres consideraciones son vitales en el diseño de esta tecnología: facilidad de entender los visualizadores; facilidad de usarlos, y reducir o eliminar el margen de error.

Los visualizadores son un componente primario de la tecnología porque son la interfaz entre las máquinas y sus usuarios humanos. Las personas reciben la información que necesitan para manejar una máquina en concreto y también valoraciones por medio de diales, luces o pantallas. Esto se aplica a una gran variedad de productos y sistemas tecnológicos, como equipos industriales o de oficina, señales de tráfico, controles de aviación y dispositivos médicos.

Percepción de los visualizadores

Los psicólogos ofrecen información útil durante el proceso de diseño al usar su detallado conocimiento sobre cómo exactamente percibe e interpreta la mente el color, los contornos, los fondos, el sonido y el tacto. El objetivo es lograr un «diseño natural» que haga uso de pistas perceptivas reconocibles por el cerebro sin necesidad de más explicación. Usar el color rojo para indicar «detente» es un ejemplo clásico, pues los seres humanos lo asocian con el peligro al ser el color del fuego y de la sangre.

SIGNOS DE ALERTA

En el diseño de visualizadores, los psicólogos han desarrollado una jerarquía de combinaciones de color y sonido para transmitir prioridades claras. Estas se basan en estudios sobre cómo responden a señales particulares los ojos, los oídos y el cerebro. También en que las personas prestan más atención a los mensajes que se transmiten a través de más de un sentido. Para las alertas, se usa el rojo junto con una alarma audible, mientras que las recomendaciones suelen darse solo con una señal visual.

Organizar los controles

Los visualizadores bien diseñados toman en consideración el modo en que vemos, oímos y tocamos estímulos y los procesamos como información. Estos estímulos –luces, colores, contraste, sonido, tacto, etcétera– deben ordenarse de manera que el cerebro pueda reaccionar con rapidez y responder con precisión. Cuatro principios rigen la ingeniería de visualizadores: percepción, modo mental, atención y memoria.

CAPACIDAD DE DISCRIMINAR
Las señales deberían ser diferentes para evitar confusión. Las señales de alerta, por ejemplo, suelen aparecer en un triángulo.

EVITAR LÍMITES DE JUICIO ABSOLUTOS
Se deberían ofrecer diferentes dimensiones sensoriales –como tono, volumen y color– para ayudar al juicio del usuario.

MINIMIZAR EL COSTE DE ACCESO A LA INFORMACIÓN
La información a la que se accede de forma más habitual debe estar a mano, para que así el usuario no tenga que pasar mucho tiempo buscándola.

PARTES MÓVILES
Las partes móviles deben estar en sintonía con las expectativas del usuario: así, un botón de avance debería moverse en la misma dirección que la parte móvil.

👁 *Percepción*
Cómo perciben los usuarios la información que se les pone delante: esta debe presentarse de forma inequívoca.

🧠 *Modelo mental*
Cómo se alinea el diseño con el modelo mental del usuario: las personas, normalmente, interpretan un visualizador basándose en su experiencia de otros sistemas similares.

⚠ *Atención*
Cuán accesible y fácil de procesar es la información, incluso en un entorno que distrae la atención.

✋ *Memoria*
Cómo refuerza la memoria preexistente del usuario, actuando como ayuda para recordar en lugar de forzarlo a almacenar información al alcance de su memoria.

REDUNDANCIA
Presentar un mensaje de más de una manera (como una luz de freno extra) mejora su impacto.

COMPATIBILIDAD DE PROXIMIDAD
Las informaciones relevantes o relacionadas, como tres luces de freno, deberían aparecer juntas.

COHERENCIA
La información ha de ser coherente para que el usuario sepa interpretarla: por ejemplo, en las señales de tráfico, el rojo significa siempre «detente».

REALISMO PICTÓRICO
La información debe darse de forma gráfica: por ejemplo, si el nivel de combustible ha bajado, el indicador debería bajar también.

VISUALIZADOR LEGIBLE
Los diales y la información retroiluminada deben ser claros, con colores que contrasten y letra lo bastante grande para que la información pueda leerse con facilidad.

MÚLTIPLES RECURSOS
La información debería transmitirse por más de un medio: un sistema de navegación por satélite usa voz además de imagen.

CONOCIMIENTO DEL MUNDO
Al mostrar información el usuario no debería tener que usar demasiado su memoria.

AYUDA PREDICTIVA
Los usuarios deberían recibir ayuda para predecir una circunstancia, como que se espera un atasco de tráfico, para que puedan reaccionar.

DE ARRIBA ABAJO
Las expectativas del usuario deben satisfacerse: por ejemplo, un usuario espera que al pulsar un botón algo se ponga en funcionamiento.

Error humano y prevención

El aspecto más importante de la IFH es minimizar el papel de los errores humanos para así mejorar la seguridad en el lugar de trabajo y reducir el riesgo de accidentes y de víctimas mortales.

¿Qué es?

Eliminar los errores humanos es un objetivo imposible, pero la IFH se dedica a reducirlos en lo posible con cambios en el diseño de máquinas y visualizadores del lugar de trabajo y en el modo en que los trabajadores manejan la información. La reducción de errores es muy relevante en situaciones en las que el riesgo de muerte es elevado, como en centros de control de tráfico, centrales nucleares, hospitales, aviones y zonas de guerra.

¿Qué fue mal?

La mayoría de los accidentes en esas áreas se deben a errores humanos. En la aviación, por ejemplo, un fallo al cargar el avión, equivocaciones en el tráfico aéreo y errores de los pilotos al manejar los controles del

---

Errores de distracción

Error de destreza (error de acción)

Un trabajador cualificado que pierde la concentración y comete un error no intencionado durante una tarea rutinaria que ha realizado perfectamente muchas veces.

Equivocación

Un trabajador que no ha sido formado adecuadamente para la situación comete un error de juicio: se equivoca creyendo que hace lo correcto.

Fallo de acción

> Hace los pasos en orden incorrecto.
> Calcula mal el tiempo de una acción.
> Transpone dígitos (0,56 y no 0,65).
> Pulsa el botón equivocado.
> Gira un mando en dirección errónea.

Lapsus de memoria

> Se olvida de hacer algo.
> Se salta un paso importante.
> Repite uno de los pasos.
> No apaga una de las máquinas.
> Se distrae y olvida por dónde va.

Error basado en reglas

> Usa las reglas equivocadas.
> Ignora una alarma genuina tras una serie de alarmas falsas.
> No pone en práctica una regla a tiempo.
> Aplica una regla mal ideada.

Medidas de control

> Mejora el diseño del equipamiento para reducir los errores de destreza.
> Analiza los errores y actualiza las condiciones de trabajo de forma acorde.

avión o al juzgar las condiciones meteorológicas son las causas de accidente más comunes.

Estudiando los errores pasados y la secuencia de acciones humanas que los provocó, los psicólogos han descubierto que la mala toma de decisiones se debe a menudo a una falta de conciencia de la situación. Por tanto, un objetivo principal de la IFH es mejorar esa conciencia. Esto incluye la capacidad de una persona para percibir su entorno con precisión, comprender lo que ocurre y predecir el resultado.

PSICOLOGÍA DEL TRÁFICO

Una rama de la IFH se especializa en el estudio del comportamiento de los conductores y en cómo responden al tráfico. Esto cubre áreas como la investigación de comportamiento y accidentes, que contempla la edad y la personalidad como factores de riesgo; estrategias de aplicación de normas de tráfico, y programas de rehabilitación de conductores. Estudiar el papel del estrés, el cansancio, el alcohol, el uso del móvil y otros factores ayuda a entender las causas de los accidentes.

LA FORMACIÓN en seguridad vial y la educación mejoran la seguridad en las carreteras.

ERROR HUMANO → **Infracción deliberada**

Rutinaria

Infracción común, como usar la escalera de incendios en lugar del ascensor entre dos plantas de la oficina.

Circunstancial

A causa de la presión, mal equipamiento o diseño del lugar de trabajo, o a que al personal le falte formación.

Excepcional

Comete una infracción en un caso excepcional: conductor de autobús que deja bajar a un anciano entre dos paradas cuando hay hielo en el camino.

Error de conocimientos

❯ Carece del conocimiento para realizar la tarea.
❯ Encuentra una solución que no funciona.
❯ Aplica el método de ensayo y error a una tarea.

Haz prevención de infracciones

❯ Las reglas deben ser relevantes; explica su razón de ser.
❯ Ofrece supervisión y formación para emergencias
❯ Fomenta la comunicación.

Medidas de control

❯ Forma al personal para prepararlo para tareas no rutinarias y de alto riesgo.
❯ Supervisa al personal no experimentado y entrégales diagramas para explicar los procedimientos.

Psicología forense

Esta área se ocupa de la aplicación de la psicología dentro de un contexto legal. Sus objetivos principales son la recogida, el análisis y la presentación de pruebas con propósitos judiciales, así como el tratamiento y la rehabilitación de criminales una vez han entrado en el sistema penitenciario. Los psicólogos cada vez tienen más influencia en los procedimientos judiciales de todo el mundo y aportan su experiencia a una amplia variedad de casos criminales, familiares y civiles.

EN LA POLICÍA

El trabajo de los psicólogos forenses que ayudan a encontrar a criminales es menos llamativo que lo que aparece en la televisión, pero ha contribuido a abrir la puerta a un tipo de psicología de investigación que ayuda en muchos aspectos de la investigación.

Seleccionar a aspirantes a policías

Los psicólogos realizan evaluaciones de potenciales policías para comprobar que tienen las cualidades necesarias para el trabajo. Se valen de test psicológicos y de entrevistas y pueden ofrecer recomendaciones.

Gestionar sistemas de información

Ayudan a establecer sistemas efectivos para recoger, organizar e interpretar la gran cantidad de información y de papeleo que conlleva un proceso criminal.

Realizar entrevistas

Utilizan su conocimiento de la mente y los patrones de comportamiento en las entrevistas. Pueden detectar cuándo las personas mienten u ocultan la verdad analizando e interpretando sus palabras, expresiones faciales, entonación y lenguaje corporal.

Relacionar crímenes con sospechosos

Sus análisis de la evidencia policial pueden usarse para identificar patrones que relacionen los delitos con los culpables.

EN EL TRIBUNAL

Los psicólogos forenses pueden ser una ayuda inestimable en el tribunal. Pueden asesorar de varias maneras sobre los procedimientos legales en tribunales tanto criminales como civiles.

Prestar testimonio como expertos

Los psicólogos pueden presentar en el tribunal no solo los hechos del caso, sino también sus opiniones e interpretaciones especializadas de esos hechos. Sus opiniones pueden influir en gran medida en el veredicto.

Asesorar a abogados

Pueden asesorar a los abogados en el proceso judicial, desde ayudarlos a preparar el caso o sobre el interrogatorio de testigos y acusados.

Ofrecer opiniones al juez y al jurado

Ayudan a los jueces y a los jurados a tomar decisiones informadas ofreciéndoles opiniones de experto sobre el comportamiento humano e interpretando la conducta de los acusados a lo largo de los procedimientos legales.

EN EL SISTEMA PENITENCIARIO

Las prisiones son, idealmente, instalaciones en las que los criminales se rehabilitan. En la práctica son entornos duros y antinaturales que presentan numerosos retos a los psicólogos que trabajan en ellas. Su papel es ayudar a los presos a rehabilitarse y asistir al personal de la prisión en la preparación de archivos de los casos e informes.

Trabajar con criminales

Los psicólogos buscan identificar qué aspectos de la vida de un criminal necesitan más tratamiento para reducir el riesgo de reincidencia. El tratamiento puede consistir en sesiones de terapia y orientación. Realizan sesiones de terapia y orientación para mitigar los efectos negativos de la estancia en prisión, donde a menudo se reactivan traumas infantiles, se da sentimiento de deshumanización y la desconfianza entre presos puede llevar a la violencia.

Trabajar con el personal

Mantienen a las autoridades de la prisión informadas sobre el progreso de sus pacientes y se comunican directamente con la comisión de libertad bajo palabra. Su evaluación desempeña un papel vital en la concesión de esta.

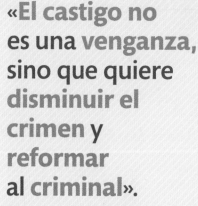

> «El castigo no es una **venganza**, sino que quiere **disminuir el crimen** y **reformar al criminal**».
>
> Elizabeth Fry, activista británica por la reforma de las cárceles

El primer perito judicial

En 1896, el psicólogo alemán Albert von Schrenck-Notzing se convirtió en el primer perito judicial al testificar en el juicio al asesino de tres mujeres. Von Schrenck-Notzing argumentó que los testigos no podían distinguir entre la cobertura del caso por parte de los medios antes del juicio y lo que habían visto por sí mismos.

EVALUAR A UN CRIMINAL

Un psicólogo estudia el entorno de un criminal al que se va a condenar o que necesita rehabilitación y archiva su perfil para casos futuros.

> **Hay en su familia un historial** de abusos o de criminalidad?

> **¿Qué crímenes** ha cometido y quiénes fueron sus víctimas?

> **¿Cuál es su actitud** hacia el crimen: lo justifica o lo niega?

> **¿Qué nivel de educación** posee el acusado? ¿Qué nivel general de inteligencia posee?

> **¿Mantiene una relación sentimental** o la ha mantenido alguna vez?

> **¿Tiene trabajo** o ha sido alguna vez independiente económicamente?

> **¿Muestra signos** de enfermedad mental o de trastorno de personalidad?

CIBERDELITOS

Los psicólogos han extendido su campo de acción para ocuparse también de los ciberdelitos.

¿De quién se trata?

Terroristas, *hackers* y creadores de virus informáticos se valen del anonimato de internet. Los psicólogos forenses buscan a individuos cuya identidad se desconoce. Para ello, usan perfiles psicológicos de criminales conocidos para reducir su lista de sospechosos, pues ciertos crímenes atraen a cierto tipo de criminales.

> **Los *phishers*** falsifican correos electrónicos para acceder a información personal y su motivación suele ser el dinero.

> **Los *hackers* políticos/religiosos** están menos interesados en el dinero que en inutilizar los ordenadores de sus enemigos.

> **Los filtradores** son normalmente individuos que han sido despedidos o degradados dentro de una organización.

Psicología e investigación criminal

El proceso de investigar un crimen e identificar a los culpables es a menudo largo y difícil. Los psicólogos pueden ayudar a la policía durante el proceso analizando datos y entrevistando a víctimas y sospechosos.

¿Cómo participan los psicólogos?

Las novelas y películas no suelen describir el trabajo intensivo que conlleva la mayoría de las investigaciones criminales. Si no hay un sospechoso obvio, los detectives deben revisar una gran cantidad de información, desde actas de anteriores crímenes o criminales hasta grabaciones de cámaras de vigilancia, fotografías de la escena del crimen e interrogatorios de víctimas, testigos y sospechosos. La comprensión de un psicólogo forense sobre el comportamiento criminal y sus motivaciones es de gran ayuda para analizar todo este material.

Si el lugar del crimen no contiene pruebas específicas, los psicólogos pueden crear un perfil a partir de los datos forenses recogidos para relacionar el comportamiento de un individuo con el crimen (p. 198). Su conocimiento de los trastornos psicológicos y patrones de comportamiento asociados puede ayudar también en la identificación de sospechosos. Con técnicas de interrogatorio, extraen toda la información posible de un testigo o de un sospechoso. Un psicólogo puede también usar su comprensión de la conducta humana y de la falibilidad de la memoria humana para averiguar si una persona está diciendo la verdad o encubre a alguien.

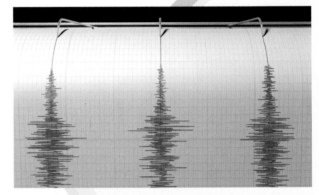

UN DETECTOR DE MENTIRAS O POLÍGRAFO analiza las respuestas de un individuo en un interrogatorio y puede ser efectivo para ayudar a una persona inocente.

TÉCNICA DE ENTREVISTA COGNITIVA

Los interrogatorios son cruciales para las investigaciones, ya sean de víctimas, testigos o sospechosos, y es un área en la que un psicólogo forense es inestimable. La entrevista cognitiva usa un método específico de interrogación que, en manos de un psicólogo, puede mejorar el recuerdo de una persona de un evento. La persona necesita sentirse a salvo y el interrogador debe ser paciente, hacer las preguntas correctamente y dar tiempo suficiente para responderlas. Este tipo de interrogatorio no funciona con algunas personas, y los investigadores deberán probar un enfoque diferente.

❯ **Un entorno seguro para el testigo** es fundamental para garantizar una sensación de entendimiento mutuo. Si el entrevistador escucha activa y atentamente lo que dice el interrogado, incluso preguntándole sobre sus actividades en general, el interrogado se relajará y confiará lo suficiente en el interrogador como para hablar con libertad.

❯ **Los recuerdos espontáneos** se fomentan con preguntas abiertas, en lugar de las que requieren una respuesta de sí o no. El interrogador no debe interrumpir la respuesta del interrogado y debe permitirle frecuentes descansos para darle tiempo a recordar los hechos con mayor claridad.

❯ **Se crea un contexto favorable**, por ejemplo, describiendo el trasfondo de los hechos que se quiere evocar, lo cual puede reforzar la memoria de la persona interrogada.

❯ **Hay que conservar la paciencia** en todo momento, sobre todo si el interrogado coopera. Es fundamental que el interrogador mantenga a raya su propia frustración para evitar que el interrogado haga una falsa confesión.

En la escena del crimen

FACTORES QUE AFECTAN A LA MEMORIA DE UN TESTIGO OCULAR

Los testimonios de los testigos oculares juegan un papel crucial en las investigaciones policiales y hay varios factores –en la escena del crimen y después– que afectan a su exactitud. Las pruebas erróneas de testigos oculares han llevado a menudo a condenas equivocadas.

DISTANCIA DEL CRIMINAL
Cuanto mayor sea la distancia entre el testigo y el sospechoso/delito, menos precisos serán sus recuerdos.

USO DE ARMAS
Si un crimen se comete con un cuchillo o un arma de fuego, a menudo los testigos recuerdan menos detalles, pues se concentran en el arma.

RAZA, GÉNERO Y EDAD
Si la edad, el género o la raza de un testigo son diferentes a las del sospechoso, es más probable que lo identifiquen de forma errónea.

CONDUCTA DEL ACUSADO
Los testigos recuerdan los aspectos más distintivos de la apariencia, la voz y el comportamiento de un criminal.

ESTRÉS DEL TESTIGO
Experimentar un crimen traumático altera la percepción y la memoria y puede llevar a una identificación falsa.

EDAD DEL TESTIGO
Niños, enfermos y personas mayores son vulnerables a la presión de un interrogatorio. Los niños mayores recuerdan más detalles que los pequeños.

CANSANCIO DEL TESTIGO
El cansancio afecta a la memoria. Permitir al testigo el descanso adecuado antes del interrogatorio protege su memoria de interferencias y permite recuerdos más precisos.

INTERVALO DE RETENCIÓN
Si un interrogatorio de la policía tiene lugar mucho tiempo después del crimen, el testigo lo recordará con menos detalles.

VULNERABILIDAD DEL TESTIGO
Cuando el testigo visualiza una rueda de identificación, los agentes pueden indicarle sin querer a quién debe elegir.

RUEDA DE IDENTIFICACIÓN
Los sospechosos se presentan en grupo o de uno en uno. Esto último exige que el testigo compare a cada sospechoso con su recuerdo del criminal.

INSTRUCCIONES PARA UNA RUEDA DE RECONOCIMIENTO
Si se informa a los testigos de que no tienen que escoger un sospechoso forzosamente, tienden a cometer menos errores de identificación.

Durante el interrogatorio

¿Existe una «personalidad criminal»?

No hay un conjunto de características específicas que determinen de forma concluyente la conducta delictiva, pero algunas van asociadas más comúnmente que otras a la criminalidad. Por ejemplo la baja inteligencia, la hiperactividad, la dificultad para concentrarse, la falta de estudios, la conducta antisocial, los hermanos o amigos con problemas con la ley y el abuso habitual de drogas o de alcohol. Además, los hombres de cualquier edad son más proclives a cometer delitos que las mujeres, sobre todo delitos violentos. Los condenados a menudo han tenido una infancia caótica o perjudicial, aunque no todas las infancias así conducen a la criminalidad.

Entre los jóvenes, el ciclo de comportamiento negativo puede interrumpirse mediante factores protectores, como relaciones positivas fuera de la familia, logros académicos, actitudes positivas hacia la autoridad y un uso efectivo del tiempo de ocio.

Categorización criminal

Consiste en usar pruebas e información de la víctima y de la escena del crimen, así como de las características del crimen, para formar hipótesis sobre el tipo de persona que ha podido cometerlo. Algunas escenas del crimen ofrecen pocas pistas significativas, lo que obliga a los detectives a usar más su imaginación. Es ahí donde puede usarse la incipiente ciencia de la psicología investigativa. Hay dos modos de categorización: el método de arriba abajo y el método de abajo arriba.

> «La psicología suele presentar a las personas como si estas estuvieran congeladas en el tiempo y el espacio».
>
> Profesor David Canter, psicólogo británico

De arriba abajo

> Intenta comprobar la fiabilidad y las tipologías de la conducta y la motivación criminal organizada/desorganizada.
> Relaciona un tipo de criminal con un crimen en particular.
> Intenta detectar los aspectos esenciales del crimen y los patrones de conducta del criminal.
> Basada en el enfoque conductivo (pp. 16-7).
> Funciona mejor con crímenes como violación y asesinato.

De abajo arriba

> Intenta identificar un patrón de conducta a partir de las similaridades entre delitos.
> Se basa en acumulación de datos y principios psicológicos.
> Usa pruebas forenses para crear patrones de conducta pieza a pieza.
> Produce asociaciones exactas entre crímenes y delincuentes.
> No hace asunciones iniciales sobre los delincuentes.
> Busca consistencias en la conducta del delincuente, tanto a partir de las pruebas como del testimonio de los testigos.

Comprender la criminalidad

¿Hay personas inherentemente «malas»? Las circunstancias ¿crean el comportamiento o solo influyen sobre este? ¿En qué se diferencian los criminales de los no criminales? Los intentos de entender la criminalidad se centran en aspectos mentales, psicológicos, sociales y biológicos, lo cual puede determinar cómo se evalúa y se trata a un sospechoso, así como las medidas para reducir el crimen.

TRASTORNOS MENTALES
Los criminales convictos a veces sufren depresión (pp. 38-9), problemas de aprendizaje, trastornos de personalidad (pp. 102-7) o esquizofrenia (pp. 70-1). Algunos sufren episodios psicóticos y tienen alucinaciones o creen que los controla una fuerza secreta. Sin embargo, no siempre está claro que su conducta criminal haya estado provocada por estos factores o por su forma de vida.

CONDUCTA PSICOPÁTICA
Muchos criminales son lúcidos y saben bien por qué sus acciones son ilegales, pero mienten, abusan de la gente, son violentos de forma imprevisible y parecen incapaces de conectar con los demás. Este patrón de conducta indica una psicopatía (p. 104). Los psicópatas pueden ser encantadores y parecer que quieren colaborar, pero nunca desarrollan empatía por los demás y pueden ser crueles.

FACTORES PSICOLÓGICOS
Los criminales no suelen tener una conciencia fuerte, no siguen las normas sociales y su inteligencia moral no ha alcanzado la fase adulta. Su conducta refleja falta de conciencia sobre sus actos, baja autoestima, creencia de que el delito da mayores recompensas con menos esfuerzo, ausencia de voluntad de retrasar su propia gratificación e incapacidad de controlar sus deseos.

FACTORES FISIOLÓGICOS
Muchos expertos creen que hay una base neuronal para el comportamiento criminal y que este es consecuencia de un trastorno o una lesión cerebral que afecta a la personalidad. Otros sostienen que los criminales son genéticamente diferentes, que algo en su equilibrio hormonal o en su sistema nervioso les impide aprender los conceptos de bien y de mal.

CIRCUNSTANCIAS SOCIALES
La mayoría de los crímenes no son actos aislados, sino producto de interacciones sociales. La raíz de la criminalidad debe buscarse en la interacción del criminal con los demás y sus grupos sociales. Estas personas aprenden la criminalidad por el ejemplo. Un bajo nivel económico puede ser un factor, aunque la pobreza en sí misma no es nunca la única causa de la conducta criminal.

El ciclo de la violencia

Un crimen violento es aquel en el que el delincuente usa la fuerza contra la víctima. A menudo la agresión es resultado de la incapacidad de la persona para controlar las emociones. Esto puede suceder porque se ha criado en una familia o cultura donde la violencia se aceptaba o se fomentaba. A veces, el único objetivo de un criminal es la violencia, pero otras –como en un robo– es un medio para un fin. Hay individuos que usan la fuerza física como herramienta para ejercer control sobre su pareja o, simplemente, para descargar su ira, su frustración o sus celos usando la fuerza contra otra persona. Estos individuos a menudo se ven atrapados en ciclos de ira y remordimientos (derecha).

AUMENTO DE LA TENSIÓN
Los sentimientos de ira o de culpa conducen a peleas

NEGACIÓN

FASE DE LUNA DE MIEL
El agresor pide perdón y promete no volver a hacerlo

EXPLOSIÓN AGUDA
Súbito empleo de la fuerza contra otro

La psicología en el juzgado

Los psicólogos forenses pasan gran parte de su tiempo en el juzgado, evaluando a acusados, asesorando a abogados, ofreciendo opiniones de experto y aconsejando sobre la sentencia.

Áreas de responsabilidad

Hace tiempo que los psicólogos juegan un papel importante en los tribunales penales, pero solo recientemente su cometido se ha ampliado para incluir también asesoramiento en casos familiares y civiles. Cuando alguien es condenado por un crimen o debe presentarse ante un tribunal civil, a menudo hay que valorar su estado mental y su capacidad para ser procesado, especialmente si se ha declarado no culpable. En ese caso se nombra a un psicólogo para que lo evalúe y busque pruebas de trastorno mental o enfermedad física. El psicólogo considera también las circunstancias externas y los atenuantes y puede testificar en el tribunal para dar su interpretación de la capacidad del acusado y de qué manera ha contribuido esta al resultado del incidente.

La composición de un jurado es también muy importante para el resultado de un caso. Como cualquier persona, los miembros de un jurado poseen prejuicios individuales que afectan a su capacidad como jurado y, por tanto, influyen en el veredicto. Algunos miembros del jurado, o todos ellos, pueden tener problemas para comprender qué se espera de ellos e incluso considerar al acusado culpable solo por la complejidad de la información que se les presenta. Los psicólogos pueden mitigar los efectos de estos prejuicios.

Evaluar el estado mental del acusado

Si hay dudas sobre el estado mental de una persona en el momento del crimen, o sobre su habilidad para entender los procedimientos penales, un abogado o la policía pueden llamar a un psicólogo para evaluar su capacidad mental. Según los resultados, la persona puede ser declarada incapaz de ser procesada. Para ello se buscan y se valoran varios factores potenciales.

Locura

Cualquier persona que no tenga conocimiento de haber cometido un delito será absuelta por razón de locura. Si un delincuente sabía que lo que hacía estaba mal, se lo considera legalmente cuerdo.

Traumatismo craneoencefálico

Puede causar cambios en la personalidad, afectar al juicio y provocar agresividad.

Incapacidad

Un acusado puede ser declarado mentalmente incapaz de entender lo que ocurre en el juicio, por lo que se lo exonera de cualquier acusación.

Bajo CI

Un bajo coeficiente intelectual (CI) puede afectar a la capacidad de ser procesado y a la pena impuesta en caso de que sea juzgado.

Fingir enfermedad

Algunos acusados pueden exagerar o fingir síntomas de enfermedades o de trastornos psicológicos para evitar ser procesados.

Confesión falsa

Las personas a veces realizan falsas confesiones para proteger a otro, para evitar ser interrogadas o torturadas o porque creen erróneamente que son culpables.

Decisiones del jurado

Aunque la fuerza de la evidencia es lo que determina más claramente el resultado de un juicio, pequeñas diferencias en los rasgos personales y la comprensión del jurado pueden marcar una diferencia crucial.

> **En Estados Unidos, los asesores de selección del jurado** detectan prejuicios en los miembros de un jurado. Con la escala de prejuicio del jurado miden sus rasgos de personalidad y predicen la posibilidad de declarar culpable a un acusado al margen de las pruebas.

> **El lenguaje judicial** es a veces arcaico, por lo que los psicólogos buscan modos más claros de presentar la información mediante lenguaje más simple, formularios y diagramas de flujo para guiar a los miembros del jurado y prevenir malentendidos.

Se estima que el

75 %

de las **mujeres** que entran en una **cárcel europea** tienen problemas de drogas o alcohol

Papel de los peritos judiciales

En un juicio se puede convocar a psicólogos forenses para asesorar sobre las decisiones en los procesos civiles, familiares y criminales. Como cualquier testigo, deben atenerse a los procedimientos legales pero pueden ir más allá de los meros hechos e interpretar la situación. Existen restricciones para servir como perito judicial.

> **Las opiniones de expertos** deben limitarse al área de competencia específica del psicólogo. No se les puede preguntar si piensan que alguien es culpable o inocente.

> **Antes de un juicio**, los peritos psicológicos pueden trabajar con los abogados para preparar un caso, examinar a un acusado o determinar el mejor método de contrainterrogatorio.

Asesoramiento para dictar sentencia

Si un delincuente es condenado, la pena será la cárcel, una multa, servicios a la comunidad o libertad condicional. El objetivo de una sentencia, aparte del aspecto punitivo, es impedir crímenes similares en el futuro, tanto por el individuo en cuestión (enfoque rehabilitador) como por otro. Un juez puede consultar con un psicólogo sobre el estado mental del acusado antes de tomar una decisión final.

> **La sentencia debe ser proporcional** a la severidad del delito y al grado de responsabilidad del acusado.

> **Factores agravantes**, como la vulnerabilidad de la víctima, si el culpable fue provocado y si este muestra o no remordimiento, pueden entrar en consideración.

> **Los estudios** muestran que los criminales que cumplen sentencias más largas tienden a delinquir menos que los que cumplen sentencias más cortas.

Psicología en la cárcel

Un parte considerable del papel del psicólogo forense consiste en trabajar con condenados: evaluar a presos, trabajar sobre problemas preexistentes y desarrollar programas de rehabilitación.

Entorno difícil

Una prisión se diseña para tratar las tendencias criminales y corregir la conducta delictiva. Pero en realidad la vida en prisión es un entorno difícil para el preso y para el personal, como demostró el psicólogo Philip Zimbardo en su Experimento de la Cárcel de Stanford en 1971 (p. 151). Zimbardo seleccionó a estudiantes universitarios normales para que vivieran como presos y guardas en un sótano modificado a modo de «cárcel» para estudiar los efectos de la vida en prisión. Muy pronto se convirtió en un entorno opresivo, jerárquico y violento que alteró las actitudes y el comportamiento de los participantes, y el experimento tuvo que detenerse tras solo seis días.

Programas de tratamiento

Los psicólogos pueden asesorar a las instituciones penitenciarias y a su personal sobre programas de tratamiento y rehabilitación. Al trabajar con presos, adoptan un

LAS CÁRCELES tienen sus limitaciones. Son lugares antinaturales, duros, con extrañas rutinas, donde los presos solo pueden interactuar con otros delincuentes.

enfoque holístico de cada individuo. Consideran los problemas que pueden haber contribuido al comportamiento criminal, como trastornos mentales y adicciones. Buscan modos de ayudar al preso a afrontar sus problemas y retos –por ejemplo, su reacción a la

condena– y al riesgo que presentan para sí mismos y para los demás. También intentan reducir el riesgo de reincidir en el futuro.

Los delincuentes violentos asisten a menudo a sesiones de grupo en las que discuten y practican juegos de rol para explorar las condiciones que contribuyeron a su comportamiento. También aprovechan estas sesiones para desarrollar empatía por sus víctimas. Estas comunidades terapéuticas, en las que los reos hablan entre ellos, pueden ser beneficiosas. Los programas basados en las terapias cognitivo-conductuales (pp. 122-9) permiten a los delincuentes cambiar patrones de pensamiento y comportamiento, y la ETS (habilidades de pensamiento aumentadas, por sus siglas en inglés) puede usarse para ayudarlos a desarrollar habilidades sociales como escuchar y pedir ayuda.

PROBLEMAS DE CONDUCTA EN LA CÁRCEL

La vida en la cárcel puede tener un efecto negativo sobre los presos al intentar enfrentarse a sus retos. Esto puede provocar patrones de conducta que requieran ayuda.

❯ **Los presos confían en que el personal** tome decisiones por ellos, pues se sienten aislados y privados de libertad por el entorno de la prisión.

❯ **La cárcel alimenta la sospecha y la desconfianza** entre los presos, lo cual a veces resulta en un nivel neurótico de alerta.

❯ **Los presos desarrollan una «máscara»** para esconder

sus sentimientos y así protegerse. Esto hace que les sea difícil relacionarse con los demás.

❯ **La deshumanización** de la cárcel erosiona la autoconfianza del preso. Este comienza a perder el sentido de su importancia, unicidad y valor personales.

❯ **El entorno duro y a veces violento** puede reactivar recuerdos traumáticos de la infancia.

❯ **La desesperación puede llevar al suicidio,** cuyo porcentaje es diez veces más alto en las cárceles que en el mundo exterior.

Reducir el riesgo de reincidencia

Reducir el riesgo de que un preso reincida tras su liberación es una de las mayores responsabilidades de un psicólogo forense. Se utilizan distintos enfoques para animar a los presos a no reincidir, centrándose en el sentido de responsabilidad personal y en la autoestima moral.

RESPONSABILIDAD PERSONAL
Se enseña a los presos a enfrentarse a sus patrones de pensamiento destructivos y a sus ciclos delictivos.

EMPATÍA HACIA LA VÍCTIMA
Se muestra a los delincuentes los efectos devastadores de sus crímenes para fomentar la empatía por sus víctimas.

RELACIONES SEXUALES SALUDABLES
Se enseña sexualidad saludable, haciendo hincapié en la relación entre sexo disfuncional y delitos.

TERAPIAS COGNITIVO-CONDUCTUALES
La TCC usa técnicas de visualización y relajación diseñadas para reducir los impulsos violentos y las inclinaciones sexuales anormales, ayudando así a los presos a dominar y, finalmente, a prevenir sus conductas criminales. La ETS también se ocupa de los problemas asociados con la actividad criminal y puede ayudar a mejorar las habilidades sociales, la capacidad de solucionar problemas, el razonamiento crítico, el razonamiento moral, el autocontrol, la gestión de impulsos y la autoeficacia.

PREVENCIÓN DE REINCIDENCIA

PLAN DE PREVENCIÓN
Se pide al preso que identifique situaciones y puntos débiles que puedan llevarle a reincidir.

BIENESTAR EMOCIONAL
Las discusiones ayudan a los presos a aceptar los abusos o traumas que puedan haber sufrido. También revelan la relación entre la disfunción de los presos en su vida personal y familiar y su conducta delictiva. También se examinan los problemas de adicción y de codependencia.

CONTROL DE LA IRA
Aprender a controlar la ira ayuda al preso a identificar sus desencadenantes emocionales y le enseña a relajarse cuando se dan las situaciones desencadenantes. Las discusiones giran en torno a la conexión entre la ira y la conducta criminal y animan a los delincuentes a ser asertivos en lugar de agresivos.

El **10-15** % de las personas en la cárcel tienen alguna enfermedad mental crónica

¿QUÉ ES LA VICTIMOLOGÍA?

Es el estudio de las relaciones entre la víctima y el agresor. Los estudios muestran que factores como la proximidad a los criminales y/o la vulnerabilidad física o psíquica implican que hay personas más susceptibles de ser víctimas que otras. Los psicólogos exploran las razones de que una víctima sea elegida y usan los patrones de conducta que descubren para desarrollar estrategias de prevención de riesgos. Sin embargo, la distinción entre víctima y criminal no siempre está clara, pues los entornos violentos pueden convertir a las víctimas en victimizadores.

La psicología en la política

La psicología política aplica enfoques y modelos psicológicos al mundo de la política, explorando las mentes de los ciudadanos y de quienes se encuentran en el poder para intentar explicar sus decisiones y comportamientos. También estudia la dinámica de la conducta política de masas y, en último término, intenta entender por qué las personas justifican o cometen actos de terrorismo o de genocidio y cómo puede prevenirse esta conducta.

Teorías clave

Las personas, por lo general, basan sus decisiones políticas importantes en unas pocas piezas de información concreta y completan el resto con suposiciones. Las teorías de atribución y de esquema describen cómo se llega a esas conclusiones.

TEORÍA DE LA ATRIBUCIÓN

Las personas solucionan problemas y tratan de comprender su propia conducta y la de los demás. Recurren a suposiciones para construir teorías que expliquen por qué suceden las cosas y tratan de encontrarle sentido al mundo. Hay tres maneras en que pueden usar la atribución:

Sesgo de correspondencia
Las personas atribuyen (explican) su conducta a su situación y circunstancias, mientras que atribuyen la de otros a su temperamento o a sus rasgos de carácter.

Heurística de representatividad
Los individuos evalúan o juzgan a los demás según su semejanza con ciertos estereotipos concretos.

Heurística de disponibilidad
Las personas calculan la probabilidad de que ocurra algo basándose en si les es fácil de recordar, lo que a menudo refleja su experiencia y no probabilidades estadísticas.

«Lo que se le da mejor al ser humano es interpretar toda información nueva de modo que sus conclusiones previas permanezcan intactas».

Warren Buffett, magnate de los negocios estadounidense

¿CÓMO DECIDEN LOS VOTANTES?

Los candidatos que las personas eligen como líderes tienen el poder de influir en la vida política, social, cultural y personal de estas. Los psicólogos tienen varias teorías para explicar de qué manera realiza una persona una decisión tan importante:

❯ **Evaluación de memoria contra evaluación en línea** La evaluación basada en la memoria consiste en que la gente toma decisiones políticas desplazando información relevante desde la memoria a largo plazo a la memoria de trabajo. Por contra, el modelo en línea afirma que los votantes actualizan todo el tiempo sus opiniones a medida que reciben información nueva sobre los candidatos en tiempo real.

❯ **Calcular pros y contras** Esta teoría afirma que la gente toma decisiones ante las urnas de votación calculando los pros de cada candidato, restándole los contras y comparando las puntuaciones totales de cada uno.

TEMAS CLAVE

❯ **Decisiones políticas** ¿Cómo interpretan los ciudadanos la información política, cómo toman decisiones políticas y qué determina su voto?

❯ **Opinión y evaluación** ¿Qué papel desempeñan las emociones, las identidades, los estereotipos y las dinámicas de grupo a la hora de evaluar los problemas y a los candidatos?

❯ **Violencia política** ¿Por qué existen la discriminación, el terrorismo, la guerra y el genocidio?

TEORÍA DE ESQUEMA

Las personas usan esquemas (categorías preexistentes, etiquetas o estereotipos) para asimilar la información nueva, en lugar de tratar cada nueva información de forma independiente.

Conducta de voto

Las personas están condicionadas por muchos factores al decidir a quién votar. Tienen apegos de largo plazo por partidos en concreto, así como apegos de corto plazo por ciertos candidatos y temas.

El proceso de decidir

Las decisiones de los votantes no son solo cuestión de clase social o estatus económico, sino que la identificación con los valores de un partido juega un papel crucial. La mayoría de los votantes establecen un vínculo emocional con un partido durante su adolescencia, lo que suele determinar su conducta de voto en el futuro. El acto de votar es en este caso rutinario, instintivo, emocional y solo basado en la afinidad con un partido. Los votantes pueden tener poca información, prestar atención solo de manera esporádica a la política y mantener actitudes que no son coherentes con ningún partido y, aun así, seguir siendo simpatizantes de un partido. La afinidad con un partido tiende a ser estable en el tiempo y a resistirse al cambio, incluso cuando los políticos fracasan, decepcionan o se alejan de la ideología del partido. Hace falta algo muy extremo, como una guerra o una recesión, para que la lealtad de ese votante cambie de partido. Quienes se identifican con un partido tienden a ser selectivos

Influencias sobre el voto

Numerosos factores afectan a la conducta de voto. Algunos son psicológicos y están asociados a los rasgos personales de los votantes. Otros son sociológicos y están influidos por los diferentes grupos sociales a los que pertenecen los votantes. Algunos factores son estables a largo plazo y otros no, como los propios candidatos o los temas políticos del momento.

FACTORES A LARGO PLAZO

Estos factores, como las características personales de los votantes, son estables en el tiempo y no cambian con cada ciclo electoral.

Psicológicos

▸ El apego psicológico por un partido político se forma a menudo en la infancia o en la adolescencia y crece con los años, bajo la influencia de adultos y grupos de pares. Este tipo de apego –la tendencia a votar por costumbre– no se ve afectado por las políticas cambiantes de sus partidos o por la gran cantidad de información disponible durante unas elecciones.

FACTORES A CORTO PLAZO

Los factores a corto plazo cambian con el tiempo y se ven influidos por cada ciclo electoral, a medida que nuevos candidatos y nuevas políticas se convierten en el foco de atención.

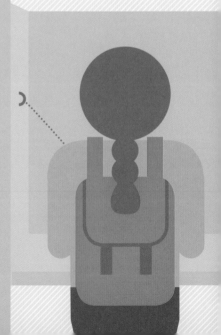

en sus percepciones: exageran los rasgos y las medidas favorables e ignoran la información y medidas desfavorables. Unos dos tercios del electorado mantienen lealtades de partido estables, mientras que el tercio restante solo se asocia débilmente con un partido o tiene lealtades de plazo más corto. Son los votantes indecisos, que deciden en virtud de los asuntos y candidatos de actualidad. Los indecisos a menudo determinan el resultado de unas elecciones, pero su voto puede ser difícil de predecir.

EL PAPEL DE LAS EMOCIONES EN EL VOTO

La política está cargada de emociones positivas y negativas. Felicidad, tristeza, ira, culpa, asco, venganza, gratitud, inseguridad, gozo, ansiedad y miedo son influencias posibles en unas elecciones políticas. La preferencia de un votante por figuras y eventos políticos casi nunca es neutra: tiene que ver tanto con los sentimientos como con los pensamientos. Los neurocientíficos han descubierto que partes del cerebro relacionadas con sentimientos fuertes como el asco o la empatía también se activan con imágenes de políticos. Las emociones son esenciales para tomar decisiones, pero también pueden dar resultados irracionales que pueden tener un efecto dañino en la política –por ejemplo, el nacionalismo excluyente o el racismo–. Además, los estados de ánimo cambiantes de los votantes afectan a las decisiones e influyen a largo plazo. Una depresión, por ejemplo, puede conducir a decisiones rígidas y estrechas de miras.

Sociológicos

❯ Los factores sociológicos tienen una gran influencia en el voto. Factores como la raza, la etnicidad, el género, la orientación sexual, los ingresos, la ocupación, la educación, la edad, la religión, la región de residencia y la familia influyen sobre las decisiones de los votantes. Las personas se inclinan por los candidatos que favorecen al sector de votantes al que pertenecen y las causas de sus grupos sociales.

LOS MEDIOS

Periódicos, televisión, radio y redes sociales

❯ Los medios de comunicación deberían ser neutrales. A menudo, sin embargo, no mantienen esa independencia y adolecen de falta de objetividad. Los políticos también usan las redes sociales para construir una imagen positiva y hacerla llegar a una audiencia más amplia.

Noticias falsas

❯ Los artículos con información falsa, que se encuentran a menudo en las redes sociales, pueden usarse para engañar a los votantes. Una persona puede creer una noticia falsa y pasar por alto la falsedad de las afirmaciones si la información confirma algo que ya creía (sesgo de confirmación). Si este sesgo existe, es más probable que las noticias falsas se añadan a las justificaciones internas de la elección del votante en lugar de cambiar su voto.

Un solo tema

❯ Quienes se concentran en temas concretos (tienen una gran convicción sobre algo que creen que se verá afectado por las elecciones) pueden ignorar propuestas de un partido con las que no están de acuerdo para apoyar su posición sobre lo que les preocupa: economía, sanidad o asuntos de derechos civiles como los derechos de los homosexuales.

Imagen del líder o candidato

❯ La personalidad del líder o candidato político puede afectar al resultado de las elecciones, por lo que construir una imagen positiva del candidato es una parte importante de una campaña política. Los votantes pueden desarrollar preferencias basadas en rasgos personales especialmente atractivos para ellos o retirar su apoyo si un candidato no los convence.

Obediencia y toma de decisiones

Las decisiones de políticos y ciudadanos definen las leyes y el futuro de estados y países. Pero las decisiones pueden estar influidas por las fuerzas psicológicas de la obediencia y de la dinámica de grupo.

El papel de la obediencia

El psicólogo Stanley Milgram creía que las personas tienden a la obediencia como resultado de la interacción con estructuras sociales jerárquicas. La familia, el colegio, la universidad, el trabajo y el ejército son ejemplos de jerarquías institucionales que definen nuestra vida y nos preparan para obedecer. Milgram

El **66** % de los sujetos siguió las órdenes en el estudio de Milgram

realizó un experimento en el que los participantes debían administrar a otros lo que ellos creían descargas eléctricas de creciente potencia —hasta llegar a niveles letales— cuando una figura de autoridad se lo ordenaba. Los resultados del experimento arrojan luz sobre la obediencia política y sobre por qué las personas obedecen con tanta facilidad a figuras de autoridad incluso cuando las órdenes entran en conflicto con sus propios valores.

Milgram descubrió que cuando las personas obedecen a la autoridad, dejan de sentirse responsables de sus actos. Sin responsabilidad, son capaces de actos violentos e incluso malvados. Negar la responsabilidad deshumaniza a las víctimas y evita la empatía, como muestran los casos de genocidio (ver abajo y derecha).

El individuo también omite hacerse responsable de sus actos destructivos en la dinámica bautizada por Irving Janis como pensamiento de grupo. Quienes toman decisiones se comportan de forma más responsable cuando actúan solos que cuando lo hacen en un grupo, pues su deseo de encajar puede sobreponerse a su valoración realista de los hechos. El pensamiento de grupo ha sido la causa de muchos desastres políticos, como la invasión de la bahía de Cochinos (ver abajo a la izquierda).

El cesto podrido

El psicólogo Philip Zimbardo estudió las atrocidades de la prisión de Abu Ghraib en 2003, en la guerra de Irak. Trató de determinar si el mal había sido introducido allí por individuos malos («manzanas podridas»), si los soldados estadounidenses involucrados eran personas buenas corrompidas por una mala situación («cesto podrido») o si el sistema en general era tóxico y corrupto («fabricantes de malos cestos»). Concluyó que si se pone a «buenas personas» en un «cesto podrido», acaban por convertirse en «manzanas podridas».

 CASO PRÁCTICO: BAHÍA DE COCHINOS

En 1973, el psicólogo Irving Janis, para estudiar el pensamiento grupal, analizó el desastre de la bahía de Cochinos (1961), en que soldados estadounidenses expertos fracasaron en su intento de derrocar el gobierno cubano de Fidel Castro a causa de malas decisiones del presidente Kennedy y sus estrategas. Los subordinados de Kennedy sabían que este quería derrocar a Castro y deseaban complacerlo, lo que condujo al pensamiento grupal. Planearon con poca lógica, sacaron malas conclusiones y reaccionaron de forma inflexible a la nueva información. Su plan dependía de que todo saliese bien —imposible en una operación militar—. Castro derrotó rápidamente a los estadounidenses, la esperanza de una contrarrevolución desapareció, Kennedy proyectó una imagen débil y el episodio empeoró la tensión con Rusia.

Manzanas podridas

Una interpretación de la conducta no ética es que la realizan exclusivamente las personas no éticas, al margen de la situación. Esas personas son «manzanas podridas» cuyos actos reflejan un carácter fundamentalmente malvado.

SITUACIÓN CONTRA CARÁCTER

❯ **Situacionismo** Philip Zimbardo descubrió en 1971, en su experimento de la prisión en Stanford (p. 151), que si se pone a personas ordinarias en una situación extrema, la situación puede hacer que actúen contra su buen carácter. Según esta teoría, que concuerda con la idea del «cesto podrido», todo el mundo es capaz de violar sus valores y obedecer a una figura de autoridad. Los actos malvados no son solo obra de personas malvadas.

❯ **Personalismo** Desde esta perspectiva, el carácter de una persona es más poderoso que cualquier situación social. Si las personas se comportan mal, es porque son esencialmente malas, lo que Zimbardo llama «manzanas podridas». Las personas fundamentalmente buenas son incapaces de actos malvados.

«El mal es saber lo mejor pero hacer lo peor de manera voluntaria».

Philip Zimbardo, psicólogo estadounidense

Cesto podrido

Esta idea sostiene que las personas en un cesto podrido no son inherentemente buenas o malas, pero se ven poderosamente influidas por la situación. Cuando las personas éticas son puestas en una mala situación, son capaces de una conducta no ética.

Fabricantes de malos cestos

Otra interpretación es que el mal es sistémico y la conducta no ética, el resultado de fuerzas que crean condiciones para el mal. Pueden ser culturales, legales, políticas o económicas.

Nacionalismo

El orgullo nacionalista puede unir a la gente y ser muy positivo, pero en casos extremos puede también conducir a la guerra o al genocidio. Saber cómo funciona puede ayudar a los líderes políticos a evitar ese punto.

Nosotros y ellos

El nacionalismo es la identificación de un grupo de personas con una historia, un lenguaje, un territorio y una cultura comunes. En sus formas moderadas, se trata de una fuerza positiva que une a un pueblo y crea un sentido de patriotismo y solidaridad. Llevado al extremo, puede conducir a la violencia y a conflictos étnicos.

Psicológicamente, a los seres humanos les gusta pertenecer a un grupo. La categorización social y el pensamiento de «nosotros contra ellos» hace que sea fácil exagerar las diferencias entre endogrupos y exogrupos. Esta forma de pensar fortalece a un endogrupo, pero a veces puede implicar la discriminación del exogrupo. El endogrupo puede ver el exogrupo como una amenaza, desarrollar sentimientos de superioridad étnica y nacional y, en consecuencia, demonizarlo. Las desigualdades económicas y políticas contribuyen a que algunos grupos tengan dificultades para poseer tierras o riquezas materiales y mejorar sus condiciones de vida. A veces estos problemas no pueden resolverse mediante la negociación política y pueden desembocar en una guerra o incluso en un genocidio.

Nacionalismo extremo

El nacionalismo extremo es la creencia de que la nación o el grupo étnico de uno es superior a los demás y debería estar por encima. Esta forma de pensar puede usarse como excusa para cometer actos de desplazamiento étnico o de genocidio.

> «Nada es tan **satisfactorio psicológicamente** como el sentimiento de **pertenencia**. El **nacionalismo** puede ser notablemente **unificador**».
>
> Joshua Searle-White, escritor estadounidense

Un factor adicional en el extremismo nacionalista es el autoritarismo, que se alimenta de la tendencia natural de las personas a confiar en un líder y obedecerlo. Los líderes autoritarios (como Adolf Hitler) suelen tener graves prejuicios respecto de exogrupos y se valen de un relato a menudo ficticio para inflamar el sentido de agravio de sus seguidores.

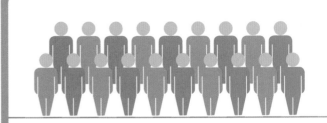

1. Fallas preexistentes La mayoría de las sociedades son una mezcla de diferentes etnias y creencias religiosas y políticas. Los períodos de inestabilidad económica (factores situacionales) pueden hacer que esas diferencias salgan a la luz e instaurar una mentalidad de endogrupo/exogrupo en la población y los políticos.

4. Estereotipar al exogrupo Una vez que un grupo ha sido deshumanizado, sus componentes ya no son vistos como individuos complejos, sino que se los define mediante unos cuantos atributos fijos y ultrasimplificados, como el color de la piel. Se los convierte en todo lo que el endogrupo teme y odia.

TEORÍAS DEL NACIONALISMO

Teoría del conflicto realista

Surge un conflicto entre endogrupos y exogrupos cuando uno tiene razones realistas para competir o luchar contra el otro, que pueden incluir la escasez de tierras, de comida y de otros recursos esenciales —o percibidos como tales— para la supervivencia del grupo.

Teoría de la identidad social

El conflicto puede desarrollarse incluso cuando el endogrupo no gana nada compitiendo o luchando contra el otro. Sentir que su nación es superior a las demás cubre la necesidad básica de autoestima de una persona, de modo que esta favorece a los endogrupos y se opone a los exogrupos.

Teoría del dominio social

La gente suele preferir una estructura jerárquica basada en grupos, por lo que a veces la opresión de grupos se convierte en norma. En la mayoría de las sociedades, hay al menos un grupo dominante y uno subordinado, lo que crea desigualdad de raza, género, etnicidad, nacionalidad o clase social.

2. Una sociedad dividida Las divisiones entre endogrupos y exogrupos se basan en razones étnicas, religiosas, económicas o políticas. Si los líderes refuerzan estas distinciones, la sociedad puede dividirse de forma peligrosa, pues el resentimiento tiende a empeorar en ambas partes.

3. El vecino como «otro» La mentalidad de endogrupo/exogrupo ocasiona que grupos diferentes se vean mutuamente como el «otro» o como intrusos. Suele ocurrir con quienes viven cerca unos de otros y son similares, como los católicos y los protestantes de Irlanda del Norte, lo que provoca distanciamiento y deshumanización del «otro».

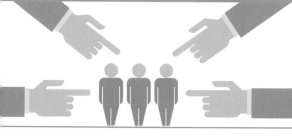

5. Culpar al exogrupo Como los miembros del exogrupo son vistos como estereotipos, se convierten fácilmente en chivos expiatorios de las carencias y los problemas del endogrupo. Cuantos más problemas se percibe que causa el exogrupo, más odio siente el endogrupo.

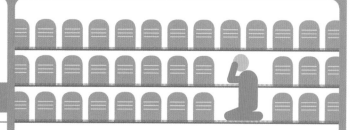

6. Eliminar al exogrupo Cuando hay personas marginadas, deshumanizadas, estereotipadas y convertidas en chivos expiatorios, pueden acabar convirtiéndose en víctimas de atrocidades a manos del endogrupo. El Holocausto es un ejemplo de cómo un endogrupo puede intentar eliminar un exogrupo.

Discriminación y jerarquía social

Los individuos y los grupos pueden discriminarse entre ellos en función de atributos como raza, etnicidad, nacionalidad, género, edad, orientación sexual y clase social. Estas actitudes se aprenden de la familia, de los pares y de normas y valores sociales, y generan poderosas jerarquías sociales.

Las personas de los grupos dominantes quieren mantener la jerarquía social para que los sistemas sociales y políticos los beneficien sobre todo a ellos.

Por ello pueden fomentar los estereotipos, la xenofobia y el etnocentrismo para así aumentar su poder y su dominio. La xenofobia refuerza el pensamiento de endogrupo/exogrupo, y el etnocentrismo se encuentra en la raíz del autoritarismo y del terrorismo.

En los últimos años gran parte del progreso social y el activismo ha estado enfocado en establecer igualdad y derechos humanos para todo el mundo, independientemente de raza, sexo o etnicidad. Además, las sociedades son cada vez más diversas, lo que tiende a incrementar la tolerancia hacia quienes son diferentes. De hecho, cuanto más diversa es una sociedad, más difícil es identificar a un grupo como el «otro» y, por tanto, usar en su contra un pensamiento de endogrupo/exogrupo. La discriminación ya no es en general algo socialmente aceptable, pero, a pesar de los avances, muchas sociedades diversas aún luchan con una jerarquía social inmovilista y con creencias y comportamientos discriminatorios.

Escala de prejuicio de Allport

El psicólogo Gordon Allport estudió los procesos sociales, psicológicos, políticos y económicos que conducen a una sociedad desde los prejuicios y las conductas discriminatorias hasta la violencia, los crímenes de odio y el genocidio. Para explicar cómo pudo ocurrir el Holocausto, Allport creó una escala de cinco fases del nivel de prejuicio en una sociedad. La progresión ascendente muestra que puede comenzar con palabras de odio, tornarse en conductas de odio y terminar en violencia.

Fase 2 Evitación

EXCLUSIÓN SOCIAL
El rechazo social de individuos, haciéndolos sentir invisibles y evitando sus negocios, hogares, escuelas y lugares de culto.

Fase 1 Antilocución

DISCURSO DE ODIO
Agresiones verbales, rumores maliciosos, uso de nombres degradantes, estereotipos y chistes ofensivos.

Fase 3 Discriminación

NEGAR EMPLEO Y EDUCACIÓN
Discriminación en empleo, educación, atención sanitaria, vivienda y servicios. Se puede incluso llegar a aprobar leyes para apoyar la discriminación.

TERRORISMO

El terrorismo es el uso de la fuerza o de amenazas para desmoralizar, intimidar y controlar a la gente –especialmente como arma política–. Los actos de terrorismo son violentos y dramáticos para así atraer publicidad y causar alarma más allá del propio atentado. Suele estar involucrado un grupo organizado que ataca a ciudadanos civiles. Un objetivo de los psicólogos especializados en política es identificar qué motiva a quienes cometen estos horribles crímenes.

❯ **¿Quiénes son?** Los líderes terroristas suelen proceder de entornos privilegiados y cultos, pero los responsables directos son a menudo pobres y no poseen educación ni privilegios. Por eso son más sensibles a los beneficios que ofrece el grupo terrorista, como el sentimiento de solidaridad.

❯ **Justificación** Muchos terroristas sienten que no les queda otra opción que cometer sus crímenes y que actúan en defensa propia contra un enemigo político o religioso.

❯ **Causas** Hay varios factores situacionales que contribuyen al terrorismo, como gobiernos débiles o corruptos, injusticia social e ideologías extremas.

❯ **Efectos** Los terroristas atacan a las democracias porque es más fácil infiltrarse en ellas. La reacción ciudadana puede ser una amenaza a la democracia misma, pues las medidas para prevenir futuros ataques pueden ir contra sus valores. Los atentados causan un aumento de la intolerancia, los prejuicios y la xenofobia.

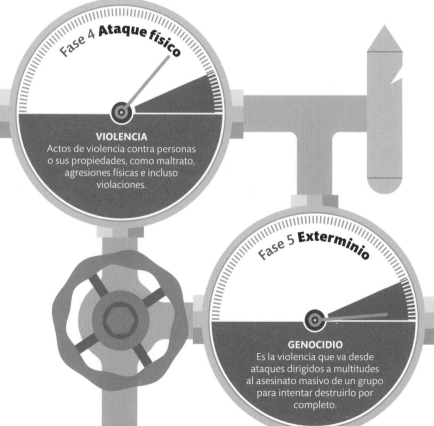

Fase 4 Ataque físico

VIOLENCIA
Actos de violencia contra personas o sus propiedades, como maltrato, agresiones físicas e incluso violaciones.

Fase 5 Exterminio

GENOCIDIO
Es la violencia que va desde ataques dirigidos a multitudes al asesinato masivo de un grupo para intentar destruirlo por completo.

«... quienes se dan cuenta y se avergüenzan de sus prejuicios están en el buen camino para eliminarlos».

Gordon Allport, psicólogo estadounidense

La psicología en la comunidad

Las comunidades –y, de forma más general, las sociedades y las culturas– tienen un profundo impacto en el desarrollo psicológico de la gente. Las personas y los lugares que rodean a un individuo forman el contexto en el que piensa y desarrolla creencias y conductas, y construyen las normas explícitas y tácitas que gobiernan su vida diaria. Pero de igual modo que los individuos están influidos por su entorno, estos también crean y dan forma a sus culturas y comunidades.

Áreas de estudio

Los modos en que las personas influyen sobre el mundo que los rodea y son influenciadas por este constituyen un enorme campo de estudio que puede descomponerse en varias áreas que intentan mejorar la calidad de vida de la gente, sus interacciones y sus instituciones.

Comunidad

La forman la intersección entre los aspectos individuales, sociales, culturales, ambientales, económicos y políticos de la vida de las personas. Los psicólogos de este campo pueden mejorar la salud y la calidad de vida de comunidades enteras trabajando para fortalecer y resolver los problemas de los individuos marginados.

Cultura

La suma de las actitudes, la conducta y las costumbres de la gente pasa de una generación a la siguiente a través del lenguaje, la religión, la cocina, los hábitos sociales y las artes. Los psicólogos culturales creen que diferentes culturas engendran respuestas psicológicas distintas.

Centros sociales

«**El sentido de comunidad** es la **fe compartida** en que **las necesidades de todos** se cubrirán con su **compromiso** de estar **juntos**».

Seymour B. Sarason, principal autoridad estadounidense en psicología comunitaria

PERSPECTIVA ECOLÓGICA DE KELLY

El psicólogo James Kelly relaciona las comunidades con un sistema ecológico basado en cuatro principios:

❯ **Adaptación** Los individuos se adaptan continuamente a las necesidades y limitaciones de su entorno, y viceversa.

❯ **Sucesión** La historia de una comunidad conforma sus actitudes, normas, estructuras y leyes.

❯ **Ciclo de recursos**
Los talentos individuales, los valores compartidos y los productos tangibles que resultan de estos recursos necesitan ser identificados, desarrollados y alimentados.

❯ **Interdependencia** Cambios en un aspecto de la estructura, como un colegio, afectan al conjunto, pues todos los sistemas son complejos.

PSICOLOGÍA INTERCULTURAL

Estudia cómo influyen los factores culturales en el comportamiento y busca universales comunes a las poblaciones. Uno de los objetivos de la investigación es compensar los prejuicios occidentales. Esos factores incluyen:

❯ **Actitudes** Los modos en que la gente evalúa objetos, problemas, sucesos y unos a otros.

❯ **Comportamientos** Cómo actúan o se comportan las personas.

❯ **Costumbres** Los modos aceptados de hacer las cosas específicos de un lugar o una sociedad.

❯ **Valores** Principios y patrones que gobiernan la conducta.

❯ **Normas** Los modos aceptados de expresión e interacción.

Entorno

Nuestro entorno –los edificios en los que vivimos y trabajamos, los servicios locales, incluso el clima– pueden influir profundamente en nuestro desarrollo psicológico. La obsolescencia urbana o la superpoblación afectan de forma negativa a la vida diaria. A la inversa, abundante luz solar y viviendas de calidad pueden mejorar la salud y el bienestar.

Cómo funciona la comunidad

Las comunidades son ecosistemas cambiantes de individuos que tienen algo en común, y ambos elementos alimentan y reflejan la cultura general.

¿Qué es?

Las comunidades se forman en torno a diferentes elementos comunes, como vivir cerca o tener intereses, valores, ocupaciones, prácticas religiosas, origen étnico, orientación sexual y aficiones en común. Las comunidades apoyan a las identidades individuales y, a la vez, dan a todos la oportunidad de formar parte de algo más grande e integrado. Esta relación contribuye al sentido de comunidad de una persona –su sentido de similaridad con otros, de interdependencia, de pertenencia, de que forma parte de una estructura estable.

Los psicólogos comunitarios McMillan y Chavis definen cuatro elementos que contribuyen a formar un sentido psicológico de comunidad: afiliación, influencia, integración y conexión emocional. La afiliación da un sentimiento de seguridad, de pertenencia e inversión personal. La influencia se refiere a la relación recíproca entre un grupo y cada uno de sus miembros. La integración y la realización del miembro de una comunidad tienen lugar cuando este se beneficia de su participación en la sociedad. La conexión emocional, en la que entra la historia compartida, es quizá el elemento más definitorio del verdadero sentido de comunidad.

EFECTO DE INTERACCIÓN
Los modos en que los individuos interactúan forman la base de una comunidad.

El individuo

Esta es la unidad más pequeña en el ciclo de la cultura. El modo en que los individuos piensan y actúan de manera colectiva conforma la cultura en la que viven.

Interacciones

Las personas, guiadas por normas de conducta implícitas, interactúan a diario con otras personas y productos, y refuerzan el ciclo de la cultura.

INFLUENCIA INSTITUCIONAL
Las instituciones crean y sostienen las normas que gobiernan las interacciones dentro de la comunidad.

> **«Una comunidad es como un barco: todos deben estar preparados para tomar el timón».**
>
> Henrik Ibsen, dramaturgo noruego

El ciclo de la cultura

En este proceso recíproco, los pensamientos y la conducta de los individuos conforman la cultura, mientras que esta, a su vez, moldea el pensamiento y la conducta de los individuos –perpetuándola–. Consta de cuatro niveles: yoes individuales, interacciones entre personas, instituciones e ideas.

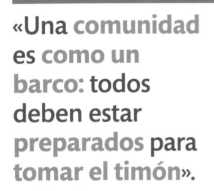

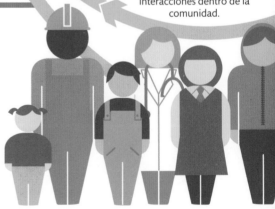

EFECTO INDIVIDUAL
Los individuos son los ladrillos de las interacciones, las instituciones y las ideas.

Instituciones

Las interacciones tienen lugar en instituciones que establecen las normas culturales. Pueden ser legales, gubernamentales, económicas o incluso religiosas.

Ideas

Las culturas se unen alrededor de ideas que conforman sus prácticas y patrones, así como el sentido del yo de cada persona, su interacción con los demás y las instituciones sociales.

INFLUENCIA DE LAS IDEAS
Las ideas son los cimientos de toda conducta individual y colectiva.

¿Qué hacen los psicólogos comunitarios?

Los psicólogos comunitarios buscan entender cómo funcionan los individuos en grupos, organizaciones e instituciones y usar ese entendimiento para mejorar la calidad de vida de las comunidades. Estudian a las personas dentro de los distintos contextos y entornos de sus vidas diarias, como su casa, el trabajo, la escuela, el lugar de culto y los centros de ocio.

El objetivo de los psicólogos comunitarios es ayudar a la gente a tener un mayor control de su entorno. Los sistemas y programas que desarrollan promueven el crecimiento individual, previenen problemas sociales y de salud mental y ayudan a todo el mundo a vivir vidas dignas como miembros que aportan a su comunidad. Esto conlleva enseñarlos a identificar y corregir problemas y a implementar formas efectivas de ayudar a las personas marginadas o recluidas a reinsertarse en la sociedad.

IMPORTANCIA DE LA DIVERSIDAD

La diversidad, ya sea de raza, género, religión, orientación sexual, trasfondo socioeconómico, cultura o edad es una parte esencial de una comunidad sana y progresiva. Está demostrado que las comunidades inclusivas son más productivas, pues la diversidad anima a las personas a cuestionar sus suposiciones y a buscar alternativas que fomentan el trabajo y la creatividad. La diversidad también da a los miembros de la comunidad una experiencia vital más rica y un marco de referencia más amplio, incrementando así el bienestar psicológico del grupo.

LAS PERSONAS DE DIFERENTE FORMACIÓN dan perspectivas nuevas y generan ideas que alimentan la creatividad.

Empoderamiento

Se llama empoderamiento al proceso activo que permite a las personas realizar cambios sociales y obtener más control sobre cuestiones tanto a nivel individual como general.

¿Qué es?

Uno de los objetivos de la psicología comunitaria es empoderar a individuos y comunidades, sobre todo a los marginados socialmente. El empoderamiento ayuda a personas y grupos en los márgenes de la sociedad a acceder a los recursos.

Entre las personas marginadas hay minorías raciales, étnicas o religiosas, personas sin hogar y personas que se han desviado de las normas sociales –por ejemplo como resultado de un trastorno de abuso de sustancias (pp. 80-1)–. Una de las consecuencias de la marginación es una espiral descendente: el individuo no encuentra trabajo; como no tiene trabajo, no es económicamente independiente y carece de un sentimiento de orgullo profesional y de logro; como resultado, su confianza en sí mismo se resiente y, finalmente, sufre su salud social

y psicológica; esto aumenta su dependencia de la caridad y de los programas de mejora social. El empoderamiento implica tomar medidas para dar a estas personas autonomía y autosuficiencia. La justicia social, la investigación centrada en la acción y el esfuerzo para cambiar las medidas públicas son sus cimientos.

Los psicólogos comunitarios ayudan a las personas a encontrar empleo, a desarrollar habilidades útiles y trabajar con ellas para eliminar su dependencia del apoyo caritativo. Llevan a cabo sus tareas con respeto y reflexionando sobre qué es mejor para los individuos y sus comunidades y sobre cómo implementar este cambio positivo. En esencia, el empoderamiento apoya los puntos fuertes de una comunidad y reduce la opresión al reforzar los derechos humanos y respetar la diversidad.

TEORÍA DE ZIMMERMAN

El psicólogo comunitario Marc Zimmerman define el empoderamiento como «un proceso psicológico en el que los individuos piensan de forma positiva sobre su habilidad para hacer cambios y obtener dominio sobre cuestiones a nivel personal y social».

Zimmerman subraya la diferencia entre empoderamiento en la práctica y en teoría. Aunque las personas tienden a considerar solo la manifestación

práctica del empoderamiento –las acciones destinadas a provocar cambio social–, también existe como modelo teórico, lo que le da una relevancia de más largo plazo. La teoría del empoderamiento es una herramienta útil para comprender cómo se ejerce influencia sobre las decisiones en todos los niveles de la sociedad, desde el individuo a la comunidad como un todo.

Sistema de tres niveles

La teoría del empoderamiento puede aplicarse en tres niveles distintos pero interconectados: el individuo, las organizaciones y la comunidad. Cada nivel se conecta con los otros como causa y como consecuencia del empoderamiento. El empoderamiento de cada nivel afecta de forma directa al empoderamiento de toda la sociedad.

Empoderamiento de la comunidad

Mejora la calidad del acceso colectivo de las personas a los recursos gubernamentales y comunitarios.

Empoderamiento de organizaciones

Mejora la salud y el funcionamiento de las organizaciones, algo crucial para la salud de las comunidades y de la sociedad en general.

Empoderamiento del individuo

Apoya a los individuos en sus interacciones con organizaciones y con su comunidad.

El **80**%
de las personas sin hogar tienen problemas de salud mental

Mental Health Foundation

¿Cómo funciona?

Los psicólogos empoderan en dos niveles. El cambio de primer grado se centra en problemas sociales a nivel microscópico: ayudando a los individuos para solucionar un problema más amplio (como hacer que sea más fácil reclamar algo para personas que han sufrido discriminación).

El cambio de segundo grado se centra en el nivel macroscópico: los sistemas, las estructuras y las relaciones de poder que contribuyen al problema (por ejemplo, con leyes contra el *bullying*). Este tipo de cambio necesita más tiempo para implementarse y trastorna el *statu quo*, lo cual suele producir un amplio efecto positivo.

ACCIÓN POR EL BIENESTAR

Las organizaciones comunitarias usan un enfoque basado en puntos fuertes (conocido como SPEC) para guiar sus acciones y decisiones y promover cambios positivos en la comunidad:

〉 **Puntos fuertes** Reconocer los puntos fuertes de los individuos y las comunidades ayuda a prosperar a las personas, mientras centrarse en sus debilidades les quita dignidad.

〉 **Prevención** Prevenir los problemas de salud, sociales y psicológicos es más efectivo que solucionar problemas ya existentes.

〉 **Empoderamiento** Dar a las personas poder, control, influencia y capacidad de elegir las ayuda a lograr bienestar individual y comunitario.

〉 **Cambio en la comunidad** Mejorar las condiciones que crearon el problema produce verdaderos cambios; no es suficiente con cambiar cada problema individual.

Comunidades urbanas

La psicología ambiental observa la conducta de la gente en relación con lugares como espacios abiertos, edificios públicos y privados, y entornos sociales.

Los lugares nos afectan

El psicólogo Harold Proshansky fue uno de los primeros en proponer que el entorno influye de forma esencial en las personas. Creía que entender los efectos directos y predecibles del entorno nos permitiría buscar y diseñar espacios que promoviesen el éxito y el bienestar.

La psicología ambiental muestra que, en efecto, el entorno juega un papel crucial en la psicología de las personas, que estas se identifican con la noción de lugar y que su conducta cambia para adaptarse a él. Así, los niños tienden a comportarse de forma diferente en casa, en el colegio y cuando juegan en el parque, pues ajustan su nivel de energía al entorno. Los estudios demuestran que nos concentramos mejor en espacios interiores que al aire libre y que estamos más cómodos si mantenemos cierto grado de espacio personal (ver abajo, a la izquierda).

Nuestra salud mental, física y social puede sufrir si nuestro

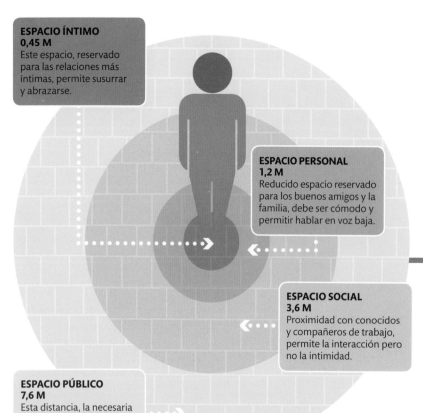

**ESPACIO ÍNTIMO
0,45 M**
Este espacio, reservado para las relaciones más íntimas, permite susurrar y abrazarse.

**ESPACIO PERSONAL
1,2 M**
Reducido espacio reservado para los buenos amigos y la familia, debe ser cómodo y permitir hablar en voz baja.

**ESPACIO SOCIAL
3,6 M**
Proximidad con conocidos y compañeros de trabajo, permite la interacción pero no la intimidad.

**ESPACIO PÚBLICO
7,6 M**
Esta distancia, la necesaria para hablar en público, permite la comunicación pero no la interacción.

El **70** %
de las personas del mundo vivirán en comunidades urbanas **en 2050**

Organización Mundial de la Salud

Espacio

El antropólogo intercultural Edward T. Hall desarrolló la teoría de la «proxémica», que describe cómo usan las personas el espacio y los efectos de la densidad de población sobre la conducta, la comunicación y la interacción social. En su teoría identificó cuatro zonas interpersonales variables: espacios íntimos, espacios personales, espacios sociales y espacios públicos.

entorno está afectado por problemas como hacinamiento, ruido, falta de luz natural, viviendas en mal estado u obsolescencia urbana. Por eso el diseño de los edificios y espacios públicos es tan importante para la salud y el bienestar de individuos y sociedades. Arquitectos, urbanistas, paisajistas, sociólogos y diseñadores de productos usan la psicología ambiental para mejorar nuestras vidas.

Hacinamiento y densidad

Los psicólogos ambientales distinguen entre la medición física de la densidad (cuántas personas hay en un espacio determinado) y el hacinamiento (el sentimiento psicológico de no tener espacio suficiente). Normalmente se requiere una alta densidad para que se produzca el fenómeno del hacinamiento, que hace que las personas experimenten saturación sensorial, pérdida de control y estrés y ansiedad crecientes.

Sin embargo, algunos psicólogos ven el hacinamiento como algo neutro, no siempre negativo, y creen que el estado de ánimo y la conducta de las personas se intensifican con la densidad. Si un individuo está disfrutando de un concierto, la sensación de hacinamiento aumenta su disfrute. En cambio, si el evento es desagradable, el hacinamiento hará que la experiencia sea aún peor.

En un entorno comunitario, el hacinamiento puede acentuar la conducta dominante: un grupo agresivo puede volverse violento a medida que aumenta la densidad. Por contra, crear espacios sociales positivos como parques y zonas peatonales en entornos urbanos de alta densidad puede ayudar a mejorar el estado de ánimo general y a distender el ambiente.

LA VIDA URBANA MODERNA hace que sea difícil mantener un nivel cómodo de espacio personal. Las altas densidades de población provocan hacinamiento en las calles, en el transporte público y en las oficinas y otros edificios. Una solución es un minucioso diseño del entorno.

Seguridad en la comunidad

Las comunidades ponen en práctica diferentes sistemas para mantener a sus miembros a salvo física y psicológicamente ante los riesgos del mundo real y de internet.

Enfrentarse al peligro

Para que las comunidades puedan florecer, las personas necesitan sentirse seguras física y psicológicamente. Los crímenes (robos, asesinatos y ciberdelitos) causan un impacto psicológico a largo plazo. Las personas expuestas directa o indirectamente al crimen experimentan estrés, miedo, ansiedad, problemas de sueño, sensación de vulnerabilidad e indefensión o trastornos extremos como TEPT (p. 62) y amnesia (p. 89).

Efecto espectador

Quienes presencian un crimen tienen menos probabilidades de ayudar a la víctima si hay otros testigos presentes. Cuantos más espectadores haya, menos probable es que alguien ofrezca ayuda. Esta inacción surge de las distintas interpretaciones de la situación.

Emergencia

Es menos probable que se ayude a una víctima si los espectadores no interpretan la situación como un asunto serio, sino como algo cotidiano.

Ambigüedad

En situaciones de gran ambigüedad, en las que no se sabe si una persona necesita ayuda, se tarda más en actuar que cuando esa necesidad está clara.

Entorno

Cuando los espectadores no conocen bien el entorno donde tiene lugar una crisis, es menos probable que ofrezcan ayuda.

Prevención

El efecto espectador puede revertirse con indicaciones que eleven la conciencia pública y recuerden a la gente su reputación social. Colocar cámaras de seguridad en lugares públicos puede crear este efecto.

Las comunidades ponen en práctica distintas estrategias para conservar el orden y mantener a sus miembros a salvo. En las ciudades, esto conlleva centrarse en los primeros interventores (equipos médicos de emergencia, policía y bomberos), optimizar las comunicaciones y la colaboración de emergencia, crear señalizaciones viales claras e instalar iluminación adecuada en calles y parques.

Una importante prioridad es proteger a los niños, por lo que a menudo se enfatiza la seguridad escolar. Un entorno seguro es esencial para aprender, porque el estrés prolongado perjudica la capacidad cognitiva de los niños. La seguridad escolar puede incrementarse instalando cierres en las puertas, iluminación adecuada en los vestíbulos y un sistema de registro para visitantes.

Hay una creciente tendencia a instalar videovigilancia en los lugares públicos para reducir el crimen. Sin embargo, aunque un CCTV (circuito cerrado de televisión) puede ayudar a prevenir crímenes y a resolver delitos, existen dudas sobre la ética y la efectividad de estas cámaras. Algunos criminólogos afirman que las cámaras no previenen la mayoría de los crímenes y proporcionan un sentimiento de falsa seguridad, lo que provoca que la gente tome menos precauciones y, por tanto, se conviertan más fácilmente en víctimas.

Indicadores sociales

Las personas se miran buscando indicadores de cómo comportarse en una situación. La inacción de algunos espectadores provoca inacción en los demás.

Dispersión de la responsabilidad

Cuando varias personas ven un crimen, es menos probable que ayuden a la víctima, pues esperan que otro asuma esa responsabilidad.

CASO PRÁCTICO: SÍNDROME GENOVESE

Poco después de las tres de la madrugada del 13 de marzo de 1964, Kitty Genovese, de 28 años, fue asesinada ante el bloque de apartamentos donde vivía, en Nueva York. Volvía a casa tras salir de su trabajo en un bar cuando Winston Moseley la atacó, la apuñaló y la violó. Las primeras noticias del suceso señalaban que hubo 38 testigos del ataque: vecinos que miraron y no hicieron nada para ayudar a Genovese. A raíz de ello, los psicólogos acuñaron el término «síndrome Genovese» y comenzaron a estudiar este fenómeno sociopsicológico, que más tarde se ha llamado el «efecto espectador» (izquierda).

COMUNIDADES VIRTUALES

En la era digital, las comunidades virtuales y las redes sociales son lugares donde la gente satisface sus necesidades psicológicas de compañía, autoestima, aceptación y pertenencia. Pero la conexión virtual también conlleva peligros. La sensación de anonimato y de invisibilidad puede hacer que la gente diga y haga cosas en internet que no harían en persona. Esto se conoce como el «efecto de desinhibición», que puede conducir a discursos de odio, ciberacoso, *trolling* y *grooming*. Aprender a mantenerse a salvo en internet es, por tanto, esencial, especialmente para la población más vulnerable, los niños.

La psicología del consumidor

El estudio de los consumidores y de cómo se comportan –qué quieren, qué necesitan y los factores que influyen en sus hábitos de compra y consumo– se llama psicología del consumidor. Las personas están constantemente tomando decisiones sobre qué productos y servicios comprar y a quién, desde bienes básicos como comida, refugio y ropa, a lujos comunes como *smartphones* y coches.

Qué impulsa la conducta del consumidor

Hay numerosos factores que influyen en la decisión de un consumidor: el coste, la marca, la accesibilidad, el tiempo de envío, la caducidad del producto, su estado de ánimo, el envoltorio y los patrocinadores. Los negocios buscan entender las necesidades y motivaciones de sus clientes para ofrecerles servicios y productos de forma atractiva. La manipulación de detalles nimios puede hacer variar las actitudes y persuadir a la gente de comprar los productos de una compañía.

EL PODER DE LA PUBLICIDAD

La psicología del consumidor es importante para crear anuncios que destaquen entre el bombardeo de publicidad.

❯ **Enfoque tradicional** Los colores brillantes y las melodías pegadizas son todavía algo efectivo y popular en los anuncios televisivos.

❯ **Conocimientos compartidos** Recurrir a representaciones compartidas por toda la sociedad, como referencias a un famoso programa de televisión, involucra a la audiencia.

❯ **Diseño gráfico** En los anuncios de periódicos y revistas, el diseño, el uso del contraste y el estilo de las fuentes son cruciales.

❯ **Humor** Hacer reír evita el aburrimiento y ayuda a fijar el nombre de un producto en la mente del espectador.

❯ **Valoración del consumidor** Curiosamente, no decir el nombre puede ser efectivo: la gente recuerda las cosas mejor si debe averiguarlas por sí misma en lugar de absorberlas de forma pasiva.

Recomendación
A la gente le gusta comprar productos que usan sus amigos y las personas a las que admiran.

Valoración
Los consumidores leen valoraciones para decidir qué comprar.

«**Saber** quiénes son **tus clientes** es **fantástico**, pero **saber cómo se comportan es aún mejor**».

Jon Miller, empresario de marketing estadounidense

Información de marca

Los consumidores quieren saber cómo pueden beneficiarse si compran un producto.

Confianza

El comprador necesita confiar en que la empresa cumplirá lo que promete y protegerá sus datos personales y bancarios.

Promociones

Los consumidores se sienten atraídos por las promociones, especialmente si perciben una buena relación calidad-precio.

Experiencias pasadas

Las experiencias pasadas motivan a las personas, por lo que la familiaridad con una marca tiene mucha fuerza.

Precio

El consumidor compra cuando los productos tienen una buena relación calidad-precio. Elegir con cuidado los precios incrementa las ventas.

Comprender la conducta de consumo

Entender cómo toman decisiones las personas sobre lo que quieren, necesitan y compran es esencial para tener éxito en el marketing, pues esto ayuda a las compañías a predecir cómo responderán los consumidores a nuevos productos.

Decidir qué comprar

La conducta de un consumidor está influida por factores psicológicos, como su percepción sobre qué necesita, su actitud y su capacidad de aprendizaje; factores personales, como hábitos, intereses, opiniones y forma de tomar decisiones, y factores sociales, como familia, compañeros de trabajo y afiliaciones.

Las empresas obtienen estos datos de grupos focales y de fuentes de internet, como valoraciones de clientes, páginas web de preguntas y respuestas, sondeos, investigación de palabras clave, análisis de tendencias y de motores de búsqueda, comentarios de blogs, redes sociales y estadísticas oficiales.

Se llama predicción de consumo a la forma en que la gente decide qué opciones le proporcionarán la mayor satisfacción presente y futura. Tiene dos dimensiones: la utilidad de un evento futuro (cuánto placer o dolor obtendrá una persona, por ejemplo, en un viaje a París en lugar de una escapada a Nueva York, o si obtendrán más placer comiendo chocolate o apio) y la probabilidad de que se dé ese hecho.

Reacción emocional

Las emociones son un importante factor en la conducta del consumidor. Determinan aquello en lo que se concentran los consumidores, cómo procesan la información y cómo predicen que se sentirán tras tomar una decisión. Los sentimientos ignoran la razón al evaluar un anuncio y producen juicios más

> «Una vez entiendes la conducta de consumo, todo lo demás está claro».
>
> Thomas G. Stemberg, filántropo y empresario estadounidense

La paradoja de la elección

Los consumidores prefieren tener opciones, pero no demasiadas. En un estudio del año 2000, de los clientes que debían elegir entre 24 tipos de mermelada, solo el 3 % compraron alguna. Sin embargo, de los que debían elegir entre 6 tipos, el 30 % hizo una compra. Lo mismo se aplica a cualquier producto, desde servicios legales a pintura.

Emoción negativa
Cuando no hay opciones, los consumidores sienten que no tienen voz ni voto en el asunto y pierden la motivación de comprar.

PINTURA AMARILLA

No tener opciones puede ser malo.

EMOCIÓN POSITIVA

EMOCIÓN NEGATIVA

NÚMERO DE OPCIONES

rápidos y más consistentes. Las empresas intentan provocar siempre en sus clientes reacciones emocionales con sus productos, pues las emociones están presentes en todas las etapas del proceso de compra, desde buscar y evaluar hasta elegir, consumir y, finalmente, deshacerse de un producto.

Las empresas evalúan con detalle la valencia (lo positiva o negativa que es la emoción) y la excitación del consumidor. El enfoque cognitivo analiza lo que piensa el consumidor de sus propios sentimientos. Todo contribuye a medir lo listo que está un consumidor para pasar a la acción de comprar o consumir.

CATEGORIZACIÓN DE CONSUMIDORES

Los expertos en marketing crean detallados retratos de los hábitos de consumo, las preferencias y los estilos de vida de sus clientes y usan fuentes externas para predecir la conducta de los consumidores y crear campañas efectivas. Se valen de diferentes variables para construir un detallado perfil de su mercado objetivo.

❯ **Psicográfica** Personalidad; actitud positiva o negativa ante la vida; ética: si trabaja mucho o dona a causas benéficas, por ejemplo.

❯ **Conductiva** Lugar preferido para comprar, en internet y en el mundo real; frecuencia de compras; gasto típico; uso de tarjetas de crédito; grado de lealtad a una marca.

❯ **Sociográfica** Uso de las redes sociales; nivel de actividad en la comunidad; opiniones políticas; pertenencia a grupos o clubes.

❯ **Geográfica** Continente; ciudad o campo; código postal; trabajo asociado y oportunidades sociales; clima.

❯ **Demográfica** Grupo de edad; si tiene o no pareja; número de hijos; nacionalidad; origen étnico; religión, ocupación, salario.

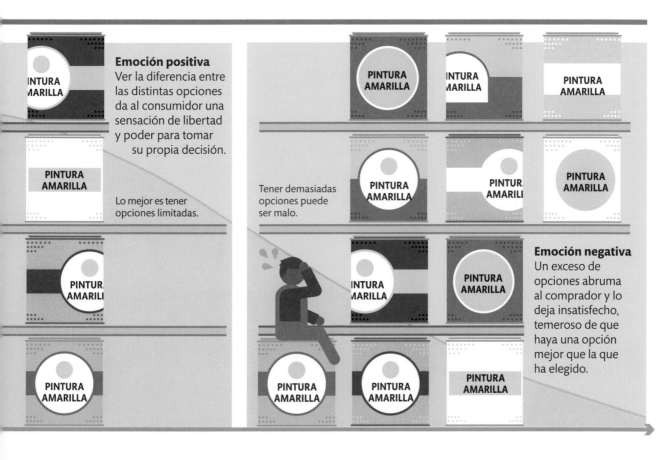

Emoción positiva
Ver la diferencia entre las distintas opciones da al consumidor una sensación de libertad y poder para tomar su propia decisión.

Lo mejor es tener opciones limitadas.

Tener demasiadas opciones puede ser malo.

Emoción negativa
Un exceso de opciones abruma al comprador y lo deja insatisfecho, temeroso de que haya una opción mejor que la que ha elegido.

Cambiar la conducta de consumo

El éxito de una empresa depende de lo bien que venda sus productos a los consumidores, lo cual requiere persuasión. Para persuadir es esencial la capacidad de cambiar las actitudes de las personas.

Actitudes y persuasión

Las empresas, para persuadir al público de que compre sus productos, necesitan influir en las actitudes, es decir, las evaluaciones que las personas se forman de las ideas, los objetos y otras personas. Los psicólogos de consumo estudian cómo influir en las actitudes y cómo responden los compradores a la persuasión.

La actitud es una motivación central en la conducta de consumo. Afecta a cuándo compra un consumidor, al dinero que se gasta y a si escoge un producto y no otro. El que a un consumidor le guste o no un producto es un reflejo de su actitud: positiva, neutra o negativa. Cuanto más tiempo haya durado una actitud, más fuerte es y más resistente al cambio. La base subyacente

LAS REGLAS DE ORO DEL MARKETING

Internet ha revitalizado el marketing al darle un mayor alcance. Pero el núcleo del marketing sigue siendo el mismo: producto, precio, promoción y lugar.

> **Producto** Tanto en bienes tangibles como de un servicio intangible, el producto debe satisfacer las necesidades del cliente y beneficiarlo.

> **Precio** Suministro, demanda, beneficio, margen y estrategia de marketing: todo depende del precio. Incluso ínfimas modificaciones afectan a las ganancias.

> **Promoción** Comunicar la información relevante sobre el producto se llama promoción de ventas.

> **Lugar** Encontrar el lugar de venta ideal convierte a los clientes potenciales en clientes reales. La SEO (optimización web) es un modo de mejorar el posicionamiento en los buscadores para un negocio virtual.

El poder de la persuasión

Hay seis persuasivos principios de marketing de los que se valen los comerciantes y otros negocios. Incluso si la gente se resiste en un principio a la persuasión, su actitud y su conducta pueden cambiar con el tiempo.

Compromiso

Las personas se sienten parte de una comunidad y están más dispuestas a comprar cuando se las hace partícipes del servicio del producto: por ejemplo, entregándoles una tarjeta de descuentos.

Autoridad

El cliente desea creer en los líderes y en los vendedores. Busca credenciales y experiencia y prefiere comprar a alguien que evidentemente conoce su producto y puede venderle el artículo más adecuado.

Simpatía

Las personas tienden a comprar más a quienes les caen bien, les hacen cumplidos y los aprecian. Mostrar aprobación («¡Este vestido te queda muy bien!») anima al comprador potencial a gastar dinero.

puede ser un sentimiento («Este sofá es precioso»), una creencia («Está hecho de materiales ecológicamente sostenibles») o un comportamiento («Mi familia siempre ha comprado esta marca»). La persuasión que mejor funciona es la que encaja con la base del consumidor: un comentario sobre el aspecto del sofá funcionará mejor con una actitud basada en el sentimiento.

Persuasión: quién, qué y a quién

La persuasión se compone del «quién» (el persuasor), el «qué» (el mensaje) y el «a quién» (el receptor). El persuasor necesita tener credibilidad y es preferible que comparta similitudes con su audiencia. El mensaje se percibe como más positivo si contiene los pros y los contras del producto en lugar de una lista unilateral. Los mensajes son más poderosos cuando subrayan consecuencias altamente deseables, altamente probables e importantes. Cuantos más detalles, mejor. El mensaje debe repetirse pero no hasta el punto de la sobreexposición. Los receptores con una alta inteligencia son más difíciles de persuadir porque evalúan mejor el mensaje. Es más fácil persuadir a personas que ya se sienten felices, porque relacionan su estado de ánimo con el producto.

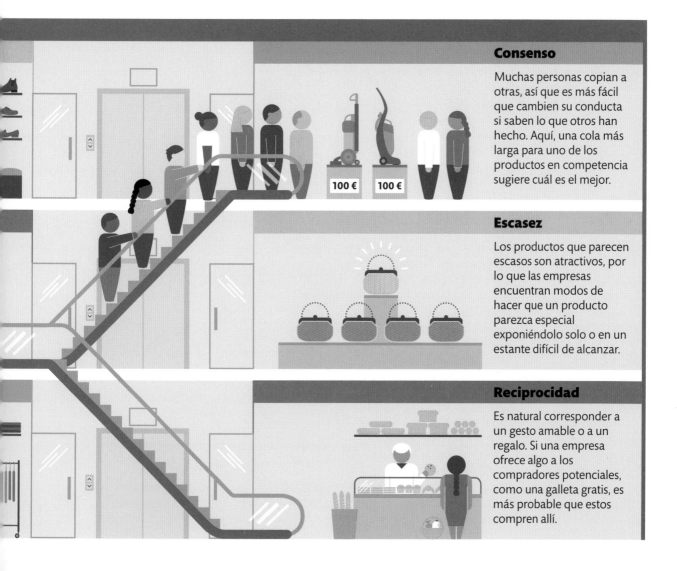

Consenso

Muchas personas copian a otras, así que es más fácil que cambien su conducta si saben lo que otros han hecho. Aquí, una cola más larga para uno de los productos en competencia sugiere cuál es el mejor.

100 € 100 €

Escasez

Los productos que parecen escasos son atractivos, por lo que las empresas encuentran modos de hacer que un producto parezca especial exponiéndolo solo o en un estante difícil de alcanzar.

Reciprocidad

Es natural corresponder a un gesto amable o a un regalo. Si una empresa ofrece algo a los compradores potenciales, como una galleta gratis, es más probable que estos compren allí.

La neurociencia del consumidor

Para las empresas, la neurociencia –el estudio del cerebro– añade una capa más a su comprensión de los consumidores.

Neuromarketing

Los neurocientíficos estudian la estructura y las funciones del cerebro y su impacto en los procesos de pensamiento y en la conducta de una persona. La aplicación de sus métodos a estudios de mercado de una marca se conoce como neuromarketing.

En lugar de confiar en lo que les dicen los consumidores –pues muchos individuos no pueden o no quieren expresar sus preferencias–, los expertos en neuromarketing observan la actividad cerebral de sus voluntarios cuando se los estimula con emociones, algo clave para comprar o no algo. El uso de la IRMf (imagen por resonancia magnética funcional, una técnica para medir la actividad del cerebro) permite ver qué circuitos específicos del cerebro contribuyen a la toma de decisiones y qué áreas del cerebro codifican las preferencias de ciertos productos sobre otros o de rasgos de productos como etiquetas de marca. Los estudios muestran, por ejemplo, que cuando se muestra a los participantes coches que les parecen atractivos, la actividad se incrementa en el área cerebral mesolímbica (ligada a las recompensas) y que las decisiones de las personas cambian cuando están más hambrientas, estresadas o cansadas de lo habitual.

Psicología de los precios

La IRMf produce una secuencia de imágenes que muestra cómo responden las personas a un producto antes de tomar una decisión consciente o inconsciente. Por lo que el orden en que los compradores potenciales reciben la información es importante. Los consumidores responden de forma diferente dependiendo de si conocen el precio antes o después de ver el producto. Esto cambia el foco de atención de «¿Me gusta?» a «¿Merece la pena?». La primera pregunta responde a un sentimiento emocional e intuitivo, mientras que la segunda es racional, por lo que se activan distintas áreas del cerebro.

Infografía

Condensar datos o información en un gráfico o diagrama ayuda a que se quede en la mente del consumidor. Se dice que una buena infografía vale mil palabras.

Fuentes

Lo atractivas que sean las letras y lo fáciles que sean de leer afecta a que el consumidor desee o no leer el mensaje que contienen.

Córtex prefrontal dorsolateral
Ligado a la memoria, ayuda a recordar asociaciones culturales y a modificar la conducta del consumidor.

Córtex prefrontal ventromedial
Las marcas preferidas activan esta parte del cerebro más que otras del mismo tipo de productos.

Vídeos

Las imágenes en movimiento pueden contar una historia y atraer a los consumidores acostumbrados a encontrar información en la televisión y en vídeos de internet y de las redes sociales.

Respuestas visuales

La mayoría de las personas son muy visuales, por lo que las imágenes y los gráficos tienen impacto. Las imágenes de alta calidad atraen la atención de los consumidores e incrementan su interés.

Formas

Las formas geométricas hacen que un producto parezca fiable y conocido, mientras que las formas orgánicas encajan con ideas creativas. Los bordes rectos son más severos que las curvas.

La psicología del color

Los colores comunican estados de ánimo y emociones y provocan una reacción. Los diseñadores y los expertos en marketing eligen colores para transmitir el mensaje que la marca o la empresa quiere comunicar.

❯ **Verde** El follaje y los verdes brillantes sugieren relajación y que un producto es natural, saludable, relajante, reconstituyente, reconfortante... El verde más oscuro o esmeralda sugiere riqueza.

❯ **Rojo** El rojo brillante obtiene una feroz respuesta: es excitante, sexy, apasionado, urgente, dramático, dinámico, estimulante, aventurero y motivador. En un contexto de peligro, puede dar una impresión agresiva o violenta.

❯ **Azul** El azul celeste sugiere tranquilidad, fiabilidad, serenidad e infinito, mientras que el azul brillante restalla de energía. El azul oscuro expresa autoridad y se asocia con lo profesional, los uniformes, la banca y la tradición.

❯ **Rosa** Mientras que el rosa brillante parece inocente, delicado, romántico y dulce –a veces rozando lo cursi–, el rosa brillante, al igual que el rojo, es un color caliente, sensual, llamativo, energético y festivo.

❯ **Púrpura** Ligado a la intuición y la imaginación, el púrpura es un color contemplativo, espiritual y enigmático, especialmente si contiene más azul. Los púrpuras con más rojo tienen una implicación más emocionante, de algo creativo, ingenioso y excitante.

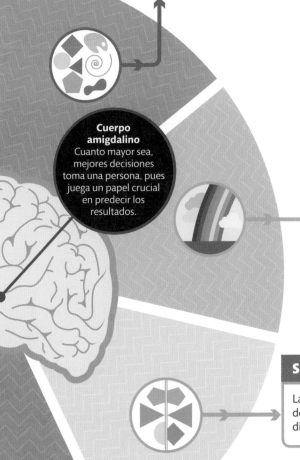

Cuerpo amigdalino
Cuanto mayor sea, mejores decisiones toma una persona, pues juega un papel crucial en predecir los resultados.

Simetría y proporción

La simetría y la proporción dan una sensación de armonía, mientras que la asimetría y la distorsión sugieren dinamismo o discordia.

Memes

Las fotografías con textos divertidos, sobre todo ridiculizando la conducta humana, se propagan por las redes sociales. La combinación de imagen y humor fija una idea o símbolo cultural en el cerebro.

Con el color, la marca puede aumentar su reconocimiento
en un **80** %

El poder de la imagen de marca

Un marca distingue a una empresa, o a sus productos y servicios, de los de la competencia. Sus valores pueden expresarse con imágenes, colores, logos, eslóganes y melodías. La marca crea un vínculo entre el proveedor y el cliente.

Identificarse con una marca

La mayoría de las personas señalan su identidad mediante su conducta, como conducir un coche deportivo, colgar artículos sobre política en las redes sociales o leer una obra de Shakespeare en un tren. Las marcas son tan importantes para los consumidores que las compran como para las compañías que ganan dinero con ellas, pues los consumidores ven sus posesiones como parte de sí mismos.

Las marcas icónicas permiten a los consumidores dar vida a sus deseos sobre su identidad. Cumplen la promesa de «lo que puede ser» en lugar de limitarse a «lo que es». Los consumidores pueden ser quienes quieran ser tan solo con cambiar lo que compran, proyectando así la autoimagen que desean para sí mismos a través de las marcas que eligen o con las que se identifican.

Personalidades de marca

Las compañías intentan proyectar un carácter distintivo a través de la personalidad de su marca. La mayoría de las marcas pueden agruparse en cinco tipos de personalidad. Los productos reflejan la personalidad de la marca, al igual que sus consumidores: eres lo que compras.

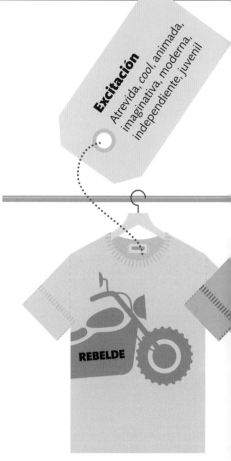

Excitación Atrevida, cool, animada, imaginativa, moderna, independiente, juvenil

REBELDE

DEFINIR LA IDENTIDAD DE MARCA

El profesor de estrategia de marketing Jean-Noel Kapferer creó el prisma de identidad de marca en 1996, que consta de seis aspectos importantes para formar identidad.

Físico La apariencia física de la marca, los materiales y las calidades, incluidos el envoltorio y los colores.

Personalidad El tipo de persona que sería si fuera humana.

Relación El vínculo que existe entre la marca y el consumidor, sobre todo importante para tiendas al por menor y el sector servicios.

Cultura La formación de un seguimiento de culto, íntimamente unido al país de origen.

Reflejo El espejo exterior: el tipo de persona a la que el consumidor percibe que se dirige la marca.

Autoimagen El espejo interior: cómo percibe la compañía su propia marca.

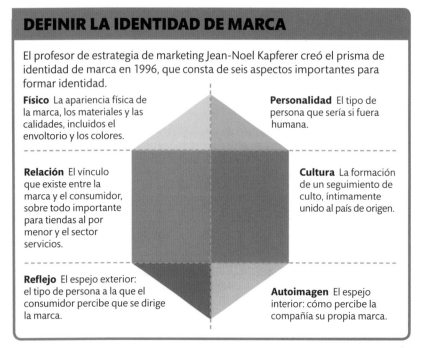

El boca a oreja influye en la lealtad a una marca, sobre todo con el auge de las redes sociales. Por ejemplo, el 29 % de los usuarios de Facebook siguen una marca y el 58 % han dado un «Me gusta» a una marca.

Marketing experiencial

En el marketing tradicional, una marca se presenta al cliente como algo fijo que debía tomarse o dejarse. El marketing experiencial anima al cliente a valorar la marca a medida que esta se desarrolla para construir lealtad a largo plazo. El objetivo es atraer a clientes potenciales al local o a la página web de la compañía y después hacer todo lo posible por mantenerlo allí.

El **77** % de los consumidores **compran** según la marca

DEBES SABER

> **Valor de marca** El poder de una marca respetada para generar más ventas que la competencia.

> **Amplitud de marca** El grado de efectividad con que la marca conecta con los consumidores.

> **Arquitectura de marca** El plan global de desarrollar más marcas y crear una jerarquía.

> **Clientes pegajosos** Los consumidores que son leales a una compañía y regresan para hacer más compras.

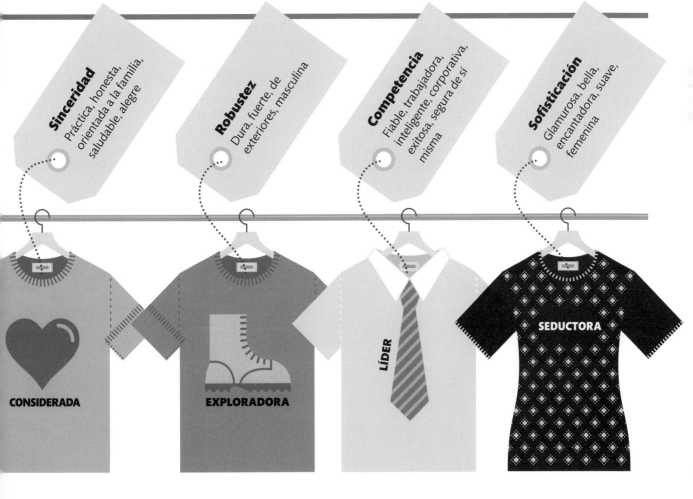

Sinceridad
Práctica, honesta, orientada a la familia, saludable, alegre

Robustez
Dura, fuerte, de exteriores, masculina

Competencia
Fiable, trabajadora, inteligente, corporativa, exitosa, segura de sí misma

Sofisticación
Glamurosa, bella, encantadora, suave, femenina

CONSIDERADA

EXPLORADORA

LÍDER

SEDUCTORA

El poder de la fama

Las compañías suelen usar a famosos y famosas como portavoces. Alguien famoso puede fortalecer el vínculo entre el consumidor y la marca.

Bajo el foco de los medios

La psicología de los medios se ocupa de cómo interactuamos con los medios de comunicación y con la tecnología de la información. Surgió en los años cincuenta con la llegada de la televisión. Hoy es cada vez más relevante. El poder de venta de los famosos es interesante para los psicólogos mediáticos, y también para las compañías que quieren un representante de su marca.

Las personas que están siempre en el centro de atención son vistas como creadoras de opinión y pueden conectar con los clientes mejor que la marca sola. Los consumidores, sobre todo los más jóvenes, están cada vez más obsesionados con la fama.

Para que un famoso promocione una marca de forma efectiva, debe encajar tanto con la marca como con el mercado objetivo. Si hay una separación entre marca y consumidor, el famoso debe hacer de puente. El famoso o famosa debe tener credibilidad, para poder compartir los valores de la marca. Por ejemplo, un jugador de fútbol que promociona una marca de balones o alguien que vive de su aspecto físico, como un modelo, un actor o un cantante de pop, que promociona una marca de champú. La compañía también debe fijarse en la imagen del famoso y, por ejemplo para promocionar una marca de zumos orgánicos, seleccionar a alguien conocido por su estilo de vida saludable. El famoso ideal es el que ya usa previamente la marca.

El atractivo físico está ligado a una imagen positiva, por lo que cuanto más atractivo sea el famoso, más éxito tendrá su promoción. Sin embargo, algunos psicólogos mediáticos piensan que una persona no famosa pero muy atractiva puede tener la misma eficacia como portavoz, lo cual, además, ahorra mucho dinero a la compañía.

Promociones de personas famosas

Las ventajas de un portavoz famoso son mayores que las desventajas siempre que encaje bien con la marca. El éxito engendra éxito y el acuerdo suele beneficiar al famoso y a la compañía.

Transferencia de personalidad

Los atributos positivos del famoso o famosa se adhieren a la marca, elevando su estatus en la conciencia del público.

Influye en las compras del consumidor

Seguir la marca lleva a comprar el producto que promociona el modelo de conducta.

El **45%** de los estadounidenses cree que **los famosos ayudan a vender**

Conciencia de marca instantánea

A medida que más gente relaciona al famoso con la marca, esta se hace más reconocible y deseable.

Define la imagen de la marca

El famoso hace que la marca sea más clara y esté mejor definida y puede incluso refrescar una imagen de marca agotada.

Nuevos clientes

Los seguidores de la persona famosa comienzan a seguir la marca para parecerse más a su ídolo.

Posiciona la marca

El posicionamiento de la marca la refuerza sobre los productos de la competencia.

Publicidad duradera

La asociación con el famoso dura incluso tras terminar el acuerdo de campaña.

ACOSO DE FAMOSOS

La mayoría de los acosadores de personas no famosas conocen personalmente a sus víctimas. Sin embargo, los acosadores de personas famosas no las suelen conocer, aunque ellos creen que sí. Las estrellas de más éxito, al promocionar una marca o a sí mismas, dan la sensación de que hablan personalmente a cada persona de su mercado objetivo. Un individuo mentalmente inestable puede tomarse esto en serio. El Dr. Sheridan, psicólogo forense, dice que «uno de los tipos más comunes de acosadores de personas famosas es alguien que de verdad cree que tiene algún tipo de relación con su víctima [...]. Para él, es algo real».

CONTRAS

> **Pérdida de reputación** Si la imagen de la persona famosa empeora, también lo hará la reputación de la marca.

> **Pérdida de popularidad** Si el éxito del famoso decae, la marca perderá también la lealtad de sus seguidores.

> **Sobreexposición** Si un famoso promociona numerosas marcas, puede que los consumidores sigan las otras marcas en lugar de esta.

> **Eclipsar** Los consumidores se centran en el famoso en lugar de vincularlo con la marca.

La psicología del deporte

Los entrenadores se centran en la técnica física, los psicólogos deportivos y del ejercicio físico se centran en la conducta, los procesos mentales y el bienestar de los atletas. Los psicólogos deportivos trabajan con individuos y los ayudan a enfrentarse a las exigencias de su deporte y a mejorar su rendimiento. El cometido de los psicólogos del ejercicio físico es más amplio: promueven un estilo de vida saludable y asesoran sobre los beneficios psicológicos, sociales y físicos de hacer ejercicio de forma regular.

Diferentes aspectos

Los psicólogos deportivos usan diversas técnicas para mejorar el rendimiento según el deporte del individuo, su personalidad, su motivación y su nivel de estrés, ansiedad y excitación. En los deportes de equipo, el entorno y las dinámicas de grupo influyen en el éxito.

Hablar con uno mismo

El monólogo interior del jugador afecta a cómo siente y cómo actúa. Cambiar los pensamientos negativos por positivos mejora el rendimiento.

¡PUEDO PARARLO!

Visualización

Crear una imagen mental de una buena jugada es útil para la preparación mental, para controlar la ansiedad, para la atención, para tener confianza, para aprender nuevas destrezas y para recuperarse de una lesión. La visualización funciona mejor en un entorno relajado y silencioso en el que el atleta pueda crear imágenes vívidas y controlables.

Desarrollar rutinas

Los psicólogos deportivos ayudan a un jugador a planear rutinas mentales y a mejorar su eficiencia. Esto se consigue en parte gracias a la gestión del tiempo: usar una agenda, fijarse objetivos realistas y aprovechar al máximo el tiempo de entrenamiento.

Fijación de objetivos

Fijarse objetivos ayuda a la motivación y a concentrarse en aspectos del rendimiento que deben mejorarse.

¿QUÉ HACEN LOS PSICÓLOGOS DEPORTIVOS Y DEL EJERCICIO FÍSICO?

Los enfoques que adoptan los psicólogos deportivos pueden ayudar a los atletas y a los miembros de un equipo antes, durante y después del partido, dentro y fuera del campo. Los psicólogos del ejercicio físico motivan al público en general.

❭ **Miedo al desempeño**
Enseñar técnicas para mejorar la concentración bajo presión y para gestionar la ira y la ansiedad.

❭ **Destrezas mentales**
Ayudar a los jugadores a mejorar su confianza en sí mismos, su autocontrol, su concentración, la fe en su capacidad, la comunicación entre ellos y su nivel de motivación.

❭ **Recuperación de lesiones**
Los ayudan a tolerar el dolor, a acostumbrarse al banquillo y a mantener un régimen de terapia física para enfrentarse a la presión de recuperar su capacidad anterior.

❭ **Motivar a los jóvenes**
Los psicólogos del ejercicio físico acuden a los colegios a ayudar a los profesores de Educación Física y a animar a los niños a hacer deporte. También pueden motivar a grupos de edades mayores a llevar una vida más saludable.

«Los campeones están hechos, en el fondo de su ser [...], de deseo, sueño, visión».

Muhammad Ali, campeón mundial de los pesos pesados

Hacer equipo

Hacer equipo, útil sobre todo al comienzo de temporada, ayuda a un grupo a trabajar de forma cohesiva, fija objetivos de grupo y promueve la confianza y el respeto. Un entorno libre y abierto, comunicación activa y asertividad contribuyen al éxito.

Gestionar la ansiedad

Si la excitación es demasiado intensa o demasiado baja para un óptimo rendimiento, un psicólogo deportivo puede ayudar a gestionar la ansiedad, el estrés y la ira con técnicas como ejercicios de respiración y meditación.

Mejorar destrezas

Comprender la psicología del aprendizaje de destrezas ayuda a un atleta a pulir su técnica durante las sesiones de entrenamiento para rendir al máximo en una competición.

Aprender nuevas destrezas

Todos los deportes están basados en técnicas y destrezas que requieren entrenamiento y práctica. Hay varias formas de aprender y mejorar destrezas, según su complejidad. Algunas se aprenden mejor por partes, practicando cada una por separado. El aprendizaje por partes sirve para destrezas complejas, como el saque en el tenis. Una vez el atleta ha practicado cada elemento por separado, pone en práctica la destreza al completo. Otras destrezas es mejor aprenderlas y practicarlas de principio a fin, lo que se conoce como aprendizaje al completo y sirve para destrezas como una voltereta, la cual no es fácil separar en partes.

Meseta de aprendizaje

Aprender una nueva destreza comienza despacio porque todo es desconocido. El aprendiz entra después en una fase de rápida aceleración cuando los movimientos físicos se vuelven más familiares y automáticos. Por último, se llega a una meseta cuando el aprendiz deja de

Continuo de destrezas

Las destrezas abiertas y cerradas existen a lo largo de un continuo y la mayoría se encuentra entre los dos extremos. Los jugadores de tenis deben dominar tanto destrezas abiertas como cerradas, pues inician algunas acciones pero también tienen que responder a las acciones de su adversario.

DESTREZAS CERRADAS
Un servicio de tenis es una destreza cerrada. Se realiza en un entorno estable y predecible y el jugador sabe exactamente qué hacer y cuándo hacerlo. La acción de servir la pelota tiene un principio y un final claros.

Convertir las partes en un todo

Servir una pelota de tenis conlleva una compleja serie de seis movimientos que el jugador puede aprender por partes. Una vez ha aprendido los primeros cuatro componentes, ya puede practicar el método al completo, lo que le proporcionará un instinto para la técnica completa.

1. Agarra la pelota relajadamente con las yemas de los dedos.

2. Bota la pelota entre dos y cuatro veces.

3. Lanza la pelota hacia arriba, un poco delante de ti.

«El cielo no tiene límites. Tampoco yo».

Usain Bolt, campeón olímpico de velocidad

progresar porque se aburre o porque la siguiente fase es demasiado difícil. Para poder salir de la meseta y seguir ascendiendo y mejorando, el aprendiz debe fijarse nuevos objetivos, asegurar la preparación física para la siguiente fase, acortar las sesiones de entrenamiento para evitar la fatiga y dividir la destreza en varias partes.

Algunas destrezas dependen por completo del aprendiz (cerradas) y otras, en cambio, requieren que el jugador reaccione (abiertas), por ejemplo, devolver una pelota (abajo). Hay diferentes tipos de entrenamiento adecuados para cada tipo de destreza, pero cuanto más placentero resulte el entrenamiento, más rápido avanza el aprendiz.

FASES DE APRENDIZAJE

Los atletas pasan por tres fases de aprendizaje cuando intentan dominar una nueva destreza.

❱ **Fase cognitiva o de comprensión**
Poner en práctica la destreza requiere toda la atención del atleta. Es un proceso de ensayo y error, con un bajo porcentaje de acierto.

❱ **Fase asociativa o verbal motriz**
El rendimiento es más consistente a medida que se forman los programas motrices (los modos en los que el cerebro controla los movimientos). Los elementos más simples parecen ahora fluidos, pero otros más complejos requieren más atención. El atleta es más consciente de lo que hace mal.

❱ **Fase autónoma o motriz** El rendimiento es consistente y fluido, los programas motrices están almacenados en la memoria a largo plazo y la destreza se hace automática y requiere poco esfuerzo consciente. La atención se centra en los oponentes y en la táctica.

DESTREZAS ABIERTAS
Recibir la pelota en el tenis es una destreza abierta, pues el jugador debe adaptarse a un entorno cambiante e impredecible. La meteorología, el terreno y los oponentes son variables a las que el atleta debe adaptarse.

ENTRENAMIENTO FIJO O VARIABLE

Los entrenamientos prefijados (o rutinas) consisten en practicar de forma repetida una destreza para fortalecer la memoria muscular y hacer que la destreza sea más natural y automática. Este tipo de entrenamiento funciona mejor con las destrezas cerradas.

El entrenamiento variable, que sirve para las destrezas abiertas, consiste en practicar una destreza en situaciones variables. Esto ayuda al atleta a formar una serie de respuestas para posibles situaciones en una competición.

4. Lleva la raqueta hacia atrás y hazla descender tras tu cabeza, flexionando el codo.

5. Golpea la pelota en su punto más alto con el centro de la parte superior de la raqueta.

6. Continúa el movimiento hasta llevar la raqueta hacia abajo, hasta el pie contrario.

Mantenerse motivado

Los atletas tienen que mantenerse motivados. Sin el deseo y la motivación continuos de mejorar su rendimiento, se vienen abajo su preparación física y factores psicológicos como la concentración y la confianza en sí mismos.

¿Cómo funciona?

El entrenamiento, la puesta en forma y la competición requieren autodisciplina y pueden ser muy estresantes. Para fijarse objetivos realistas, los atletas deben mantener altos niveles de motivación, sobre todo al enfrentarse con la fatiga o el fracaso. Esa motivación puede ser intrínseca (interna) o extrínseca (basada en recompensas externas).

Cuando alguien participa en un deporte por amor a la actividad o por realizarse personalmente, está motivado de forma intrínseca. Como este tipo de motivación refleja actitudes muy asentadas, tiende a ser consistente y permite una mejor concentración y rendimiento. Un error es menos estresante para un atleta motivado de forma intrínseca, pues se concentra en mejorar sus destrezas y no solo en ganar.

Quien participa en un deporte o un ejercicio para ganar beneficios tangibles, reconocimiento o evitar consecuencias negativas está motivado de forma extrínseca: se concentra en los resultados de las competiciones y no en los beneficios de entrenar y prepararse. La motivación extrínseca es menos consistente que la intrínseca, pero puede ser un poderoso impulso del rendimiento competitivo.

Objetivos SMART

Independientemente del tipo de motivación de un jugador, sus objetivos son alcanzables solo si son SMART: siglas en inglés de específicos, medibles, alcanzables, realistas y temporales. Por ejemplo, correr 5 km en 30 minutos tras 6 semanas de entrenamiento.

> «Debes **encontrar algo** a lo que agarrarte, algo **que te motive**, que **te inspire**».
>
> Tony Dorsett, ex *running back* de fútbol americano

Motivación intrínseca

Los atletas motivados de forma intrínseca hacen deporte por razones personales: por placer, por desafío o competición, por el deseo de rendir al máximo, triunfar y mejorar sus destrezas. En este caso, el puro gozo de zambullirse es la motivación.

Seguir motivado

La motivación es crucial para que los atletas entrenen de forma regular, desarrollen sus destrezas y rindan al máximo. La motivación se alimenta de factores internos y externos, y para mantenerla hay que fijar objetivos de forma regular.

REPUTACIÓN

PUNTOS

PREMIOS

TEORÍA DE LA MOTIVACIÓN DE LA EXCITACIÓN

La excitación es la intensidad de la motivación. Los extrovertidos necesitan un alto nivel de excitación para implicarse en el deporte, y los tímidos rinden mejor a niveles bajos.

❯ **Teoría de la motivación de Hull** El rendimiento mejora con la excitación. El atleta rinde mejor bajo presión por su mayor destreza y su capacidad de gestionar el estrés.

❯ **Ley de la U invertida** La excitación mejora el rendimiento, pero solo hasta cierto punto.

MOTIVACIÓN Y HOLGAZANERÍA

El rendimiento de equipo no mejora necesariamente cuando el equipo aumenta. Esto es debido a la llamada holgazanería social. Se tiende a contribuir menos a los objetivos de grupo cuando hay muchas personas involucradas. Esto puede crear conflictos e impactar negativamente en la dinámica del equipo.

Por ejemplo, si los miembros motivados del equipo sienten que los demás dejan que ellos lo hagan todo, pueden reducir deliberadamente su carga de trabajo o incluso dejar de colaborar para no ser explotados por los miembros menos productivos.

Para superar este problema, un entrenador puede usar evaluaciones de rendimiento para definir el papel de cada jugador, sus puntos fuertes y sus debilidades y establecer cómo pueden beneficiar individualmente al equipo. Esto ayuda a que todo el mundo en el equipo trabaje por el mismo objetivo.

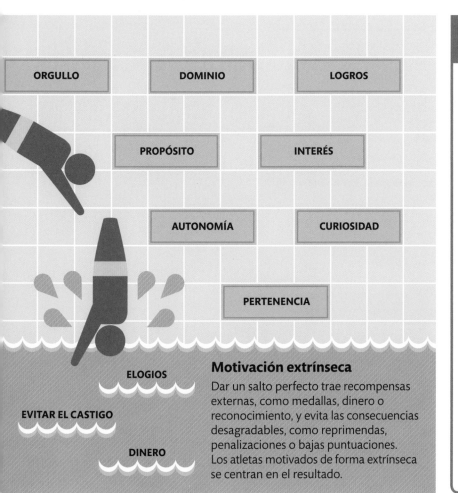

Motivación extrínseca

Dar un salto perfecto trae recompensas externas, como medallas, dinero o reconocimiento, y evita las consecuencias desagradables, como reprimendas, penalizaciones o bajas puntuaciones. Los atletas motivados de forma extrínseca se centran en el resultado.

Entrar en la zona

Un estado psicológico óptimo tiene lugar cuando hay un equilibrio entre el nivel de desafío de la actividad y la capacidad del individuo para enfrentarse a ella. Se denomina flujo.

¿Qué es el flujo?

El psicólogo húngaro Mihaly Csikszentmihalyi identificó un estado en el que «una persona está tan sumergida en una actividad que nada más importa; la experiencia es tan placentera que continuará practicándola aunque sea a un alto precio, por el puro placer de hacerlo». Bautizó este elusivo estado como «flujo».

Para un atleta, el flujo es una de las experiencias más ricas y que más potencian su rendimiento. Este estado mental, a veces llamado estar «en la zona», ocurre cuando un atleta está por completo implicado en su actuación, pierde la percepción del tiempo, es capaz de concentrarse sin ninguna distracción, siente que la tarea es difícil pero no abrumadora y tiene la sensación de estar conectado a algo más grande que él mismo.

En el estado de flujo, el rendimiento se vuelve consistente, automático y excepcional.

Conseguir el flujo

Independientemente de su nivel, todo atleta puede encontrar el flujo. Los entrenadores crean el entorno adecuado fomentando el compromiso y los logros, fijando objetivos claros para el equipo y para los individuos, encargándoles retos que entren dentro de sus capacidades y ofreciendo valoraciones consistentes y constructivas.

El córtex prefrontal se desconecta

Los procesos de pensamiento superiores, como la resolución de problemas y la autocrítica, se desactivan temporalmente.

Cerebro en flujo

El cerebro experimenta varios cambios en el estado de flujo, lo que permite a una persona quedar por completo absorta en su tarea y rendir de forma extraordinaria sin necesidad de pensamiento consciente.

CONSEGUIR EL FLUJO

❯ **Escoge una actividad que te guste** Si tienes ganas de hacer una tarea, te será más fácil perderte en ella.

❯ **Asegúrate de que es un reto, pero no es demasiado difícil** La tarea debería ser lo bastante difícil para que necesites toda tu concentración, pero estar dentro de tus posibilidades.

❯ **Encuentra tu hora cumbre** Puedes entrar en el flujo más fácilmente durante un momento de energía cumbre.

❯ **Elimina las distracciones** Deshacerte de las distracciones te permite concentrarte por completo en la tarea.

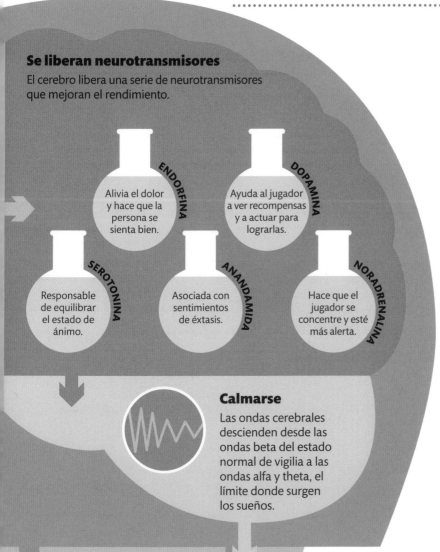

Se liberan neurotransmisores

El cerebro libera una serie de neurotransmisores que mejoran el rendimiento.

ENDORFINA
Alivia el dolor y hace que la persona se sienta bien.

DOPAMINA
Ayuda al jugador a ver recompensas y a actuar para lograrlas.

SEROTONINA
Responsable de equilibrar el estado de ánimo.

ANANDAMIDA
Asociada con sentimientos de éxtasis.

NORADRENALINA
Hace que el jugador se concentre y esté más alerta.

Calmarse

Las ondas cerebrales descienden desde las ondas beta del estado normal de vigilia a las ondas alfa y theta, el límite donde surgen los sueños.

Ondas cerebrales

Las ondas cerebrales se producen por los impulsos eléctricos sincronizados de las neuronas que se comunican unas con otras. Se dividen en bandas de velocidad (Hz). Cuanta más velocidad, más alerta está la persona.

GAMMA
31-100 Hz

BETA
16-30 Hz

ALPHA
8-15 Hz

THETA
4-7 Hz

DELTA
0,1-3 Hz

TRABAJO EN EQUIPO Y FLUJO

A veces, los miembros fuertes de un grupo pueden ayudar al equipo a entrar en el estado de flujo. El flujo es crucial en los deportes en pareja, como los dobles de tenis, donde ambos deben funcionar como una unidad, y más aún en el patinaje artístico, donde un error de uno puede hacer que el otro se caiga.

❯ **La unidad** y la conexión emocional entre compañeros de equipo da el apoyo positivo necesario para llegar a altos niveles de rendimiento.

❯ **La armonía** entre los miembros del equipo hace que se comuniquen con éxito.

❯ **La interacción exitosa** entre los miembros de un equipo es básica en deportes como el remo, en el que si un miembro del equipo se sale del ritmo o no está a la altura, todo el equipo sufre. La clave es el entrenamiento regular en equipo.

AUNAR ESFUERZOS en deportes como la natación sincronizada, en la que las partes forman un todo visual, es crucial, pues las miembros del equipo dependen unas de otras para alcanzar la zona donde la perfección surge de forma espontánea.

Ansiedad competitiva

Muchos atletas sufren de nervios, lo que los pone en tensión y hace que rindan por debajo de su nivel óptimo. Existen técnicas psicológicas para ayudarlos a gestionar esa ansiedad.

¿Qué es?

Un poco de ansiedad es normal y saludable antes de un partido, e incluso mejora el rendimiento. Pero la ansiedad intensa durante la competición puede hacer que el atleta rinda menos e incluso que se «paralice», dañando su autoestima y, finalmente, obstaculizando su carrera. También recibe el nombre de «ahogo» o «miedo escénico», pues afecta a actores y músicos.

Los síntomas físicos incluyen pulso acelerado, sequedad bucal, nudo en la garganta, temblores y náuseas. Es la reacción de lucha o huida: una descarga de adrenalina que pone el cuerpo en un estado de fuerte excitación. Los síntomas psicológicos incluyen una súbita reluctancia a competir o falta de interés en el deporte, además de fatiga, problemas de sueño e incluso depresión.

La ansiedad competitiva puede ocurrir por la inseguridad y por pensar demasiado en el proceso físico. Muchas actividades –como correr, lanzar con un bate o tocar el violín– es mejor realizarlas usando la memoria muscular en lugar del pensamiento consciente. Para lograr el mejor rendimiento, partes del cerebro deberían quedar en piloto automático y no controlar constantemente la acción.

El ciclo de la ansiedad competitiva

La ansiedad puede causar un círculo vicioso donde el miedo a fallar paraliza al atleta. Esto lleva a que este cometa más errores, lo que alimenta su miedo a fallar.

Zona de estrés

Una vez atrapado en el ciclo de tensión, pensamiento negativo, e inseguridad, el nivel de estrés lleva a cometer errores.

RENDIMIENTO (FÍSICO Y MENTAL)

RENDIMIENTO CON ELEVADA PRESIÓN
La presión intensa puede motivar al atleta a rendir al máximo, pero también puede producir ansiedad.

DESCARGA DE ADRENALINA
Ante un reto, el cuerpo produce una descarga de adrenalina que pone al atleta en modo de luchar o huir.

LA TENSIÓN FÍSICA DIFICULTA LAS DESTREZAS
La tensión agarrota los músculos, dificultando las destrezas, el desempeño normal.

INSEGURIDAD INCREMENTADA
El atleta se siente físicamente torpe y se concentra en destrezas que deben ser automáticas.

NIVEL DE EXCITACIÓN

¿Quién puede ayudar?

Trabajar con un entrenador o con un psicólogo deportivo puede ayudar a un jugador a controlar la tendencia a «ahogarse» cuando tiene que jugar. Un factor importante para superar la ansiedad es su nivel de confianza en sus destrezas y capacidades. Un entrenador o un psicólogo deportivo, al hacer énfasis en sus éxitos y celebrar sus esfuerzos (evitando añadir presión sobre el rendimiento), ayuda a fortalecer su confianza. Este enfoque puede prevenir, minimizar y contrarrestar la ansiedad competitiva con el tiempo.

GESTIONAR LA ANSIEDAD COMPETITIVA

Los entrenadores y los psicólogos ayudan a gestionar la ansiedad competitiva, pero también existen muchas técnicas que los atletas pueden practicar por sí mismos para reducir la ansiedad.

❯ **Normaliza el nerviosismo** Todo el mundo siente algo de ansiedad competitiva, es normal.

❯ **Prepárate y entrena** Mejora la memoria muscular para fortalecer tu confianza en ti mismo.

❯ **Visualiza una actuación de éxito** Sigue mentalmente cada paso e imagina una experiencia libre de dolor y de ansiedad.

❯ **Monólogo interior positivo** Líbrate de los pensamientos negativos y reemplázalos con positivos.

❯ **Cuida de ti mismo** Haz ejercicio, come sano y duerme mucho antes del día de la competición.

❯ **Recuerda que lo principal es divertirse** Cambia el foco desde el rendimiento al puro disfrute del deporte.

«**Nunca dejes** que el **miedo a fallar** se interponga **en tu camino**».

George Herman «Babe» Ruth, legendario jugador de béisbol

PARÁLISIS Y ERRORES CRECIENTES
Cuando crecen la ansiedad y la tensión, el atleta se paraliza y no rinde, lo que lo lleva a cometer más errores.

MONÓLOGO INTERIOR NEGATIVO
Los pensamientos se vuelven más negativos y críticos, centrados en los errores y en posibles puntos débiles.

MÁS ERRORES
El monólogo interior negativo aumenta la ansiedad y distrae de la tarea inmediata, lo que provoca más errores.

Nivel de excitación
Un poco de excitación favorece un buen rendimiento. Pero si la ansiedad sobrepasa la excitación óptima, causa inseguridad, parálisis y errores.

Test psicométricos

Hoy en día, los directivos usan mucho los test psicométricos, desarrollados por primera vez a comienzos del siglo XX, para analizar la idoneidad de los nuevos empleados.

¿Qué son?

El psicólogo francés Alfred Binet diseñó el primer test de inteligencia moderno en 1905 como resultado de una ley que hacía obligatorio para los niños de Francia asistir al colegio desde los 6 años hasta los 14. Algunos niños con problemas de aprendizaje tenían dificultades para superar las exigencias del temario y el sistema educativo necesitaba una forma de medir estas dificultades y determinar si esos niños necesitaban educación especial. Binet se propuso crear test que valoraran la habilidad innata y no los logros académicos. Puso en práctica sus métodos con sus dos hijas, pues le intrigaban los diferentes modos en que exploraban el mundo y reaccionaban a él.

Con la ayuda de su colega Théodore Simon, Binet creó 30 test, varios para cada grupo de edad, que debían realizarse en condiciones controladas. La dificultad iba desde contar el número de pétalos de la ilustración de una flor a dibujar una imagen de memoria. El objetivo era que el niño o la niña pasara tantos test de su grupo de edad como fuera posible para alcanzar el nivel de competencia estándar de su grupo de edad.

El psicólogo Lewis Terman, de la Universidad de Stanford, adaptó los test y los publicó en 1916 como la escala de inteligencia Stanford-Binet. Sus investigaciones forman la base de la mayoría de los test de inteligencia del siglo XX. Los test psicométricos actuales todavía deben mucho a aquellos estudios franco-estadounidenses, pero el alcance se ha ampliado y ahora se usan más para ayudar a la contratación de adultos y a la orientación de carreras. Los directivos usan test psicométricos para eliminar candidatos no adecuados y para encontrar las ocupaciones más adecuadas para los individuos. Por ello, es importante que tengan confianza en la fiabilidad de los test.

HACER QUE LOS TEST SEAN JUSTOS

Los test psicométricos afectan a la obtención o no de un puesto de trabajo, por lo que deben ajustarse a estrictos patrones. Los test deben ser:

❯ **Objetivos** No debe haber lugar para que las opiniones subjetivas del evaluador afecten a la puntuación.

❯ **Normalizados** Las condiciones deben ser iguales para todos. Hay un límite de tiempo en los test de aptitud, de un minuto por pregunta, pero los cuestionarios de personalidad pueden no tenerlo, pues en ellos la veracidad es más importante que la velocidad.

❯ **Fiables** No debe haber factores que distorsionen los resultados.

❯ **Predictivos** Los test deben realizar una predicción adecuada del rendimiento del participante en la vida real.

❯ **No discriminatorios** Los test no deben poner a ningún participante en desventaja por razones de género o etnicidad.

Tipos de test

La mayoría de los test psicométricos incluyen un cuestionario de personalidad para valorar la motivación, el entusiasmo y la adecuación del candidato para un entorno de trabajo particular. Ahora que hay cada vez más trabajos centrados en el cliente y menos escalafones en la dirección, cada vez son más importantes las «destrezas blandas» (comunicación o llevarse bien con la gente), que pueden revelarse a través de los test de personalidad. Un directivo también puede emplear test de aptitudes para medir capacidades intelectuales específicas en función de una puntuación estándar.

El **80**% de las principales empresas usan test psicométricos para contratar personal

Test de aptitud

El participante elige entre varias respuestas (a veces por internet) sobre distintas materias o sobre un área específica. En la mayoría de los test hay preguntas de razonamiento verbal, numérico y abstracto para evaluar las destrezas de comunicación, aritmética y capacidad de aprender nuevas destrezas, aunque otros test son más especializados.

☑ **Capacidad verbal** Ortografía, gramática, analogías, seguir instrucciones y evaluar argumentos: mayoría de trabajos.

☑ **Capacidad numérica** Aritmética, secuencias, matemáticas básicas: mayoría de trabajos. Interpretación de gráficos, datos y estadísticas: puestos de directivo.

☑ **Razonamiento abstracto** Identificar un patrón (normalmente pictórico) para completar una secuencia: mayoría de trabajos.

☑ **Capacidad espacial** Manipular formas de 2D, visualización de formas de 3D en 2D: puestos con aptitudes espaciales.

☑ **Razonamiento mecánico** Comprensión de principios físicos y mecánicos: puestos en el ejército, servicios de emergencia, trabajos manuales, áreas técnicas e ingeniería.

☑ **Diagnosis de errores** Habilidad lógica para encontrar errores y repararlos en sistemas electrónicos y mecánicos: trabajos técnicos.

☑ **Comprobación de datos** Velocidad y precisión en la detección de errores: trabajos de oficina y de entrada de datos.

☑ **Muestra de trabajo** Ejercicio de bandeja de entrada, reunión de grupo, realizar una presentación: trabajos específicos.

«La psicometría proporciona algo que, como humanos, no se nos da bien: medición objetiva, fiable y válida de los rasgos de personalidad».

David Hughes, conferenciante en psicología organizacional en la Escuela de Negocios de Mánchester

Sí/No Verdadero/Falso

1 2 3 4 5 6 7

De acuerdo **En desacuerdo**

Cuestionarios de personalidad

El participante, a una serie de afirmaciones como «Me gustan las fiestas y otras ocasiones sociales», responde con Sí/No o Verdadero/Falso, o bien en una escala de cinco o de siete en De acuerdo/En desacuerdo. No hay respuestas correctas o incorrectas y es mejor responder de forma genuina. Alguien a quien no le gustan las fiestas pero responde que sí puede acabar, por ejemplo, en un puesto de atención al público para el que no es adecuado.

Índice

Agradecimientos

Dorling Kindersley quiere dar las gracias a
Kathryn Hill, Natasha Khan y Andy Szudek
por su asistencia editorial; a Alexandra
Beeden por la corrección de los textos, y a
Helen Peters por el índice.

Los editores agradecen a los siguientes el
permiso para reproducir sus fotografías:

(Clave: a: arriba; b: abajo; c: centro;
i: izquierda; d: derecha; s: superior)

33 Alamy Stock Photo: David Wall (bc).
39 Alamy Stock Photo: Anna Berkut (d).
48 Alamy Stock Photo: RooM the Agency
(cda). **51 Alamy Stock Photo:** Chris Putnam
(b). **57 Getty Images:** Mike Kemp (bd).

63 iStockphoto.com: PeopleImages (cdb).
77 Getty Images: danm (cdb). **93 Alamy
Stock Photo:** dpa picture alliance (d).
103 Alamy Stock Photo: StockPhotosArt -
Emotions (cdb). **117 Alamy Stock Photo:**
BSIP SA (cda). **121 iStockphoto.com:**
Antonio Carlos Bezerra (cda). **136 Alamy
Stock Photo:** Phanie (ci). **143 iStockphoto.
com:** artisteer (sd). **154 iStockphoto.com:**
Ales-A (cdb). **159 iStockphoto.com:** ANZAV
(cdb). **180 Alamy Stock Photo:** Drepicter
(ca). **189 iStockphoto.com:** Eraxion (cd).
193 iStockphoto.com: DKart (cda).
196 Alamy Stock Photo: Allan Swart (cd).
202 iStockphoto.com: PattieS (ca).
217 Getty Images: Plume Creative (bd).

221 iStockphoto.com: LanceB (b). **243
Alamy Stock Photo:** moodboard (bd)

Imágenes de cubierta: Frente: **123RF.com:**
anthonycz (cia), Chi Chiu Tse (ca, botella),
kotoffei (cia, cápsulas), Vadym Malyshevskyi
(cb, cerebro), nad1992 (ci), nikolae (c),
Supanut Piyakanont (cda, cb), Igor Serdiuk
(cia, araña), Marina Zlochin (bc);
Dreamstime.com: Amornme (ca), Furtaev
(bi), Surachat Khongkhut (cdb), Dmitrii
Starkov (sd, nube), Vectortatu (td)

Resto de las imágenes © Dorling Kindersley
Para más información: www.dkimages.com